사례로 배우는

법률영어

Legal English with Classic Cases

권 인 희 저

화 산 미 디 어

Legal English with Classic Cases

머리말

우리나라의 현행 실정법은 여러 나라 법의 영향을 받아 제정된 법이라고 말할 수 있다. 주로 일본을 거쳐 도입된 독일법의 영향을 받았지만, 현재는 미국법이 많은 영향을 미치고 있는 추세이며, 법률시장의 개방으로 이는 더욱 가속화될 전망이다. 우리나라 법제에 영향을 미친 나라의 법을 비교하여 공통점과 차이점을 규명하는 것은 우리 법의 이해증진에 도움이 된다 할 수 있다.

법의 이해는 법률용어의 정확한 개념 파악으로부터 시작된다고 할 수 있으며, 개념의 이해는 사례의 활용에서 완성된다고 하겠다. 이 책은 미국법과 우리법을 비교 연구하고자 하는 사람들에게 드움이 되도록 영문 법률용어를 사례와 함께 설명하고자 하였다. 우선 지문을 활용하여 법률용어의 개념을 이해하도록 하였고, 각 지문에서 언급된 법률용어를 사전식으로 다시 설명하는 구조로 이루어져 있다. 이 때 법체계의 차이로 인해 발생하는 용어의 의미의 차이를 이해하도록 미국 법률 사전의 뜻을 그대로 소개하였고, 대응되는 우리말 법률용어를 적었다. 또한 법률용어가 사용된 단문을 활용의 예로 제시하면서, 단문 역시 법률용어의 설명과 관계된 내용을 제시하려고 노력했다.

사실 이 책의 준비는 저자가 대학교에서 법률영어를 강의하면서 적당한 교재를 찾기에 어려움을 느끼면서 시작되었다. 특히 법을 처음으로 공부하는 대학 초년생에게 좀 더 쉽게 설명하기 위해서 머 장마다 우리법을 먼저 간략하게 소개하였다. 이를 바탕으로 우리법에 대응되는 미국법을 소개하는 지문을 활용하여 법률영어를 설명하는 방식을 채택하였다. 또한 이러한 공부의 동기부여를 위해 우리법제의 간단한 역사를 맨 처음에 소개하고, 영미법과 대륙법의 역사와 특징도 간략하게 실었다. 이 책에서 소개된 법률영어를 우리말 사전식 설명을 덧붙이면서 정리한다면 자신만의 훌륭한 한·영 법률용어사전이 만들어질 것이다.

이 책에서 활용된 영문 지문 중에는 Jay M. Feinman의 「Law 101-Everything You Need to Know About the American Legal System」(Oxford University Press)과 Debra S. Lee, Charles Hall, 그리고 Marsha Hurley가 지은 「American Legal English-Using Language in Legal Contexts」(The University of Michigan Press)에서 편집된 것이 있음을 밝혀 둔다.

이 책에서 다루는 실정법 영역은 헌법, 형법과 민법으로 매우 제한적이고, 여러 면에서 아직 많이 부족하지만, 나름 독특한 구성으로 인해 다소 쓰임새 있기를 희망하며 감히 용기를 내서 여기에 이르렀다.

저 자

Legal English with Classic Cases

차 례

Part 01

Ⅰ. 한국법제사

Ⅱ. 법 체 계

Ⅲ. 비 교 법

Legal English

I 한국법제사

한국의 법제사는 여러 가지 기준에서 다양하게 구분할 수 있겠으나 정치체제를 중심으로 고조선과 부족국가시대인 상고시대, 삼국시대와 고려, 조선의 왕정시대, 식민지시대, 군정시대와 공화정시대로 나눌 수 있다. 그런데 본고(本稿)는 현대의 한국법의 이해증진과 비교법 연구를 위한 법률영어의 습득을 일차적 목표로 설정하고 있으므로, 서구법이 계수되기 시작한 시기의 한국법제사를 소개하는 것으로 한정하기로 한다.

1. 근대법의 이식과 법제의 준비

우리나라에 서양법이 알려지게 된 것은 17세기 실학자를 통해 이탈리아 선교사 알레니(Julis Aleni, 1582~1649)가 쓴 「서학범(西學凡)」이 소개되면서 부터이다. 이 책은 중세 서양의 대학교육과정과 교수내용을 소개한 책인데, 그 중 법학은 정신과 육신을 다루는 중요한 학문이라고 규정하고, 법관은 천의(天意)와 정의를 구현하여야 하기 때문에 성현을 본받고 고전에 밝아야 한다고 하였다. 또한 박지원은 「열하일기」에서 "백성과 국가에 진실로 기여한 것이라면 그 법이 이적(夷狄)에서 나온 것이라도 익혀야 한다"고 했다. 그 후 1876년 개국으로 우리나라는 본격적으로 서양법을 접하게 되었다.

근대법은 인간의 자유와 평등을 이념으로 하는 것이기 때문에, 우리나라에서의 근대법 성립 역시 봉건적인 신분제도의 타파가 전제되지 않고서는 불가능하였다. 이런 의미에서 갑오경장은 근대법 성립의 출발점이라고 할 수 있다. 갑오경장 때 근대법의 성립을 가능하게 한 직접적인 계기는 일본공사 오도리가 제출한 5개항의 내정개혁방안강령인데, 그 제3조에서는 '법률을 정돈하고 재판법을 개정할 것'을 명시하였다. 정부는 내정개혁을 위해 군국기무처라는 최고정책결정기관을 설치하고 개혁법령을 심의·의결하였다. 1894년 7월 24일 설치되어 동년 12월 17일 폐지될 때까지 짧은 기간 중 총 208건의 법령을 제정함으로써 대개혁이 이루어졌다. 그 요지는 연좌제의 폐지와 고문철폐, 공사노비제도와 인신매매의 금지, 조혼금지와 재혼자유 등 봉건적 신분질서의 타파에 있었다. 그 실효성 여부를 차치하고 형식적으로는 근대시민법 도입의 배경을 이루는 것이었음을 부인할 수 없다.

또한 갑오경장으로 민·형법을 구별하기 시작한 것으로 보인다. 법부에 민사국과 형사국을 분리·설치한 것, 소송절차에서 민사소송과 형사소송을 구분한 것, 법관양성소에서 민법과 형법을 교육과목으로 규정한 것, 민법을 제정하겠다는 규정 등이 있었다.

1895년 1월 7일에 공포된 개혁정치의 기본강령인 홍범 14조에 민·형법의 제정에 관한 규정이 있는데, 이것이 구체화된 것이 형법대전이다. 동법은 1905년 4월 29일 법률 제2호로 공포된 총 5편 17장 680조의 방대한 형법전이다. 제정 당시에는 사법(司法)에 관한 규정까지 포함하는 전통적 방식을 따랐으나, 2차 개정으로 사법에 관한 규정은 모두 삭제되어 순수한 형법으로 자리잡았다. 민법전 제정 역시 홍범 14조 중에서 약속된 바 있었다. 이를 위하여 1895년 법률기초위원회가 설립되었으나 민법전은 편찬되지 못하였다. 그 후 1905년 법부에 법률기초위원회를 설치하여 민법을 제정할 것을 왕에게 청하였다. 이리하여 1905년 6월 18일 '민법상례를 편찬하는 건'이라고 하는 조칙이 공포되었고, 1908년에는 법전조사국을 설치하여 주요 법전의 기초 및 그에 필요한 민사관습의 조사에 착수하였고, 1910년 12월 관습조사보고서가 완성되었다.

한편 1895년 3월 25일 법률 제1호로 '재판소구성법'이 제정·공포되었다. 동법은 재판소를 지방재판소, 한성 및 인천 기타 개항장 재판소, 순회재판소, 고등재판소, 특별법원의 5종으로 구분하고, 판사, 검사, 서기, 정리에 대해서도 규정하고 있고, 재판의 심리, 용어, 평의, 선고에 대해서도 규정하고 있다. 이 법은 1907년 12월 23일 법률 제8호로 '재판소구성법'이 제정될 때까지 유지되었다.

이리하여 갑오개혁기부터 한일합방까지 공포된 법령은 약 3,600여건이다. 특히 홍범 14조, 1899년 8월 17일 전제군주제 헌법인 대한국 국제의 선포는 국가의 기틀을 마련하는 초석이었다. 그러나 국가의 초석을 마련하는 작업은 그 형식적인 면에서 출발점이라고 할 수 있지만 아직은 태동의 수준이었고, 더욱이 이러한 법령들의 제정에는 일본인이 관여하였다. 일본인들은 한국법의 근대화란 미명 아래 일본의 경제적 침략을 법적으로 정당화하려는 것이었고, 결국은 식민지 지배를 위한 법적 토대를 마련한 것이라는 점을 부인할 수는 없다. 이후 1910년 일본의 강점으로 인하여 미약하지만 우리나라의 법제 준비 작업은 무산되고, 일본 제국주의 통치에 모든 것이 넘겨지게 되었다.

2. 일제하의 법체계

일본의 조선에 대한 직접적 식민지 통치의 과정에서 형성된 법체계는 두 가지 유형으로 분류된다. 하나는 일본 제국주의의 조선 민중에 대한 폭압적 지배를 위한 법체계이고, 다른 하나는 조선의 사회경제관계에 이식하여 의용(依用)하는 일본의 근대 시민법체계이다. 전자는 대외조약과 그에 기초한 명령체계를 중심으로 조선의 식민지성을 강요하는 체계이고, 후자는 전자의 틀 속에서 기능하는 기술적 법체계에 해당한다. 특이한 점은 조선총독의 명령에 의하여 법률의 효력을 좌우할 수 있는 여지를 두었다는 점과, 기본 법률관계에 해당하는 시민법체계에서조차 일본의 본국법과 조선의 식민지법 사이에 차별성을 두었다는 점이다. 단적인 예로 조선의 경우에는 일본의 헌법이 적용되지 않았으며, 노동통제를 위해 주로 형사적 제재를 활용한 점을 들 수 있다.

일제는 1911년 '조선에 시행할 법률에 관한 건'을 식민지 지배의 법적 기틀로 삼았다. 이에 따라 조선은 일본의 법률이 직접 적용되지 않아 조선에서의 법률사항은 조선총독의 명령으로 규정하는데 이를 제령이라고 하며, 이 제령이 조선 식민지 지배법제의 중추였다. 그리고 법률과 행정명령이 있었다. 제령은 일본의 법령을 의용하는 형태로 일본법을 시행하였는데, 내용적으로는 일본법과 같지만 형식상으로는 전혀 다르다. 이는 일본의 한국 지배의 법제적 특징이다. 조선민사령, 조선형사령을 비롯하여 가장 중요한 제령은 36년간 총 676건으로, 구제령을 개폐하는 것을 제외하면 270건에 이른다.

조선을 통치하는 조선총독은 육군대장으로 천황에 직예하여 아무런 간섭을 받지 않고 군대통솔권을 비롯한 입법・사법・행정 3권을 장악하였다. 1919년 3・1운동 이후에는 문관을 총독에 임명할 수 있었으나 패망 때까지 문관은 임명되지 않았다. 일본의 통치방식은 헌병경찰제도로, 이는 1904년부터 실시되어 1907년 의병항쟁 이후에는 더욱 강화되어 합방 이후에도 지속되었다. 헌병경찰의 업무는 보통경찰업무 외에 군사・행정・사법경찰업무에까지 이르렀다. 3・1운동 후 문화통치기에는 보통경찰로 바뀌었으나 경찰 수는 오히려 늘었다. 사법제도는 총독부 행정의 일종으로 사법권의 독립이 보장되지 않았다. 헌병경찰에 의한 사상단속과 탄압은 법치주의 미명 아래 법령에 의해 합법적으로 이루어졌다. 1912년의 조선형사령으로 일본의 형법과 형사소송법을 의용하였다. 그러나 일본 형법보다 형벌이 무거운 이전의 형법대전의 모살인(謀殺人)과 강도 등의 잔존(1918년 12월 조선형사령 개정 때까지)이나, 일본 형법에는 없는 태형을 시행하기 위한 '조선태형령'의 공포(1920년 폐지), 그리고 '조선사상범예방구금령'공포, 3・1운동 관련자 처벌을 위한 '정치에 관한 범죄처벌에 관한 건(제령 7호)'의 공포, '치안유지법'(1925년) 제정 등 식민지지배체제에 대한 저항을 잔인하게 처벌하려는 장치는 항존하였다. 형사소송법에서도 핵심인 인권보장절차는 배제된 채, 경무총장이 사법경찰관으로서 범죄수사를 할 때는 검사와 동일한 직권을 부여하는 등 경찰의 수사편의를 위한 규정을 두었다.

일본은 합방 전부터 기본법전을 편찬하기 위하여 한국의 관습을 조사하였다. 이는 1910년에 간행된 관습조사보고서로 완결되었다. 일본의 식민지 통치 초기에는 저항을 막기 위해 고유법 존중정책을 취하였다. 그래서 조선민사령에서는 조선의 관습에 따르게 하였다. 이는 재산과 관련된 생활에서는 착취의 수단으로 이용하기 위해 자본주의 체제로 편입하였으나, 가족관련 생활에서는 오히려 봉건성을 존속시킴으로써 민족감정을 건드리지 않고 사회발전을 정지시켜 저임금노동착취의 구조를 유지하였다. 일본이 군국주의로 나아가면서 관습법존중주의는 일본법동화주의로 대체되었다. 이에는 두 가지 경로가 있는데 우선 조선민사령을 개정하는 방법으로, 1939년 11월의 제3차 개정은 동성불혼제의 폐지, 이성양자(異姓養子), 서양자(壻養子), 창씨개명 등 한국가족제도의 근본을 파괴하는 것이었다. 또 하나의 방법은 조선총독부와 조선고등법원이 실제의 재판과정에서 인위적으로 관습을 부정하거나 왜곡하는 것이었다. 이의 대표적인 예로는 제사상속권의 부정(1933년 3월 3일)과 호주권의 강화, 승소작권(承小作權)과 같은 물권의 특수소작의 부정 등을 들 수 있다.

식민지 법제는 우리에게 부정적인 유산을 남겼다. 우선, 식민지법의 통제적 기능으로 사회경제분야에서는 식민지 자본의 침투가 용이하게 한국사회의 구조를 재구성하는데 법제가 적극적인 기능을 하였다. 형사법은 한국인의 사상적, 정치적 활동을 제약하는 기능을 하여 극단적으로 팽창하였으며, 특별형법이 증가하였다. 법집행절차에서도 적법절차는 무시되고 불법적인 관행이 횡행하였고, 법집행의 자의성과 차별성이 두드러졌다. 이는 일제의 내선일체의 논리가 얼마나 허구적인가를 잘 드러낸다. 마지막으로 일제의 억압적이고 권위적인 법집행은 법 전반에 대한 부정적인 사고를 심화시켰다. 그리하여 식민지 법경험은 이후 계속하여 현재의 법에 대한 도구주의적 사고와 법률만능주의, 그리고 그에 상응하여 법에 대한 두려움과 법불신을 낳는 계기가 되었다.

3. 미군정하의 법체계

일본 식민지에서 행방된 한국의 법제적 과제는 일제의 잔재를 청산한 새로운 법제의 정비였다. 그리고 종래의 일본법은 실효되고 이를 바탕으로 자유민주적인 법질서를 수립하는 것을 기대하였으나 한국에는 독립국가가 수립되지 않았다. 해방 후 미국의 남한에 대한 지배정책은 '미 태평양 방면 총사령부 포고 제1호'의 발령에서 시작된다. 동 포고 제1조는 "조선 북위 38도 이남의 지역과 동 주민에 대한 모든 행정권은 당분간 본관의 권한 하에서 시행함"이라고 선언하여 미군정의 성립 근거를 마련하였다. 이로써 제1공화국이 성립할 때까지 미군정은 남한에서의 유일한 합법적 정부였다.

사실상의 정부로서 기능하게 된 미군정이 새로 공포한 군정법령은 피점령국의 입법·사법·행정에 걸친 기존의 모든 정치권력을 일제 배제하고, 군사령관과 그 예하의 군정장관의 명령 자체가 최고의 법으로써 효력을 발휘하게 되었다. 군사령관이 발하는 명령과 그의 권한을 대행하는 군정장관의 명령은 기존 법질서에 우선하여 그것을 개폐하는 효력을 가졌다. 다른 한편으로 미군정은 남한에서 정상적인 국내정부로서 통치기능을 수행해야 했으므로 국제법에 의하여 뒷받침되는 군사법령뿐만 아니라 한국에서 일제시대에 발효 중인 국내법도 이용하였다.

군정기를 통하여 남한에 적용된 법령은 태평양 미육군사령부포고령, 군정법령, 행정명령, 군정청 부령(部令) 및 지령(指令), 군정이 폐기하지 않은 총독부법령, 조선의 전통적인 관습법 등이 있었다. 1946년 12월 12일 남조선과도정부입법의원이 개원된 이후에는 입법의원에서 심의하여 미군정장관이 인정·공포한 법률들이 미군정청에서 발하는 법령과 함께 효력을 갖게 되었다. 미군 하에서 효력을 발휘하던 법규범들의 내용은 기존의 소유권 보호 등 현상유지에 기초를 두고 있었다.

요컨대, 미군정기간 중 법률체계는 구일본법과 점령자의 권한으로 발한 특별법 및 임시조치의 혼합체였다. 미군정은 점령정책에 따른 민족적 저항을 억압하기 위하여 구일본 총독부의 제법률과 특권들을 적용했을 뿐만 아니라, 적국에 대한 점령군으로서의 고유권력에도 크게 의존하였다. 이들 법은 남한 단독정부가 수립된 후에도 특별히 개정되거나 폐기된 소수를 제외하고는 계속적으로 법적 효력을 행사하게 되었다.

1945년 9월 14일 미군은 군정청을 설치하면서 남한의 행정적·법적 진공상태를 메우기 위하여 기존의 식민지 통치체제를 유지하는 입장을 취하였다. 총독부의 조직적 편제와 인적 구성의 기본적 성격은 미군정 하에서도 큰 차이 없이 유지되었다. 1945년 9월 7일에 발령된 포고 제2호 '범죄 또는 법규위반'에는 "정부, 공공단체 및 기타의 명예직원과 고용원, 또는 공익사업, 공중위생을 포함한 전 공공사업기관에 종사하는 유급 또는 무급직원과 고용인 그리고 기타 제반 중요한 사업에 종사하는 자는 별도의 명령이 있을 때까지 종래의 정상기능과 업무를 수행하고 모든 기록 및 재산을 보관할 것"이라고 규정되어 있었다. 미국의 이러한 편의주의적 정책은 결국 일본 총독부의 행정기구가 해방 이후에도 고스란히 존속되고 친일파 관료들이 새로이 등장하는 계기를 마련해 준 결과로 되었다.

또한 미군정은 가능한 남한 내에 현존하는 실체법 및 절차법을 존속시키는 기본방향에서 일제의 기본법령을 그대로 유지한 채 악명 높은 일제의 탄압법령 중에서 일본 군국주의와 직결되는 것만을 폐지하는 선에서 그쳤다. 예를 들면 1945년 10월 9일 미군정법령 제11호 '일정법규(日政法規) 일부개정 폐기의 건'에 따르면 "조선 인민과 그 통치에 적용하는 법률로써 조선 인민에게 차별과 억압을 가하는 모든 정책과 주의를 소멸하고 조선 인민에게 정치와 법률상 균등을 회복하기 위하여 사상범처벌법·예비검속법·치안유지법·출판법·정치범보호관찰령·신사법을 폐기하고 경찰의 사법권을 박탈하고(제1조), 사법적·행정적 작용으로 인하여 종족·국적·신앙 또는 정치사상으로 처벌을 생기게 하는 법령을 폐지한다(제2조)"라고 규정하였다. 즉 일제 통치하의 모든 법제를 폐지한 것이 아니라 일정 법률들을 부분적으로 폐지하여 일제 법령 전반의 효력 문제는 남아 있게 되었다. 이에 미군정은 같은 해 11월 2일 미군정법령 제21호(법률제명령의 존속)를 공포하여 그간에 폐지된 법령을 제외하고는 일제 법령이 잠정적으로 존속하는 것을 선언하였다. 법제의 측면에서는 미군정은 가능한 한 한국 내에 현존하는 법령을 존속시키는 방향에서 법제를 정비하려 하였다.

군정을 종식하고 통일국가를 건설하기 위한 임시조치로 1946년 12월 12일에는 남조선과도입법의원이 개설되었고, 1947년 5월 17일에는 남조선과도정부가 설립되었다. 입법의원은 법률안을 의결하여 군정기관에게 시행을 건의할 권한만 있고 군정장관은 이에 구애되지 않고 독자적으로 법률을 제정·공포할 수 있어서 입법 작용이 이원화되었다(미군정법령 제11호). 이와 같이 입법의원은 제한된 권한밖에 갖지 못하여 입법 활동에 큰 기여를 한다는 것이 무리였으며, 더 나아가 개설 이전의 미군정법령 130여건에 대한 재검토를 요청받고도 못하였다. 그러나 미군정기의 입법 활동은 한국의 기본법 제정을 위한 기초 작업을 착수한 점, 유진오 등이 법률기초위원으로 위촉되어 각 법제정의 기본원칙을 세운 점, 그리고 반관적 성격인 한미법률가협회(Korean & American Lawyer Society)가 미군정법령 제·개정에 깊숙이 관계한 점 등은 한국 현대법제의 형성에 나름대로 영향을 주었다고 볼 수 있다.

1947년 6월 30일 남조선과도정부 행정명령 제3호로 법전기초위원회가 설립되었으나 이듬해 8월까지 3회의 모임을 갖는 등 활동이 미진하였다. 법전기초위원회는 우리 정부가 수립되는 날로부터 자주적인 우리의 법제를 갖기 위하여 일본법령을 대치할 한국의 법령 제정에 착수하였다. 이러한 작업은 일본법령 중에서 민주주의에 어긋나는 제도의 개혁과 학설에 의해 입법의 실수로 밝혀진 제도의 개정에 입각하여 일본법령을 번역하듯이 법제의 정비에 착수하였다.

전반적으로 보면, 미군정기간의 법률체계는 구일본법과 점령자의 권한으로 발한 특별법 및 임시조치의 혼합체였다. 미군정은 점령정책에 따른 민족적 저항을 억압하기 위하여 구일본 총독부의 제법률과 특권들을 적용했을 뿐만 아니라 적국에 대한 점령군으로서의 고유권력에도 크게 의존하였다. 이들 법은 남한 단독정부가 수립된 이후에도 특별히 개정되거나 폐기된 소수를 제외하고는 계속적으로 법적효력을 행사하게 되었다.

4. 한국 현대 법제 형성

1948년 남한 단독정부의 수립 이후에 주권국가로서 면모를 갖추기 위해서는 일본법 · 영미법 · 대륙법 등으로 복잡하게 된 법률체계를 정비하고 우리나라 독자의 법률체계를 갖추는 것이 시급한 과제였다. 그래서 1948년 9월 15일에는 대통령 직속기관으로 법전편찬위원회를 구성하였다. 법전편찬위원회의 직무는 민사 · 상사 · 형사 · 민형사소송의 기초법전과 기타 소송 · 행형 등 사법법규의 자료를 수집조사하면서 그 초안을 기초 심의하는 것이었다. 그러나 곧 한국전쟁의 발발로 지체되었으나 부산에서 초안을 검토하는 작업을 계속하여 1953년에 형법, 1954년에 형사소송법이 제정되었다. 법전편찬위원회는 4 · 19와 5 · 16 등으로 활동이 미진하였지만, 1960년에 민법이, 1962년에 상법이 각각 제정 시행됨으로써 형식적으로는 1962년에 이르러서야 한국의 독자적인 법령이 체계적으로 정비된다.

그런데 대한민국 정부에 의해 제정되고 정비된 법령의 내용을 살펴보면, 주로 일본과 서구의 법을 그대로 모방하고 직수입함으로써 법제도와 법현실 사이에 엄청난 괴리가 초래되었다. 오늘날까지도 입법의 과정을 보면 거의 대부분의 법률이 일본에서 이미 제정되어 시행되고 있는 법률을 모델로 하고, 한국사회에서 성격상 받아들일 수 없는 부분만을 편의상 가제(加除) 정리하여 입법함으로써 법률에서의 예속성이 과거 식민지시대와 별다른 차이를 보이지 않고 있는 실정이다.

우리나라 현대 법제의 역사에는 법제 형성과정에서 획을 긋는 세 개의 중요한 시기가 있다. 첫 번째 시기는 1960년대 초에 나타나는데, 5 · 16 군사쿠데타 이후 군사최고회의(국가재건최고회의)에서 행한 법제 정비의 결과이다. 두 번째 시기는 1972년 비상국무회의에서의 법제정 활동, 세 번째 시기는 1980년 초 국가보위입법회의에서의 입법 활동이다. 비상입법기구인 국가재건최고회의(1961.5.~1963.12.), 비상국무회의(1972.10.~1973.3.), 국가보위입법회의(1980.10.~1981.4.)는 짧은 기간 동안 각각 1,008건, 270건, 189건(공포건수를 기준으로 산정)의 법률안을 집중적으로 가결 · 처리하였다.

우리나라의 정치적인 상황을 고려하고 비상입법기구의 구성과 성격을 전제로 한다면 당연한 것이라고 볼 수 있는 현상이지만, 이 세 시기는 몇 가지 공통된 특징을 갖는다.

우선, 비상입법기구의 시기에 입법 활동의 중심은 입법기구 내의 입법논의 또는 심의보다는 의도된 정책방향의 실현을 위한 도구로 입법을 선택했다는 점에 있다는 것이다. 그리고 비상입법기구의 구성원들이 이 입법기구에 제출되는 법률안의 기초·제출자에 대하여 독립적으로 구분되어 있지 않았다거나 또는 정치적 세력관계와 정치적, 사회·경제적 입장에서 동일한 자들로만 입법기구가 구성되어 있었거나, 또는 입법논의가 자유롭고 민주적인 토론이 음양으로 제한받은 상태에서 통법기구(通法機構) 또는 집행기구에 지나지 않았다는 등의 평가가 주어질 수 있다.

둘째, 이 세 시기에서 법률안은 거의 비상정부에 의해서 제출되었고, 비상입법기구의 위원들에 의해 제출된 건수는 극히 적은 수에 그쳤다. 이 세 입법기구의 입법 활동을 기록한 자료에 따르면 형식적으로 의원제출과 정부제출 법률안의 통계가 구분되어 있기는 하지만(예를 들어 국가보위입법회의 경과보고서에 따르면 기간 중 의원발의 법률안 총 건수 33, 정부제출 총 건수 156, 그리고 전체 가결처리), 비상입법기구와 비상정부의 실질적 비독립성과 입법기구 내의 입법논리의 불충분 등을 고려한다면, 그 실질에 있어서는 비상정부에 의한 일방적인 입법이라는 점을 면하기 어려울 것 같다.

셋째, 세 비상입법기구 시기 직후에는 일반적으로 법제의 변화 없이 안정되어 나간다. 1964년, 1974년, 그리고 1982년은 비상정부에서 정상적인 헌법기구들로 대체된 초창기에 해당하는 시기인데, 정상적 국회 구성 이후 국가의 정상적 복귀라는 과제를 안고 있는 국회이니만큼 보다 폭넓고 많은 양의 입법 활동이 기대되는 것이 일반적이라고 보여 진다. 그러나 오히려 의원발의는 물론이고 정부제출 등 입법 활동은 미미한 수준에 머물고 있다. 이러한 입법사에서 보여지는 특징은 정변에 의한 비상정부 직후 구성된 정상적인 정부가 이전의 비상 상황에 대한 헌법적 회복 또는 정변에 대한 정리 등의 입법과제를 수행하지 않았다는 것, 더 나아가 비상입법기구의 비정상 입법 활동의 결과로 형성된 실정법 질서에 근거한 국가 구성이라는 점을 확인할 수 있는 근거가 된다.

넷째, 세 비상입법기구 시기는 짧은 기간 안에 정상적인 입법기구인 국회가 존재하는 시기의 2배 이상의 많은 법률 건수를 처리하였다는 점이다. 우리나라의 법제 형성과정에서 이 세 시기에 의해 완전히 주도되고 변화되어 왔다는 것을 부인할 수 없는 것이다.

비상입법기구의 대량 법률 제·개정 과정을 우리나라 현대 법제사의 시기 구분의 기준으로 볼 수 있으며, 한국 현대 법제의 형성기는 1948년 7월 17일 제헌헌법의 공포로부터 시작하여 제5차 헌법 개정과 국가재건최고회의의 폐회까지를 기간으로 할 수 있다. 대한민국 법률 제1호는 제1회 국회(임시회)에서 가결되고 제헌헌법과 같은 날에 공포된 정부조직법이다. 제1공화국 시기(제헌국회~제4대 국회, 국회 제1회~제35회, 1948.5.31.~1960.7.28.) 동안에 법률 제1호 정부조직법부터 법률 제556호 민법·민사소송법 시행에 관한 임시조치법까지, 제2공화국 시기(제5대 국회, 국회 제36회~제38회(민의원), 1960.7.29.~1961.5.16.) 동안에 법률 제557호 국회법 전문개정으로부터 제617호 대한민국재향군인회법까지, 국가재건최고회의 시기(1961.5.16.~1963.12.17.) 동안에 법률 제618호 국가재건최고회의법으로부터 법률 제1625호 산업재해보험업무 및 심사에 관한 법률까지 제5차 개헌 헌법을 제외하고 1,625건의 법률이 제·개정되어 공포되었다.

한국 현대 법제의 형성 시기는 우리의 독립적인 고유의 법제를 형성하는 기초를 마련하는 중요한 시기인데, 앞서 언급하였듯이 주어진 짧은 시기에 일제의 법제로부터 탈피한 법률을 제정해야 한다는 사고에 국한되어 법체계나 그에 따른 법제의 기본방향에 대해서는 생각과 논의를 하지 않은 듯하다. 일제의 법제의 근거인 대륙법 체계와 법전편찬을 중심으로 하는 성문법 개념에 대해서는 당연한 듯 전제하고 있었던 것으로 보인다. 결국 우리나라의 법제는 이미 기존의 일본 법제의 틀을 전제하고 있는 상태에서 우리말과 문장으로 표현된 것에 지나지 않는 성격을 벗어날 수 없었던 것이다. 그래서 한국 법제 형성에 있어서 일본법 색채가 일소된 것은 법률의 용어 정도에 불과한 것이었고, 사실은 과거 또는 패전 후의 일본법을 그대로 답습하고 있다.

5. 1980년대 법제와 한국법제에 대한 재정비

1963년 12월 17일까지 지속되었던 국가재건최고회의에 의해 일단은 우리 현대 법제의 대강은 형성되었다고 할 수 있으며, 이후 제3공화국(제6대~제8대 국회, 국회 제39회~제84회, 1963.12.17.~1972.10.17.), 비상국무회의(1972.12.17.~1973.3.12.), 제4공화국(제9대~제10대 국회, 국회 제85회~제105회, 1973.3.12.~1980.10.27.) 동안 제6차(삼선개헌)와 제7차(유신헌법) 두 차례의 헌법 개정이 있었고, 법률 제1626호(1963.3.3.)부터 법률 제3259호까지 1,634건의 법률의 제・개정이 있었다.

1960년대 시기는 일반적으로 비정상적인 정변이 정리되고 정상적인 헌법기구가 구성되어 정부 주도의 입법 활동보다 의원의 입법 활동이 고무되고, 따라서 의원발의 법률안의 제출・가결 총건수가 증가하는 경향을 보이는데 반하여 1970년 중반 이후 의원발의 법률안의 제출・가결 총 건수는 극히 적은 수로, 반대로 정부제출 법률안은 다른 시기와 비교해서 안정된 추세로 많은 수로 계속된다. 1970년대에는 정부의 국회에 대한 주도권이 강력했으며, 경제개발이라는 정책에 법제를 도구화하려는 모습을 볼 수 있다. 특히 비상국무회의의 주도 아래 약 5개월 동안 270건이라는 많은 법률이 제・개정되었다.

1980년을 전후로 발생한 정치적 격변 속에서 비상입법기구인 국가보위입법회의에 의하여 166일 동안 189건의 법률들(법률 제3260호, 1980.10.28. 국가보위입법회의법~법률 제3448호, 1981.4.20. 지방공무원법)이 제・개정되면서 1980년대를 시작하였다. 주로 기존의 법률들에 대한 개정을 통해서 새로운 정치・사회경제적 상황에 적당한 법제를 마련하였다고 볼 수 있다. 이후 제11대, 제12대 국회 기간에 국가보위입법회의에서 제·개정된 법률들로 이루어진 틀이 그대로 이어지다가 제13대 국회에 와서 그에 대한 반성과 법제의 재검토 논의가 있게 되었다. 1988년 이후에는 국회에 제출되는 법률안의 총건수가 급증하여 의원들의 입법 활동이 활발했다고 할 수 있다. 제14대 국회 이후 법률안의 제출·가결 총건수가 이전의 비상입법기구의 현상에 비교될 수 있을 정도로 급증하고 있는데, 이는 의원발의 총 건수 증가의 영향도 있지만, 특히 정부제출 총건수의 증가로 인한 영향이 보다 명백하다. 반 세기 동안 비정상적인 입법기구를 세 번씩 경험한 결과로 인한 법률의 개정 요구와 함께 사회·경제적 변화에 따른 기존 법률의 개정 필요 등이 주요한 요인이 될 수 있을 것이다. 그러나 이와 같은 작업이 정부제출 법률안을 중심으로 이루어지고 있다는 점은 입법 활동에서 정부의 주도권이 계속되는 특징으로 지적할 수 있을 것이다.

6. 일본의 법제사

앞서 살펴본 바와 같이 한국의 현대 법제는 일본법을 매개로 한 서구법의 수용에서 발전되어 왔기에 일본의 법제사를 개관하는 것은 현재 우리나라 법제의 이해에 도움이 된다고 할 수 있다. 여기서는 일본의 서구법의 계수와 그 이후의 법제에 관하여 살펴보고자 한다.

19세기 초에 서구열강인 미국, 영국, 러시아, 프랑스와 네덜란드는 일본에게 통상교역을 위한 문호개방을 강요하여 일본은 불리한 통상조약을 체결하지 않을 수 없었다. 일본이 왕정복고를 선언한 1868년 11월 3일 이전부터 이미 도쿠가와막부정권은 일본 육군을 근대화하기 위하여 프랑스 군대를 이상적인 모형으로 채용하는 등 서방세계에 매우 조심스럽게 문호를 개장하기 시작했다. 일본은 메이지 정부 수립 후에 산업화를 위한 국내의 체계정비와 법적 통일 및 서방세계의 불평등조약의 굴욕에서 벗어나기 위한 국가 근대화의 필요를 통감하여 외국인 학자, 군인, 기술자 등 여러 분야의 전문가 230명을 초청하여 국가 근대화를 추진하였으며 무엇보다도 국가적 수치인 서구열강의 치외법권을 종식시키기 위하여 서구의 법제도를 전면적으로 수용하지 않을 수 없었다.

(1) 프랑스법의 영향

일본은 나폴레옹법전에 깊은 감명을 받은 나머지 프랑스법의 대부분을 일본법으로 적용하는 방식으로 프랑스법을 일본법으로 제도화하는 작업을 시도하였으며 민법의 제정을 위하여 1869년 프랑스민법전 번역에 착수 한지 5년이 경과한 1874년 번역을 완성했다. 그런데 프랑스법을 번역함에 있어서 법률가의 부재와 서구법 개념에 상당하는 말이 동양에 없었으므로 새로운 개념 구성, 이를 테면 기초적인 법개념인 권리와 의무를 비롯하여 수많은 법률용어를 새로이 구성해야 하는 어려움에 봉착하지 않을 수 없었으며 이 점에서 일본은 서구문화 수용에 거대한 문화적 업적을 이룩했다. 그 후 일본은 독일과 프랑스, 영국 법률가의 도움으로 1872년에 일련의 법률을 준비할 수 있게 되었다. 봉건적 토지제도를 폐지하여 1871년에는 농지경작의 자유를 보장하였으며 또한 토지거래의 자유가 1872년의 법률로서 확립되었다.

프랑스 정부가 파견한 법률가가 참여하여 프랑스형법을 모형으로 1876년에 일본형법초안이 완성되었다. 형법초안은 심의과정에서 본질적인 수정없이 통과되어 1880년에 근대적인 형법이 포고되고 1882년 1월 1일부터 시행되었다. 죄형법정주의를 비롯하여 형사법 소급적용의 금지와 형사법에서 시민의 평등한 취급 및 형사책임개별화의 원칙 등 시민사회의 형법원리가 지배하는 근대형법으로의 혁명적 변화를 가져왔다.

프랑스 법학자에 의한 프랑스법 강좌와 함께 미국법학자에 의한 영미의 보통법 강좌가 대학에 개설되었으나 일본 고유법 강좌는 개설되지 않았고 학문적 연구의 대상으로 주목하지도 않았다. 마찬가지로 당시에 독일법과 독일법학은 관심의 대상이 되지 않았다.

19세기 말에 일본에서는 프랑스 유학파와 영국 유학파가 법학계를 양분하고 있었다. 프랑스 유학파는 자연법을 옹호하여 자연법은 인류의 보편타당한 법질서임을 강조하였음에 반하여 영국 보통법학파는 전통 고유법의 역사적 가치를 강조하여 일본의 고유관습법은 일본 국민의 정체성을 확인하는 역사적 실체라고 주장했다.

법전편찬의 요구에 따라 프랑스 법률가 Boissonade는 프랑스 민법전을 기초로 일본 민법전을 완성하였으며 독일의 법률가인 Hermann Rösler는 프랑스와 독일의 상법전을 절충하여 일본 상법전을 편찬했다. 1893년 1월 1일부터 민법과 상법을 시행할 예정으로 있었으나 영국학파와 일본의 전통국수주의자 등 사회 각계의 반대여론에 봉착하여 일본 민법의 시행이 연기되었다. 시행연기 사유가 민법안을 수정하는데 있었으나 사실상 이를 폐기하고 새로운 민법전을 제정하는 결과를 가져왔다. 그러나 Boissonade가 기초한 민법전은 새로운 민법이 시행되기까지 근 10년간 실정법으로 적용되었다.

(2) 독일법의 영향

사실상 폐기된 일본 민법전을 대체하기 위한 민법편찬위원회가 구성되었으며, 가족법과 상속법에 전통고유법제도를 채용하는 한편 Windscheid의 독일 민법 제1초안을 기초로 프랑스 민법 규정과 영국 보통법을 참고하여 2년(1896~1898)이라는 단시일 내에 일본 민법전을 완성했다. 독일 민법 초안을 기초로 일본 민법전을 완성함에 따라 독일법제도의 채용이 더욱 촉진되어 형사법을 비롯한 상법과 민사소송법도 전적으로 독일법의 영향을 받게 되었다.

일본은 1889년에 최초로 근대국가의 기본법인 헌법을 채용하게 되었다. 일본 헌법을 제정하기 위하여 유럽 제국의 헌법을 비교 연구한 결과 입헌군주국인 프로이센 헌법을 모방하여 일본 헌법을 제정하였다. 이로 인하여 독일도 프랑스와 같이 일본법제도의 모형이 되었으며 후기에 이르러 독일법이 일본법 발전에 압도적인 영향을 미치게 되었다.

독일법의 영향이 더욱 강화되어 1880년에 프랑스 형법을 기초로 제정된 일본 형법이 1907년에 독일 형법으로 접근하여 일본의 기본법(헌법, 민법, 형법)을 비롯하여 기타 법 분야를 모두 독일법이 지배하게 되었으며 또한 1890년에 프랑스법에 기초한 형사소송법과 법원조직법이 적용되었으나 그 후 독일법의 영향으로 소송법제도 역시 크게 변했다. 1890년의 상법전도 시행이 연기되어 있던 중에 1889년에 독일법의 영향을 받은 새로운 상법전으로 대체되었다. 더욱이 일본은 프로이센의 국권절대의 권위주의 헌법을 모방하여 일본 헌법 제61조에서 행정당국의 불법행위로 인한 사권(私權)의 침해사건은 일반 민사법원이 아니라 행정법원의 재판관할에 속한다는 행정권 우위의 관료주의 법제도를 채용했다.

19세기 말에 일본이 자연법에 기초한 프랑스법계에서 이탈하여 독일법제도를 전면적으로 채용한 결과 독일의 법사상과 법 기술, 법적 사고와 법학방법 및 학설, 판례에 이르기까지 일본법학계에 압도적인 영향을 미치게 되었다. 민법전의 편찬을 계기로 영국과 프랑스학파가 쇠퇴하여 대학의 연구소에서 그의 명맥을 유지하게 된 반면, 새로이 형성된 독일학파가 일본법학계를 지배하게 되었고 일본이 유럽대륙의 시민법계에 편입되었다.

일본이 근대화 과정에서 법개념과 법제도, 법체계를 비롯하여 법적 사고와 권리구제절차에 이르기까지 유럽시민법제도를 채용함으로써 일본의 법률가는 전형적인 시민법계의 법률가로 되었다. 일본법학자는 제정법과 판례법간의 관계를 전통적인 시민법적인 관점에서 파악하고 있다.

특히 일본이 독일의 국권절대주의 법사상과 권위주의적인 법제도를 전면적으로 수용함으로써 일본의 법제도 역시 전체주의, 군국주의 체제를 갖추게 되었으며 군비확장과 영토확장을 위한 인접국의 침략행위는 제2차 세계대전으로 확산되는 결과를 가져왔다. 제2차 세계대전의 패배로 전승국인 미국의 점령기간 중에(1945~1951) 미국법제도가 일본법에 영향을 미침으로써 일본의 법제도는 19세기 말에 프랑스법에서 이탈하여 독일법으로 접근하였으며 20세기 중반기에 재차 미국법으로 방향을 전환하지 않을 수 없었다.

(3) 미국법의 영향

제2차 세계대전 후에 미국은 역사적 연속성과 국권의 상징으로 일본국왕의 존속을 허용하는 한편 민주적인 평화헌법 채용을 강제하여 전정의 영구포기와 기본적 인권의 보장을 헌법에 명시함으로써 미국이 일본법에 영향을 미치기 시작했다. 미국의 법사상과 법제도가 영향을 미친 법 분야로서 헌법과 행정법을 들 수 있으며 특히 미국의 형사피의자의 인권보호사상이 형사소송법을 지배하게 되었다.

미국에 의한 법 개혁의 구체적인 예를 들면 1946년에 이른바 평화헌법이 제정되었고 1947년과 1948년에는 행정법과 공무원법이, 1948년과 1962년에는 재판관할권과 행정소송절차법이, 1945년과 1947년에는 재판소조직법을 전면적으로 개정하였으며 1947년에서 1954년까지 경찰관법이 빈번히 개정되었다. 전승국인 미국의 정치, 경제, 문화적 영향으로 일본은 미국법을 전면적으로 수용하여 위헌법률통제, 인신보호법을 비롯하여 영미법적인 형사소송제도와 미국법과 유사한 독점금지법 및 일본 사회 특유의 불공정한 거래관행을 제거하기 위한 수많은 거래법규정을 채용하였다.

그러나 보수, 정태적인 생활규범인 민법은 변경된 바 없으며 특히 가족법과 상속법은 이미 19세기 말에 전면적인 개혁으로 서구화되어 개정할 필요가 없었다. 한편 상법전의 회사법 분야에서 미국법의 영향이 현저하였고 미국의 Anti-trust-법이 포괄적으로 채용되었으며, 노동법 분야에서 근로기준법, 노동조합법과 노동쟁의조합법이 현저히 미국화되었다.

미국의 점령기간이 불과 6년에 지나지 않고, 기존의 일본법제도인 유럽시민법의 저항과 전승국인 미국에 대한 일본국민의 사회 심리적 반발로 미국법의 영향은 제한적이었다. 19세기 말 이래 일본은 유럽시민법에 정착하여 법개념에서 법적 사고와 법 기술 및 법체계에 이르기까지 그의 기반을 벗어나지 않았다.

7. 미국법의 영향

미군정시대에 미국법은 자유민주주의 정치체제와 시장경제질서에 관한 이념적 영향을 미쳤으나 민상법을 주축으로 한 실체법제도에는 거의 영향을 미치지 못했다. 한국이 독립한 후에도 정치, 경제, 사회, 문화와 특히 군사적인 영역에서 미국의 영향은 계속되었으며 이에 따라 미국법의 영향이 필연적으로 작용하게 되었다. 특히 1970년대 이래 산업화와 동시에 한국의 회사법, 증권, 금융과 지적재산권 등 기술법적인 분야에 압도적인 영향을 미쳤다.

(1) 미국법의 이념적 영향

군정기간 중에 한국에 미친 미국법의 이념적 영향으로 기본적 인권의 보장과 사법권우위의 원칙, 자유민주주의 대의정치, 자본주의 시장경제질서를 들 수 있다. 군정당국은 영미의 보통법에서 확립된 사법권우위의 원칙에 따라 재판제도를 전면적으로 개혁하여 식민지시대의 최고법원인 고등법원을 대법원으로, 복심법원(覆審法院)을 항소법원으로 개편하는 한편 종래의 이심제를 삼심제(三審制)로 개정하였다. 군정은 최고법원인 대법원에 법령심사권과 예산결정권 및 인사권을 부여하였으며 또한 군정법령 제176호는 형사소송법을 개정하여 인신보호제도와 구속기간을 법정하고 구속적부심사제도를 도입함으로써 모든 시민의 인권신장에 기여했다.

군정당국은 사회보장법 분야에서 노동임금, 노동시간, 미성년자보호법을 채용하였으며 1946년에 농지개혁을 시도하였으나 완성하지 못하고 한국정부 수립 후에 경자유전(耕者有田)의 원칙에 따라 농지를 장기저리(長期低理)로 유상분배하는 농지개혁법이 시행되었다.

(2) 공법제도에 미친 영향

군정시대 이래 오늘에 이르기까지 미국의 법사상과 법제도가 한국의 법발전에 미친 영향으로 공법 분야인 헌정질서와 형사절차법을 들 수 있다.

1) 헌 법

한국 헌법에 미친 미국법의 영향으로 대통령제와 보통법상의 사법권 우월성 원칙에 따라 위헌법률심사권을 사법부에 부여하였음을 들 수 있다. 또한 법률상의 평등권과 기본권의 보장 및 이의 구체적 실현을 확보하기 위한 공정한 재판과 적법절차의 원칙이 채용되었음을 들 수 있다. 특히 미국법의 원리인 행복추구권과 개인의 비밀과 자유보장을 위한 사생활보호의 원칙과 대통령의 법률안거부권을 들 수 있다.

2) 형사법

영미법의 기본적 인권존중사상이 형사절차법에 결정적인 영향을 미쳤다. 군정당국은 조선총독의 지휘, 감독 하에 병치되었던 법원과 검찰기구를 분리, 독립시켰으며 인신보호를 위하여 군정법령 제176호로서 인신구속과 압수수색요건으로 영장제도를 채용하였으며 또한 피의자 구속기간의 제한, 구속 후에 절차적 보장을 비롯하여 구속적부심사와 보석제도를 도입하는 한편 유치장감찰제도, 불구속에 대한 사후통제장치를 통하여 피의자의 인권침해를 방지했다. 이와 같이 미군정법령 제176조는 이념적으로나 제도적으로 한국인의 인권보호의 초석이 되었다.

또한 미국의 인신보호법이 형사소송법에 미친 영향으로 사전영장주의와 피의자의 불리한 진술거부권과 1996년 Miranda와 Arizona 사건에서 확립된 피의자 수속 시에 경찰관리의 고지의무인 이른바 미란다준칙(Miranda rule=Miranda warnings)이 1987년 형사소송법에 채용되었다. 특히 영미법에서 고도로 발달한 증거법이 한국의 형사소송법에 미친 영향으로 임의성 없는 자백의 증거능력부인과 유일한 자백증거에 대한 증명력 부인을 비롯하여 전문증거의 증거능력은 제한되나 전문증거를 증명력을 다투는 증거로 활용할 수 있다는 형사소송법 제318조2호의 탄핵증거제도를 들 수 있다.

미국법의 지도이념인 인권존중사상이 헌법의 기본원리로 정착되고 형사소송법으로 구체화되었으나 범죄의 구성요건과 형벌의 귀속관계에 관한 형사실체법에는 아무런 영향을 미치지 않았다. 미국법이 범죄의 종류와 구성요건 및 형벌의 종류와 양형에는 아무런 영향을 미치지 않아 형사실체법의 기본구조와 판례이론이 건국 후에도 계속 유지될 수 있었다. 다만 미국법이 군정 시에 형사실체법에 미친 영향으로 형법 제59조의 선고유예제도와 1958년에 채용된 20세 미만 자에 대한 보호관찰제도를 들 수 있다. 현행법은 유럽 대륙의 집행유예제도에 미국의 선고유예제도가 첨가되었다.

미국법이 한국에 미친 대표적인 형사법제도로서 유럽 대륙의 시민법계에서 볼 수 없는 미국 특유의 특별검사제를 들 수 있다. 미국에서 대통령을 위시한 고위공직자의 비리나 비행에 대한 공정한 수사와 기소권을 행사할 수 있는 독립된 수사기관을 특별검사라 한다. 미국의 특별검사제를 모방하여 1999년에 전문 19개 조항과 부칙 3개조로 구성된 특별검사제에 관한 법률을 제정하였다.

3) 행정법

식민지시대의 행정법은 국가관료의 권위주의 경찰국가적인 독일행정법으로서 식민지지배에 적합하게 각색된 행정법체계를 이루고 있어 행정법은 국민의 권리신장이나 편리한 생활환경의 조성보다는 국가의 정책실현을 위한 통치수단으로서 행정능률의 향상과 행정편의주의가 지배하였다. 군정시대에 종래의 포괄적인 행정업무가 경찰, 교육, 세제, 지방자치행정 및 토지이용과 경제행정으로 분화, 발달하게 되었으며, 특히 미국의 민주적 행정제도가 한국의 전통적인 관존민비의 권위주의 관료행정을 완화하는 결정적인 작용을 수행했다. 또한 미국 연방정부에 병설된 각종의 위원회(Boards, Commission)가 한국에 도입되어 인권위원회를 비롯하여 부패방지위원회, 공정거래위원회, 금융감독위원회와 소비자보호위원회 등 각종의 행정기관이 준사법기관으로서 활동하고 있으며 이와 유사한 각종의 위원회기 지방정부에도 설치되어 지방행정의 효율성을 극대화하고 있다.

(3) 사법제도(私法制度)에 미친 영향

미국의 인권사상이 한국의 헌법과 형사절차법에 구체화된 것과 마찬가지로 미국의 상거래법이 한국 상사법에 많은 영향을 미치게 되었다. 이는 세계경제를 주도하는 미국의 영향력 증대에 따른 결과이다.

1) 상사법

한국 상사법에 미친 미국법의 영향으로 회사가 이사에 대한 책임추궁을 해태할 경우 주주가 회사를 대표하여 이사를 문책할 수 있는 대표소송제도(derivate suit)가 상법 제413조에 채용되었다. 또한 대주주의 전횡을 방지하고 회사운영의 투명성을 확보하기 위하여 1998년에 상장회사의 사외이사제도를 채용하였으며 이어서 1999년에는 주주제안권과 이사회의 효율적 운영 및 의사결정과정의 객관성과 전문성을 확보하기 위하여 이사회 내에 위원회제도를 신설하였고 수권자본제와 지주회사 및 금융지주회사를 설립하게 되었다.

특히 미국법의 영향으로 다른 기업체를 매수, 합병하는 기업인수합병제도(mergers and acquisitions)가 도입되었다. 한편 회사의 합병과 같은 중요한 사안을 의결함에 있어서 대주주의 다수결에서 소액주주의 보호를 위하여 이들의 주식가치를 현금으로 상환 청구할 수 있는 회사에 대한 주식매수청구권을 도입했다. 특히 영미보통법에서 고도로 발달한 신탁제도가 한국법에 미친 영향으로 상사신탁인 영업신탁과 의결신탁제도를 들 수 있다(신탁법 제3조 2; 상법 제368조 3항). 한편 한국 증권법에 미친 미국법의 영향으로 미국 연방 증권법과 증권거래위원회의 규정 및 법원 판례로 확립된 공개의무를 들 수 있다. 1990년에 기업경영의 투명성 확보를 위한 공개의무와 관련하여 여러 법령에 영향을 미치게 되었으며 상거래의 국제화에 따라 미국식의 거래방식인 Leasing, Factoring, Franchise가 새로운 상행위로 상법전에 채용되었다(상법 제46조 19-21호).

특히 취약한 한국 기업의 대외적 경쟁강화와 벤처기업의 육성을 위하여 채용한 주식매수선택권과 기업경영의 투명성 확보와 경영합리화를 효과적으로 감독할 감사위원회제도 역시 미국법의 영향이며 또한 담보부 사채신탁도 영미법상의 신탁제도의 발전 형태이다. 해상법 분야에서 선주(船主)의 면책사유에 있어서 유럽 대륙법의 추상적 개괄주의보다 영미법의 개별적

열거주의가 압도적인 영향을 미치고 있다. 또한 주식회사법 분야에서 수권자본제, 독점금지법과 지주회사제도에 미친 미국법의 영향은 현저하다.

2) 제조물책임법

이미 20세기 초에 대량소비사회로 진입한 미국에서 소비자보호를 위한 제조물책임이 문제되기 시작했다. 미국은 1916년에 맥퍼슨 대 뷰익승용차 사건에서 자동차의 하자에 대한 무과실입증책임을 제조회사인 피고에게 부담시킴으로써 제조물책임법의 기본원칙을 확립했다. 그 후 1960년대에 소비자보호를 위한 제조물책임법이 일반화되었으며 이어서 유럽 각국에서도 공산품의 하자에 대한 생산자와 수입업자의 책임이 논의되었고 1985년에 제조물책임에 관한 유럽공동체의 지침에 따라 각 회원국은 무과실책임의 제조물책임법을 채용하게 되었다. 한국에서 2002년 7월에 시행된 제조물책임법이 독일법의 모습을 하고 있으나 책임내용에 관한 유럽의 제조물책임법과 마찬가지로 미국법의 영향을 받고 있다 하겠다.

(4) 사회법 형성에 미친 영향

1) 사회복지법

전통적인 서구사회의 복지국가사상에 따라 유럽 국가의 법제도가 한국에 영향을 미치고 있으나 복지정책수행에 있어서는 미국의 경험적 방법이 한국에 채용되고 있다. 한국사회의 사회복지법은 1950년대의 6·25동란으로 인한 피난민의 수용과 전란으로 주거와 생활기반을 상실한 주민의 구호정책이 사회복지정책의 주류를 이루었다. 당시에 사회복지법은 제정되지 않았고 주로 미국의 사회복지기관과 정부가 구호사업을 수행했으며 전후의 복구사업과 사회부조 및 전쟁고아를 보호하기 위한 복지정책이 주요한 과제를 이루었으며 이와 관련된 사회복지법이 제정되었다. 1970년대는 산업화와 동시에 의료보험제도의 도입과 사회복지관계법이 전면적으로 개정되었다. 특히 종래에는 요구호자(要救護者)나 특수지역의 일부 주민에게만 적용되던 사회복지법이 점차로 일반화되어 도움을 필요로 하는 모든 국민에게 확대되었다.

1980년대 이래로 한국은 사회보장제도의 구조적 전환을 가져온 시기로 사회복지가 단순히 사회적 약자보호의 차원을 벗어나 국민의 사회복지향상을 위한 경제, 세제, 환경, 노동, 주택정책의 균형 있는 발전이 요구되었다. 특히 세계화에 따라 기업의 국제경쟁력 강화와 병행하여 실직자의 생존보장권을 위한 사회복지법의 강화가 요구되어 유럽의 복지법과 특히 미국의 복지제도가 한국의 사회복지법 형성・발전에 결정적인 영향을 미치게 되었다. 사회복지 관계법으로 사회보장기본법, 사회보험법, 공공부조법(公共扶助法)과 사회복지-Service법으로 사회복지사업법, 아동복지법, 노인복지법, 장애인복지법, 모자복지법, 영유아보육법과 윤락행위방지법을 들 수 있다. 미국에서 사회복지법과 복지정책을 연구한 학자와 실무자를 통하여 한국복지법의 제정과 사회복지정책 수립에 미국의 영향이 압도적으로 작용하고 있음을 부인할 수 없다.

2) 노동법

군정당국이 시행한 노동관계법으로 일반 노임에 관한 법령, 폭리에 관한 법령, 최고노동시간에 관한 법령을 비롯하여 미성년자노동보호법 및 노동쟁의 발생에 대비하여 노동쟁의조정위원회에 관한 법을 제정하였다. 한편 건국 후에는 노동문제에 관한 공공정책 및 노동부 설치에 관한 법령이 공포되었다(1949.7.23.). 그런데 군정기에 제정된 법령은 노동보호법이지 자유로운 노조활동을 보장하는 집단적 노사관계법은 아니었다. 그 후 1953년에 근로기준법, 노동조합법, 노동쟁의조합법, 노동위원회법 등 노동기본법이 제정되었으나 전란으로 폐허가 된 경제사정 하에 이러한 노동입법은 실효성 없는 장식에 지나지 않았다. 노동관계법은 유럽의 사회복지사상에 기초한 노동법체계와 자유로운 기업활동을 중요시하는 미국노동법이 절충된 타협의 산물이다.

Ⅱ 법 체 계

세계 각 나라의 다양한 법제도를 유형화하여 일정한 법계 또는 법권으로 나눌 수 있다. 인종, 언어, 종교와 법형성의 역사적 배경, 법의 발전형태, 법원(法源), 법이념, 법제도, 법규정, 법개념, 법적 사고와 법기술(法技術), 법규의 편제방식 등 분류의 기준이 여럿이며, 오늘날 세계에는 40여 개의 법계가 존재한다. 주요 법계로 로마법 체계의 대륙법계, 영국법을 계수한 영미법계, 종교적 관습법을 기본으로 하는 이슬람법계, 아프리카 대륙의 전통적 부족법계 등이 있다. 사회주의 국가의 사회주의법계는 공산주의 체제의 붕괴로 비교법학에서 자취를 감추게 되었다. 법체계에 따라 법원의 조직, 법관의 선출방식, 법률가의 양성방식, 또는 법관이 판결할 때 기준이 되는 법원(法源) 등에 차이가 있다. 같은 법체계에 속하는 국가라 할지라도 각기 그 내용에 있어서는 큰 차이가 있으나, 2개 이상의 법질서를 비교, 분석, 종합, 검토하는 비교법의 연구를 위해서는 일정한 기준에 따라 여러 법질서를 계통을 같이하는 법질서끼리 한데 묶어 전체 법권의 제도적 특색을 파악하는 것이 필요하다. 여기서는 우리나라가 속하는 대륙법계와 영국, 미국 등이 속하는 영미법계에 대해서 알아본다.

Common Law and Civil Law

Basically, there are two legal systems in today's world. One of these systems is the **common law** system of England and the Untied States.

The other system is based on Roman **civil law**, or **code law**. The term civil law, as used here, refers not to civil as opposed to criminal law but to codified law—an ordered grouping of legal principles **enact**ed into law by a **legislature** or governing body. In a civil law system, the primary source of law is a **statutory code**, and case **precedents** are not judicially binding, as they normally are in a common law system. Although judges in a civil law system commonly refer to previous decisions as sources of legal guidance, they are not bound by precedent; in other words, **the doctrine of *stare decisis*** does not apply.

Legal Terms

• common law : 보통법, the system of jurisprudence, which originated in England and was later applied in the United States, that is based on judicial precedent (court decisions) rather than legislative enactment (statutes) and is therefore derived from principles rather than rules. *Common law is the body of law developed from custom or judicial decisions in English and US courts, not attributable to a legislature.*

• civil law : 1. 대륙법, Roman law embodied in the Justinian Code, and presently prevailing in most Western European states. *The civil law system is a system of law derived from that of the Roman Empire and based on a code rather than case law.* 2. 민법, the law concerned with non-criminal matters. 3. 실정법, the body of laws established by a state or nation, as distinguished from natural law.

• code (law) : 법전법, a systematic compilation of laws, for example, the Criminal Code (referring to penal law) and the Motor Vehicle Code (referring to laws relating to motor vehicles).

• enact : 제정하다. *The bills were enacted into law over Mr.*

Reagan's veto.

• **legislature** : 입법기관.

• **statutory code(law)** : 제정법. *Statutory law is the body of law enacted by legislative bodies (as opposed to case law).*

→ **statute:** an act of the legislature, adopted under its constitutional authority, by prescribed means and in certain form, so that it becomes the law governing conduct within its scope. Statutes are enacted to prescribe conduct, define crimes, create inferior government bodies, appropriate public monies, and in general to promote the public welfare.

• **precedent** : 선례, previously decided cases recognized as authority for the disposition of future cases. In common law, precedents were regarded as the major source of law. *A precedent is a court decision that furnishes an example or authority for deciding subsequent cases involving identical or similar facts.*

• **doctrine of *stare decisis*** : 선례구속의 원칙, rule by which common law courts are reluctant to interfere with principles announced in former decisions and therefore reply upon judicial precedent as a compelling guide to decision of cases raising issues similar to those in previous cases. *The doctrine of stare decisis refers to a common law doctrine under which judges are obliged to follow the precedents established in prior decisions.*

1. 영미법

지금 세계인구의 거의 3분의 1이 영미법이 지배하는 지역에 살고 있다. 영미법계에 속하는 나라는 모국인 영국, 영국법을 계수하여 발전・전개시키고 있는 미국, 호주, 뉴질랜드 등이 있다. 유럽 대륙의 성문법 체계인 시민법(civil law)과 대비되는 영미의 판례법 체계를 흔히 보통법이라 지칭하는데, 보통법의 개념이 매우 다의적이다. 보통법이란 기원 후 1066년에 프랑스 북서부의 노르만족이 영국을 정복한 후에 국왕법원의 재판활동을 중심으로 판결을 통하여 형성·발달한 영국의 법제도를 말하는 것으로 지방의 고유관습법에 대응한 전국의 통일법 또는 지방관습법에 대응하여 국왕법원이 발전시킨 전 국토에 적용되는 일반법을 의미한다. 뿐만 아니라 의회의 제정법(statute)에 대응한 법원의 판례법의 의미로 사용되는가 하면 형평법원이 발전시킨 형평법에 대응하여 보통법원(왕좌, 재무, 민사법원)의 판례를 뜻하기도 한다. 또한 해상법과 교회법원의 관할사건인 혼인과 우언법과 대비되는 법이란 의미로도 보통법이란 용어가 사용되기도 한다. 영미법의 특징으로 법지배의 원칙, 역사적 계속성, 판례법주의, 배심제도 등을 들 수 있다.

Practice of Law in the Common Law System

Law students and lawyers from non-Anglo-American countries learn that Anglo-American law is "case law"or "judge-made law." That's true to an extent, but in reality a significant portion of the law of the United Stats is codified. Of course, it is true that in some cases no statutory or **constitutional provisions** will apply. Under those circumstances, attorneys must rely solely on earlier cases on the issue; however, constitutional provisions and statutes take **precedence** over case law.

One considerable difference that exists between common and civil law countries is the amount of research an attorney must do. Once an attorney finds the relevant statutory law in a common law country, his or her research doesn't stop there. Nor is it sufficient to read one or two explanatory commentaries written by a law professor as it might be in a civil law system.

American attorneys will search to find the case law relating to a statute before they can say they have thoroughly researched the problem. Without locating and reading the cases that explain the application of the statute or constitutional provision, they have not even begun their research. Modern on-line services have made it faster and more efficient to find cases that might be relevant, but it is still hard work.

Once cases pertaining to the issue have been found, they have to be analyzed to see if they are relevant. Or, if the attorney thinks that his or her case is different from previous cases, he or she must explain why those cases and their decisions are not applicable.

In this way, case law is not only judge-made but also "attorney-influenced" law. We can say that the common law is the law that is created daily through the interaction of judges and attorneys in the courtrooms across the United States at all levels, from local courts to the U.S. Supreme Court.

All types of judges, whether appointed or elected, have the legal right to make certain types of **decisions**. Once a judge make a decision, that decision becomes a precedent. Of course, that judge's decision itself was based on the precedents taken from previous decisions of earlier judges. In that way, every decision can serve two purposes: to resolve the case that the judge is currently **hearing** and, if the decision is published, to provide other judges precedent to follow.

Legal Terms

• constitutional provision : 헌법의 규정, 헌법전의 조문. *The democratic constitution must necessarily contain the constitutional provisions in respect to the fundamental rights of citizens and separation of powers.*

• **precedence** : 선행, 우선, 우위, 우선권. *The statutes prescribe the classes of persons entitled to appointment as administrator and indicate an order of precedence based on kinship by consanguinity or affinity with the decedent.*

• **decision** : 판결, 판단, 결정, act of determining; forming a definite opinion; or coming to a conclusion. *The decision of the lower court has been sustained.*

• **hear** : 심리하다, 심문하다. *The trial was heard by a famous high court judge.*

• **hearing** : 심리, 청문, a proceeding where evidence is taken to determine an issue of fact and to reach a decision on the basis of that evidence; describes whatever takes places before magistrates sitting without jury. *The court adjourned the hearing till the next day.*

(1) 법지배의 원리

법지배의 원리(the rule of law)란 법의 우위(supremacy of law)의 원리라고도 하며, 영미법의 기본원리라 할 수 있다. 법의 지배란 입법, 행정, 사법, 기타 모든 권력이 기본적인 정의 원칙, 도덕원칙, 공정 및 적정절차와 같은 , 법을 특정지우는 것이라고 일반적으로 받아들이는 제원칙(諸原則)에 복종하는 것을 뜻한다. 법의 지배란 인간의 존엄과 가치에 대한 존경을 의미한다. "국왕도 법 밑에 있다"는 말은 이 원리의 단적인 표현으로, '인(人)의 지배', '힘의 지배'와 대립되는 개념이다.

영국에서 발달한 법지배의 원리란 자유주의의 한 원리다. 법지배의 원리라고 할 때의 '법'이란 이성에 기초한 법, 특히 기본적 인권의 보장을 기조로 하는 법을 의미하며, '법의 지배'라고 할 때에 일반국민이 아니라 오히려 통치자 · 권력담당자를 향하고 있다. 정부는 스스로 법에 따라야 하며 법을 무시하거나 자기에게 알맞게 법을 뜯어 고칠 수 없음을 의미한다. 영국에서는 의회 및 보통법 법률가가 맹렬히 싸운 17세기 헌법투쟁의 결과 의회가 제정한 법은 모든 것을 구속한다는 것을 뜻하며, 무엇이 법인가의 최종적 결정권은 정치권력으로부터 독립된 사법부(법원)에 있다는 것을 의미한다. 법지배의 사상 가운데는 '사법부의 우위'사상이 포함되어 있다. 권력담당자에 대하여 권력으로부터 독립된 법원을 통하여 개인을 보호한다는 것이 법지배 사상의 핵심이 되고 있다. 법지배의 원리는 영미법의 공통된 특징적 구성요소가 되고 있으나, 미국에서는 성문헌법전의 존재로 말미암아 영국에 있어서처럼 의회주의의 원리는 인정되지 아니하며 의회의 입법이 헌법에 위반되느냐 아니냐의 판단을 사법부가 담당함으로써 사법부의 우위를 결과하고 있다.

법지배의 원리는 유럽대륙의 '법치국가'의 원리와는 상당한 차이가 있다. 법치국가의 원리란 정부가 국민의 자유와 권리에 관련된 사항을 규율하고자 하는 경우에는 반드시 시민의 대표로 구성된 의회가 제정한 법률에 따라서만 할 수 있다는 원리로서 법률의 우위의 원칙으로 표현되는 법치행정의 원리를 내용으로 한다. 또한 행정부의 월권 또는 위법행위 여부의 판단권한을 사법부가 아니라 행정부가 스스로, 즉 행정부 안에 설치한 행정법원이 행사하는 원리를 의미한다. 사법부는 민사사건·형사사건을 담당할 뿐이다. 하지만 행정재판을 통한 시민의 자유나 권리보호의 실시, 헌법재판제도의 발달 등으로 인하여 오늘날의 법치국가의 원리는 영미법상의 법지배의 원리와 크게 다르지 않은 것으로 발전하여 왔다.

(2) 판례법주의

영미법의 또 하나의 특징은 판례법주의이다. 판례법주의의 의미는 대륙법계에 속하는 나라에 있어서의 법전법(法典法)이 가지는 만큼의 법원(法源)으로서의 중요성을 영미법에서는 판례법이 가진다는 뜻이다. 또한 대륙법계의 발달이 법학자의 업적과 입법에 의하여 이루어졌다고 한다면 영미법의 발달은 판사의 역할에 의하여, 판례법에 의하여 이루어졌다는 뜻을 의미하기도 한다. 이 같은 법원과 법 발달에 있어서의 영미법의 특징은 법 발견의 방법과 법학교육의 방법에도 영향을 미쳐, 판례법주의는 '사례로부터 사례로의 사유'(reasoning from case to case)를 통한 법 발견의 방법을 의미하며, 특히 미국에 있어서의 '사례식 강의'(case method)라는 법학교육방법의 의미까지도 갖는다.

영미법계에 속하는 나라에 있어서의 제정법의 수는 결코 적지 않으며 더구나 그 수는 증가일로에 있다. 그럼에도 불구하고 영미법의 특징으로 판례법주의를 드는 이유는 법의 기본적 부분의 대부분이 제정법에 의해서가 아니고 판례법에 의하여 규율되고 있기 때문이다. 그러므로 법률가가 새로운 법률문제에 부닥쳤을 때에 그 출발점은 선례이며, 선례로부터 도출해 내는 법원칙을 유추하거나 확장 또는 축소하며 또는 반대해석하는 등의 방법으로 문제를 해결하는 경향을 강하게 보여주고 있다. 영미법계의 나라에서는 판례법, 즉 법원의 판결에 바탕을 두고 있는 법을 제1차적 법원(法源)으로 하고 있다. 제정법이 없지 않지만 이는 오히려 예외적 존재라 할 수 있으며, 판례법을 보충하기 위하여, 판례법의 어느 부분을 수정하기 위하여, 혹은 산만하고 복잡하게 전개된 판례법을 체계화하고 명료하게 하기 위하여 제정법을 제정하는 일이 많다.

이에 대하여 대륙법계의 나라에서는 성문법주의를 채택하고 있는 까닭에 제정법이 제1차적 법원이 되고 법률가는 구체적인 법률문제에 적용될 법원칙을 제정법으로부터 도출해내고 있다. 대륙법계의 나라에서는, 법원칙은 완전무결의 형태로 제정법 가운데에 규정되어 있는 까닭에 어떠한 법률문제라도 그 규정에 의하여 직접으로 또는 그 규정으로부터 연역이나 유추 등의 방법으로 해결할 수 있으며, 판례는 제정법의 규정을 특정의 사건에 적용한 실례 —하나의 사례— 에 지나지 않는 것으로 생각한다. 이에 대하여 영미법계의 나라에서는 어떠한 법률문제에 부닥쳤을 때에 그 해결의 기초는 과거의 사법경험, 즉 선례에 있으며 특정의 문제에 바로 적용되는 판례가 없는 경우에 유사한 사건에 관한 판례로부터 유추하여 해결한다.

대륙법계의 나라에서도 판례가 중요하지 않은 것은 아니며, 특히 최고

법원의 판례는 추후의 하급심판결에 대단히 권위를 인정받고 있다. 그리고 학문적으로 주목의 대상이 되고, 판례의 비중이 증대되어 온 것이 대륙법계 나라에 있어서의 추세이다. 그러나 법학적으로 볼 때, 판례가 관습법으로 인식될 수 있는 것으로 발전한 것이 아닌 한 판례위반을 그 자체로서 상고 이유가 되는 법위반으로 생각하지 않는다. 판례를 법원으로 생각하지 않으나, 상급심판결을 따르지 않은 하급심판결은 상급심에 의하여 파기되는 까닭에 상급심판례가 존중된다고 할 수 있다.

영미법계에서도 제정법이 판례법을 개폐(改廢)하는 효력을 가지고 있다. 그러나 원래 영국의 제정법이란 수세기에 걸쳐 판사에 의하여 발달하고 모든 영역을 똑같이 규율하는 불문(不文)의 보통법과 비교할 때에 법원으로서 이보다 못한 효력을 가지는, 산발적으로 그때그때(*ad hoc*) 만들어지는 법형식이었다. 그러므로 제정법은 예외적인 성질을 가질 뿐이며, 이를 좁게 해석하여야 하며, 의문의 여지 없이 적용된다고 판단되는 사태에만 적용될 뿐이라는 사고가 지배하게 되었다. 이같이 좁게 해석한 것이 문제의 사건에 적용되지 않는다고 판단될 때는 보통법상의 일반원칙에 되돌아가 그것에 의하여 판결한다. 그러므로 제정법상의 조항의 의미가 불명료하거나 흠이 있는 경우에 그 제정법의 목적 등에 비추어 불명료하거나 흠이 있는 점을 극복하려는 대륙법계에 있어서의 태도와 상당한 거리가 있다.

영미법은 판사의 판례에 의하여 형성된 법체계이다. 대륙법계의 발달에 있어서 법학자와 학설이 그리고 학설의 뒷받침을 받은 입법이 담당하였던 역할을 영미법계에서는 판사가 그리고 판결례가 담당하였다. 다만 영미법계 나라에 있어서도 사회법 분야에서는 제정법이 중심이 되어 있고, 사법 분야에 있어서도 특히 미국법에 있어서는 최근 법을 전면적이고 체계적으로 재정비하려는 노력을 행하여 왔다. The Restatements는 그러한 노력의 예이며, 통일상법전(Uniform Commercial Code: UCC)은 법전화에 성공한 예라 할 수 있다. 법을 체계화하고 합리화할 필요성은 영국에서도 점차 강하게 느끼기 시작하여 예컨대 Law Commission을 설립함으로써 법의 체계적 발달과 개혁 및 법전화를 도모하려고 하고 있다.

Stare Decisis

The practice of deciding new cases with reference to former decisions, or precedents, eventually became a cornerstone of the English and American **judicial** systems. It forms a doctrine called *stare decisis*("to stand on decided cases"). The doctrine of *stare decisis* suggests that judges attempt to follow precedents. The doctrine helps the courts to be more efficient, because if other courts have carefully reasoned through a similar case, their opinions can serve as guides. *Stare decisis* reflects the experience and wisdom of the past. The doctrine also makes the law more stable and predictable.

The rule of precedent tends to neutralize the prejudices of individual judge, and if the law on a given subject is well settled, someone bringing a case to court can usually rely on the court to make a decision based on what the law has been.

Sometimes a court will depart from the rule of precedent if it decides that a given precedent should no longer be followed. If a court decides that a precedent is simply incorrect or that technological or social changes have **rendered** the precedent inapplicable, the court might rule contrary to the precedent.

In this situations, a court is guided in its decisions by fairness, public policy, and legal reasoning. Cases that overturn precedent often receive a great deal of publicity. In *Brown v. Board of Education*, for example, the United States Supreme Court expressly **overturned** precedent when it concluded that separate educational facilities for whites and blacks, which had been upheld as constitutional in numerous previous cases, were inherently unequal.

Courts have other sources (besides precedent and common law) to consider when making their decisions. These include federal and state **constitutions**, statutory law, administrative agency regulations, and commercial law codes.

Legal Terms

• judicial : 재판상의, 법원의, 사법의. *Judicial system is entire network of courts in a particular jurisdiction.*

• render : 판결하다, to officially announce a decision, either orally in open court or by memorandum filed with the clerk. *The Board has been slow to render its verdict.*

• overturn : 파기하다. *His conviction was finally overturned on appeal.*

• constitution : 헌법, the fundamental principles of law by which a government is created and a country is administrated. Distinguished from a statute, which is a rule decided by legislative representatives and is subject to limitations of the Constitution. *Every state has constitution.*

Stare Decisis in Practice

Under the doctrine of *stare decisis*, a court is only required to follow those precedents that are **binding** on that particular court. **Binding authority** is a ruling that was decided by a higher court in the direct line of appeal.

For example, a Tennessee state trial court in Memphis, Tennessee, must follow the precedents set by the Tennessee Court of Appeals for the Western District of Tennessee which includes Memphis and the Tennessee Supreme Court on state law issues. Cases decided by other courts, such as a court of another state or even the Tennessee Court of Appeals for the Eastern District of Tennessee, are **persuasive authority** only. Court aren't required to follow persuasive authority, although persuasive authority from another district or court will generally be taken into consideration. Courts will give persuasive authority special consideration if the court that issued the precedent is closely related to one considering the precedent: for example, if both courts are in the same state but in different districts.

If a precedent is binding, judges have two options when they are looking at a case involving that precedent: they are either forced to decide the **pending** case in accordance with the law of the earlier cases or to **repudiate** the earlier decision. Only the original court that issued the decision or a higher court normally repudiates an original decision. For example, a Tennessee trial court in Memphis would in all likelihood never try to overturn a decision of the Tennessee Supreme Court. If a local Tennessee judge decided not to follow a binding precedent of the Tennessee Supreme Court, the losing attorneys in the case would most certainly appeal and would probably win the appeal.

For lawyers unfamiliar with common law, this ability to **overrule** a prior decision may be one of the most difficult concepts in the U.S. law to grasp. Given sufficient legal grounds by an attorney, a judge may overturn a prior decision. Or, based on the facts of a particular case, a judge may decide the case in a way that seems to be at odds with precedent. Since a judge has the power to overturn a prior decision, American attorneys must review case law and then choose one of two possible course of action:

1. reconcile the facts of the current case with prior decisions or
2. attempt to convince the judge to repudiate a prior decision.

Of course, no matter how brilliant the attorney, rarely will a lower court repudiate a higher court's decision; the system must be stable.

The fact that a judge may overturn a decision doesn't mean that the law is uncertain. In only a few limited areas would most attorneys in the United States admit to legal uncertainty. Ninety percent of cases in the United States are **settled** out of court. This datum allows us to infer that in 90 percent of the cases, attorneys for opposing sides reach a compromise based on research and an understanding of the law as a judge would see it. However, an attorney has the opportunity to argue his or her client's position before the court even if it would seem that the current law is relatively clear against his or her client. It could be time for a change. In fact the U.S. Supreme Court intentionally choose to hear cases that may be instrumental in changing laws.

Legal Terms

• binding : 구속력 있는, 의무를 지우는, obligatory. *These regulations shall be binding on them without exception.*

• binding authority : 구속력을 가지는 선례, 법원(法源). *Binding authorities include constitutions, statutes, and regulations that govern the issue being decided, as well as court decisions that are controlling precedents within the jurisdiction.*

• persuasive authority : 설득력 있는 법원(法源), 참고적 법원. *If you did not find any relevant mandatory authority, now is when to start looking for persuasive authority. Look to case decisions from outside your jurisdiction that could be cited as persuasive though not binding precedent.*

• **pending** : 계속 중의, 결정 전의, started but not finished. *The case has been pending for five years since sale of drug was suspended due to evidence of injuries.*

• **repudiate** : 거절하다, 거부하다, 부인하다, overturn. *She has repudiated policies associated with previous party leaders.*

• **overrule** : 1. (선례를) 깨다, (판례를) 변경하다, to overturn or make void the holding (decision) of a prior case; generally accomplished in a different and subsequent case, when a court renders a decision that is substantially opposite the decision made in the prior case. A decision can be overruled only by the same court or a higher court within the same jurisdiction. The overruling of a decision generally destroys its value as precedent. *Overrule is used to described what a superior court does to a precedent that it decides should no longer be a controlling law, whether that precedent is a lower court's or its own.* 2. (신청, 이의를) 각하하다, to deny a motion, objection or other point raised to the court. *Overrule is usually employed in reference to procedural points throughout a trial, as in evidence.*

• **settle** : 해결하다, 화해하다, 청산하다. *Parties are said to settle an account when they go over its items and ascertain and agree upon the balance due from one to the other.*

→ **settlement** : 화해, 조정, 청산, conclusive resolving of a matter; especially, a compromise achieved by adverse parties in a civil suit before final judgement, whereby they agree between themselves upon their respective rights and obligations, thus eliminating the necessity of judicial resolution of the controversy. *Generally, the settlement is the conclusive fixing or resolving of a matter.*

(3) 역사적 계속성

영미법의 세 번째 특성으로 그 발달에 있어서의 역사적 계속성을 들 수 있다. 대륙법계의 법 발달은 로마법의 계수, 대법전법(大法典法)의 제정과 같은 시대를 구분하는 대사건을 중심으로 하여 그 단계를 이야기할 수 있는 데 반해서 영미법계의 법 발달은 그러한 구분 뜨는 단계를 이야기할 수 없는 것이 특징이다. 개개의 사건에 관하여 내려진 판결례, 그리고 판례법의 원칙을 수정, 보완 또는 성문화하는 개별적인 제정법, 그리고 이 제정법을 해석한 판결례가 몇 세기에 걸쳐 연연히 이어져 오늘날의 영미법이 형성된 것이다. 현행 영미법률 가운데 가장 오래된 것은 1215년의 마그나 카르타(Magna Carta)이며, 1535년의 Statute of Uses의 이해는 현행의 부동산법의 연구에 반드시 필요하다. 계약법을 공부하기 위해서는 1677년의 Statute of Frauds의 이해가 필요하다. 판례에 있어서도 대단히 오래된 선례를 인용하는 일이 적지 않다.

(4) 배심재판

배심재판이란 판사가 보통 12명의 일반시민으로 구성된 배심(jury)과의 협력에 의해 재판하는 제도로서, 영미법상의 다른 원칙이나 원리 및 제도와 밀접한 관련을 가지면서 수세기에 걸쳐 계속적으로 발전한 역사적 소산이다. 영미법계에서는 배심재판을 받을 권리를 기본적 인권의 하나로까지 생각하였으며, 프랑스 등 유럽 여러 나라에서도 시민에 의한 사법제도로 생각하고 도입하였으나, 19세기 중엽부터 사라지기 시작하여 오늘날에는 단지 몇 나라에서만 대단히 변형된 모습으로 명맥을 잇고 있다.

배심에는 두 종류가 있다. 그 하나는 소배심(小陪審, petit jury: 심리배심)으로서 민사 및 형사사건의 재판에 이용된다. 민사사건에서의 배심의 임무는 보통 손해배상책임을 결정하는 일이며, 형사사건에서의 임무는 유죄여부를 판단하는 일이다. 영국에서 민사배심은 입법에 의하여 크게 쓰이지 않게 되었지만 형사배심은 전통적인 모습대로 남아 있다. 형평법(equity)

사건에는 배심이 없다. 배심은 1심재판에만 존재한다.

다른 하나의 배심은 대배심(大陪審, grand jury: 기소배심)이며 유무죄의 문제를 판단하는 것이 아니라는 점에서 소배심과 구별된다. 대배심의 기능은 기소에 있다. 치안판사(magistrate)가 범죄의 혐의가 있다고 판단되는 문제를 대배심에 붙여 조사하게 한다. 만약 대배심이 재판을 행하기에 충분한 증거가 있다고 판단하면 기소장을 발부하며 형사재판절차가 개시된다. 증거가 불충분하면 그 사건은 기각된다. 영국에서는 오래전에 대배심제도를 폐지하였으며, 미국에서도 대략 반수의 주에서 폐지하고 있으나 연방사건에서의 대배심제도는 헌법에 의하여 보장되고 있다.

수백년에 걸쳐서 발전하였던 배심재판은 보통법의 내용과 성격의 형성에 커다란 영향을 주었으며, 나아가 영미법체계의 형성과 발전에도 지대한 영향을 미쳤다. 배심재판이 실체법에 미친 영향 가운데 가장 큰 것은 법의 상식화라 할 수 있다. 배심재판은 한편으로는 국민으로 하여금 법에 친숙하게 하고 국민의 법에 대한 존경심을 불러일으켜 준법정신이 강한 국민으로 만들었으며, 다른 한편으로는 법을 언제나 일반인의 생활과 접촉하게 하고 일반인이 납득할 수 있는 것으로 만드는 작용을 행하였다고 할 수 있다. 법전문가가 만든 법은 제정법이든 판례법이든 논리적으로 정교하겠지만 실생활과 유리된 극히 기술적인 법이 될 우려가 있다. 배심재판에 있어서 판사는 법의 문외한인 배심원이 이해할 수 있게 법을 설시하지 않을 수 없는 까닭에 판사는 가능한 한 보통법을 상식적이고 실제적인 것이 되게 노력한다.

대륙법계의 증거법과는 달리 대단히 복잡하며 정교하고 방대하게 발달한 영미법계의 증거법도 배심재판과 관련하여 형성 발전된 것이다. 영미법계 증거법상의 가장 중요한 원칙이라 할 수 있는 전문증언배척(傳聞證言排斥)의 원칙, 즉 전문증언을 증거로 사용함을 허용하지 아니하는 원칙도 배심원이 법적 훈련을 받지 않은 일반인이기 때문에 법정에 제출된 증거라면 무엇이든지 믿으려는 경향을 가지고 있어, 배심원들의 판단을 그르치지 않게 하기 위한 원칙이다.

대륙법계의 재판절차와는 달리 영미법계에 있어서는 공판 내지 구두변론은 계속적으로, 그리고 증인심문과 구두에 의한 변론을 중심으로 하여 행해진다. 12명의 배심원을 구두변론을 시작할 때부터 평결을 할 때까지 다른 사람과 교통하는 일이 없도록 할 필요가 있기 때문에 공판 내지 구두변론을 계속해서 행하지 않으면 안된다. 또한 일반인인 배심원들에게 주의를 기울이게 하고 이해하도록 하기 위해서는 증거도 변론도 가능한 한 법정에서 구두로 제공하게 할 필요가 있다.

영미법계에서는 형사소송도 민사소송과 마찬가지로 취급하여 국왕 내지 국가가 원고로서 피고인에 대하여 제기한 소송으로 생각하며, 피고인이 유죄라고 하는 검찰측의 주장에 대해 판사 및 배심의 면전에서 검찰측은 이를 입증하려고 하고 변론인 측은 이것을 반박하려고 하여, 양자가 대등한 지위와 권능을 가지고 싸운다. 이러한 소송방식을 당사자주의 또는 탄핵주의라고 하는데, 이 같은 당사자주의도 배심재판의 영향이다. 대륙법계에서는 판사가 스스로 직접 피고인의 유죄 여부를 규명하려는 규문주의(糺問主義)를 채택하고 있다.

Trial by Jury - In Criminal Cases

The Sixth **Amendment** to the U.S. Constitution says that in all criminal **prosecutions** the **accused** shall enjoy the right to a speedy and public trial, by an impartial **jury** of the state and district in which the crime was committed. These provisions have been held by the Supreme Court to apply to the states through the **Due Process of Law clause** of the 14th Amendment.

An impartial jury must be selected in a way that does not discriminate against any group because of race, color, creed or sex. This principle has been restated by the Supreme Court decisions many times.

*When a black man named Patton was charged and **convicted** of murdering a white man, he was **sentenced** to die in electric chair. Both the **grand jury** that **indicted** Patton and the **petit jury** that convicted him were all white. Patton moved to **quash** his indictment because the list from which the grand and petit **jurors** were selected did not contain the name of a single black person, although there were many blacks qualified to serve. He **alleged** that the practice of not selecting blacks as jurors was deliberate and had continued for many years. Patton contended that this practice resulted in denying him Equal Protection of Laws under the 14th Amendment. Evidence showed that in the county where Patton was convicted not a single black person had served on a jury in more than 30 years; yet census figures showed that blacks made up more than one-third of the county's adult population. The Supreme Court agreed with Patton and **reversed** his conviction.*

Legal Terms

• **amendment** : 수정, 개정.

→ **amend** : to alter. One amends a statute by changing (but not abolishing) an established law. *When Congress convened in January of this year, a number of bills were introduced to amend the Act in various respects.*

• **prosecution** : 1.기소, 소추, the act of pursuing a lawsuit or criminal trial. 2. 검찰, the party initiating a criminal suit, i.e., the state.

• **accused** : 피고인, 피의자, the person charged with a crime; defendant. *The accused was found guilty.*

• **jury** : 배심, 배심원단, a group, composed of the peers of the parties or a cross section of the community, summoned and sworn to decide on the facts in issue at a trial. *A jury is usually composed of twelve* *jurors.*

• **Due Process of Law** : 적법절차, a phase introduced into American jurisprudence in the Fifth and Fourteenth Amendments to the U.S. Constitution; the principle that the government may not deprive an individual of life, liberty or property unless certain rules and procedures required by law are followed. *The Due Process of Law traditionally means a course of legal proceedings, according to those rules and principles which have been established in our system of jurisprudence for the protection and enforcement of private rights.*

• **clause** : 조항, 약관. *Insert the following clause in the contract.*

• **convict** : 1. 죄인, one who has been determined by the court to be guilt of the crime charged. *The Alabama Court of the Judiciary censured a judge for merely associating with a formed convict.* 2. 유죄를 선고하다, to determine such guilt. *He was convicted by the jury.*

• **sentence** : 1. 형의 선고, punishment ordered by a court for a person convicted of a crime, usually either a noncustodial sentence such as probation or a fine, or a custodial sentence such as a term of imprisonment. *A suspended sentence is a sentence whose imposition or execution has been withheld by the court on certain terms and conditions.* 2. 형을 선고하다. *The judge sentenced the thief to five years's imprisonment.*

• **grand jury** : 대배심, 기소배심, a jury to determine whether the facts and accusations presented by the prosecutor warrant an indictment and eventual trial of the accused. *It is called grand jury because of the relatively large number of jurors impaneled (traditionally 23) as compared with a petit jury.*

• **indict** : 제소하다, 기소하다. *They were indicted in a scheme to steal trade serects from IBM.*

• **petit jury** : 소배심, ordinary trial jury, whose function is to determine issues of fact in civil and criminal cases and to reach a verdict in conjunction with those findings. While the number of jurors has historically been twelve, many states now permit six-member juries in civil cases, and some states permit six-member juries to hear criminal cases as well. *Petit Juries have been composed traditionally of 12 members, whose verdict was required to be unanimous.*

• **quash** : 무효로 하다, 파기하다, to annul, overthrow or vacate by judicial decision. *The judge quashed the charges against the prisoner and set him free.*

• **juror** : 배심원. 1. person sworn as member of a jury. 2. person selected for jury duty, but not yet chosen for a particular case. *The prosecutor used a peremptory challenge to veto the prospective juror.*

• **allege** : 주장하다. *The accused is alleged to have killed a man.*

→ **allegation** : 주장, 공소사실, in a pleading, an assertion of fact; a statement of the issue that the contributing party expects to prove. *A material allegation in a pleading is one essential to the claim or defense.*

• **reverse** : (평결, 판결 등을) 취소하다, (하급심판결을)파기하다. *An appellate court might reverse a lower court's judgement on an issue if it feels that the lower court committed an error during the trial or that the jury was improperly instructed.*

→ **reversal** : 파기, as used in opinions, judgements and mandates, the vacating or changing to the contrary the decision of a lower court or other body. *Reversal is the annulling or setting aside by an appellate court of a decision of a lower court.*

Trial by Jury - In Civil Cases

The Seventh Amendment to the U.S. Constitution guarantees the right to a **jury trial** in federal **civil cases** in federal courts when the **amount in controversy** exceeds 20 dollars. Most states have similar guarantees in their own constitutions, although many states put a higher minimum-dollar-amount restriction on the guarantee. For example, Iowa requires the dollar amount of **damages** to be at least 1,000 dollars before there is a right to a jury trial in civil cases.

A civil trial can be held with or without a jury. If there is no jury, the judge determines the truth of the facts alleged in the case.

The right to a trial by jury does not have to be exercised, and many cases are tried without a jury. In most states and in federal courts, one of the parties must request a jury or the right is presumed to be **waived**.

*On June 16, 1986, the director of the administrative office of the **U.S. District Court** for the Central District of California suspended all civil jury trials for a period of three and a half months for budgetary reasons due to lack of funds with which to pay jurors. The court stated that the suspension was found to be violation of the Seventh Amendment because it denied an individual the ability to have a jury trial for an extended period of time and put a "price tag" on constitutional rights which cannot be affected by budget shortages.*

Legal Terms

- **jury trial** : 배심재판, trial of an issue of fact before a jury. The parties to the action present their evidence to the jury. The judge then instructs the jury as to how the law applies to their findings of fact.

The jury deliberates and renders its verdict.

• **civil case** : 민사사건.

• **amount in controversy** : 소액, 청구금액. *An amount in controversy is the damages claimed or relief demanded by injured party in dispute.*

• **damages** : 손해배상금, 손해배상액, monetary compensation that the law awards to one who has been injured by the action of another; monetary recompense for a legal wrong such as a breach of contract or a tortious act. *When an accident of commercial flights does occur, the physical, emotional, and economic damages may be enormous.*

• **waive** : (권리, 이익을 임의적으로) 포기하다. *A person is said to waive a benefit when he renounces or disclaims it, and he is said to waive a tort or injury when he abandons the remedy which the law gives him for it.*

→ **waiver** : (권리, 요구 등의) 포기(증서), 기권, 철회, 권리포기, an intentional and voluntary surrender of some known right. *In general, a waiver may either result from an express agreement or be inferred from circumstances, but courts must indulge every reasonable presumption against the waiver of constitutional rights.*

• **U.S. District Court** : 미 연방지방법원.

2. 대 륙 법

유럽대륙의 시민법계는 역사적으로 가장 오래되었고 또한 문화적 영향력으로 인하여 세계 각처에 광범위하게 분포되어 하나의 거대한 법권을 형성하고 있다. 대륙법이라 부르는 유럽 대륙의 법제도를 영미의 보통법계에 대비하여 시민법계로 총칭하는데, 이는 법이념과 법사상, 법원(法源)과 법학, 법제도와 법 개념, 법적 사고와 법 기술이 공통적 역사적 기반 위에서 형성·발달하였기 때문이다. 역사적으로 시민법(ius civile)이란 로마시민에게만 적용될 수 있는 법을 말하며 그 후에 유제 하에서 비잔틴법학자가 편찬한 시민법대전(corpus iuris civilis)를 의미하게 되었고, 보통법의 법률가는 로마제국의 역사적 전통을 계승한 유럽 대륙의 법제도를 시민법계로 지칭한다. 시민법은 고대의 로마법과 게르만관습법, 기독교 윤리와 자유와 평등의 시민혁명사상을 기초로 발달한 역사적 산물로서 세계의 다른 어떤 법체계보다 국제적으로 강력한 영향력을 행사하고 있다. 영미법이 판례법을 근본으로 하는 데 반해 대륙법은 제정법을 기본적 법원으로 하고 있다. 또한 실정법체계에 있어서 대륙법계에서는 공법(公法)과 사법(私法)으로 이원화되어 있다. 오늘날에는 공・사법의 구분이 불분명해지고 비판의 대상이 되고 있지만 그 특징이 사라진 것은 아니라고 할 수 있다.

(1) 역사적 기원과 발전과정

대륙법의 역사적 기원은 로마법에서 출발한다. 로마법이 유럽대륙에서 그 지역의 관습법과 결합되고 이것이 국민국가시대에 각국의 국내법으로 입법화되어 오늘날 전 세계에 퍼지게 되었다.

1) 로마법

로마법이란 로마 건국(B.C. 753)에서 동로마제국의 유스티니아누스 황제(이하 유제로 약칭함)의 사망시까지(A.D. 565) 약 13세기간에 거쳐 로마제국에서 형성・발달한 법제도를 말한다. 로마의 중요한 입법활동으로 기원전 450년에 제정한 12표법과 기원후 534년에 유저의 지시에 따라 편찬한 로마법대전을 들 수 있다.

공화정 전기인 기원전 3세기에 법률문제의 전문적인 식견을 가진 법률가가 등장하였으며 그 후 기원전 1세기에는 법률가가 소송업무와 법률문서의 작성 및 법률문제에 관한 자문활동을 수행했다. 이 시기에 법규범의 객관적 인식을 목적으로 하는 법학이 성립하였다. 당시에 법무관과 심판인은 소송사건이 복잡할 경우 법률가에게 자문을 구했으며 법률가는 자문활동을 통하여 법 실무에 관여하게 되었다. 당시에는 법적 분쟁사건에 대한 해답이 이들의 중요한 과제가 되었다. 로마법은 분쟁사건의 합리적 해결을 위하여 법률가가 제공한 해답의 누적을 통하여 발달한 제도이다. 또한 법률가는 법률문제에 대한 해답만이 아니라 자신들이 구성한 법리의 교육과 학문활동을 통하여 법개념과 법학 특유의 문제를 발전시켰다.

최초에 로마법은 다른 고대법과 마찬가지로 소박한 농경사회의 엄격법으로서 개별적 사안을 중심으로 발달한 법제도이나 법학의 성립으로 법학자는 경직된 법규정을 신축성 있는 법제도로 발전시켰으며 또한 구체적 경험적 사고에서 추상적 일반적인 법적 사고로 점진적인 변화를 가져왔다. 로마법은 실제생활에서 발생하는 구체적인 법률문제를 취급하였으며 또한 전문적인 법률용어로 구성되었다. 그 후 로마법은 원수정 후반기인 기원후 117년에서 235년에 이르기까지 법 발달이 절정에 달하여 이 시기의 로마법을 고전기로마법이라 한다. 고전기로마법은 세계 법문화사상 그 유래를 볼 수 없는 법리의 무진장 보고이며 법률생활의 경험과 예지, 인간 이성의 구체적 표현 등 무수한 찬사의 대상이 되었다.

그러나 기원후 235년 이래 로마는 군사반란으로 인한 무정부상태와 외적의 침입, 재해와 끊임없는 폭동과 소요로 정치질서는 파괴되고 경제는 파탄에 직면하게 되었다. 이러한 무질서를 극복하기 위하여 중앙집권적인 통치체제가 확립되어 그간 서로마에서 경험하지 못한 동부지방의 새로운 전제정치가 시작되었다. 로마는 395년 동서로 분할된 후 동서로마는 서로 상이한 문화를 발전시켰다. 서로마제국은 410년 로마의 함락과 함께 멸망했고 로마법에 더 이상 기여한 바가 없었다. 서로마가 멸망한 후에도 고전기로마법은 동로마의 비잔틴법학자의 지대한 관심사가 되었으며 그 후 유제가 편찬한 로마법은 유럽 대륙의 시민법 발전의 중요한 역사적 의미를 부여하게 되었다.

중세의 관습법의 늪 속에서 벗어나 법규범의 중요성을 인식하기 시작한 중세 법학자가 재발견한 로마법은 순수한 고전기로마법이 아니라 6세기에 유제가 편찬한 로마법이었다. 유제하에서 비잔틴법학자가 편찬한 로마법은 법학원론, 법학전집, 칙법과 신칙법으로 구성되어 있으며 이 중에서 법학전집(Digesta)은 가장 중요한 로마법원으로서 시민법 발달에 결정적인 영향을 미쳤다. 유럽 국가의 민법전이 채용한 사람의 지위와 계약을 비롯하여 불법행위와 부당이득 및 손해배상법에 관한 대부분의 법규정은 법학전집에 기초를 두고 있다.

법학전집은 고전기 로마법학자의 저서에서 법률문제에 관한 주요한 해설부분을 발췌, 편찬하여 이를 집대성한 것이며, 법학원론은 초학자를 위한 법학 입문서로서 법학개론에 해당한다. 또한 칙법은 황제의 법령을 수집하여 체계적으로 편찬한 법전이며 끝으로 신칙법은 법학전집과 법학원론 및 칙법을 편찬한 후에 미비한 법령을 보완하기 위하여 제정한 법령을 수집 편찬한 법전이다.

이와 같이 법학전집과 칙법의 편찬으로 로마법이 재현되었으나 당시의 비잔틴법학자는 고전기의 법문헌이 소실되어 고전기로마법을 정확히 재생시킬 수 없었을 뿐만 아니라 당시의 새로운 사회사정에 따른 법률생활의 요구를 충족시키기 위하여 고전기법을 수정하지 않을 수 없었다. 그러므로 이들이 편찬한 로마법은 고전기법을 취사, 선택하는 조심스러운 발췌 작업의 산물이다. 이로 인해 유제의 로마법은 법사상과 법제도, 법원리와 법 기술에서만이 아니라 구체적인 법률문제를 해결하는 데도 고전기법과는 현저한 차이를 드러내고 있다. 예를 들면 비잔틴법학자가 법률행위의 요식성을 완화 또는 배제하여 단순한 합의에 법적 효력을 부여하는 무방식의 자유로운 법률행위를 인정하였음은 그간 요식성의 완화와 법 기술의 쇠퇴에 따른 법 발달의 필연적 결과라 하겠다.

또한 고전기법에서는 형평을 법률생활의 지도원리인 자연법적 정의로 구성하였으나 고전 후기에는 형평의 원리가 당사자의 사정을 배려한다는 의미로 변질되었다. 이와 같이 비잔틴법학자는 고전기의 형평의 원리를 배척하는 한편 기독교윤리사상을 기초로 사회적 약자보호에 깊은 관심을 표시하였다. 이는 고전기의 인도주의 법사상이 기독교윤리의 자비와 동정으로 대체되었음을 의미한다.

유제는 그의 로마법을 서로마에 시행하였으나 그 후 서로마에 롬바르인, 슬라브인, 아랍인의 침입으로 유제의 로마법은 수 세기간 망각상태에 있게 되었으나 11세기에 이르러 로마법 문헌의 발견으로 대학에서 로마법의 연구가 시작되었다. 근세 이래 유럽 대륙의 민법전이 로마법을 기초로 편찬되었으나 이 로마법은 중세 후기 법학의 실용적 연구와 자연법론의 법체계로 변질된 형태의 로마법이지 고전기의 로마법이나 유제가 편찬한 로마법은 아니다.

2) 중세와 게르만관습법

로마의 해체는 그 사회를 유지해 온 로마법의 상실을 의미했다. 로마가 지배했던 지역은 게르만족이 지배권을 차지하면서 더 이상 중앙집권적인 정부를 가지지 못하였고 그 결과 통일적인 법체계는 형성되지 않았다. 그 대신 각 부족이 갖고 있던 관습법이 각 사회의 법규범이 되었다.

로마인을 다스리게 된 게르만인은 로마인에게는 로마법을 적용하고 게르만인에게는 게르만법을 적용하였다. 그러나 세월이 흐름에 따라 이들간의 차이가 없어지면서 10세기에 이르면 누구에게나 같은 법이 지역적으로 적용되게 되었다.

게르만법은 5세기경부터 문서화되었는데 물권법과 상법 분야에서 특별한 진보가 있었고 오늘날 대륙법에서 이 분야의 대부분의 법원칙은 게르만법에서 유래한 것이다.

생활사실에 적용하여 발달한 게르만법은 전문적이지 못하다는 점에서, 즉 법적 사유의 수준이 높지 못하고 법적 절차가 조악하다는 점에 그 한계가 있었다. 그 때문에 중세의 변화에 맞추어 나가지 못하고 11세기 로마법의 부흥을 맞이했다.

중세의 법문화에서 빼놓을 수 없는 것이 교회법이다. 중세 유럽이 지역적으로 분할된 법체계를 갖고 있었지만 당시의 교황권이 유럽에 통일적으로 미치고 있었으므로 교회법만은 단일의 체계를 유지하였다.

사실 로마제국이 기독교국가가 되면서 교회법은 로마법에 적지 않은 영향을 미쳤고 특히 로마법대전은 기독교의 영향을 많이 받았다. 교회법은 법 구조와 법원리 및 개별법 규정 등 로마법에서 여러 원칙을 빌어다 썼고 게르만법과도 영향을 주고받았다. 중세에 걸쳐 교회법은 혼인, 재산상속, 형법의 일부에 직접 재판관할권을 행사하였고, 여기서 발전된 실체법과 소송절차법의 여러 규칙들이 중세 후에도 계속 유지되었다. 교회법은 이론적으로나 기술적으로 로마법보다 더욱 세련된 방식으로 구성되었고, 대학에서 학문적으로 매우 중요한 기능을 수행했다.

중세 사회에서 로마법과 교회법은 고유관습법이 없거나 분명하지 않을 경우 보충적으로 적용되었다. 1400년경의 독일의 Luneberg시는 도시법과 작센법, 로마법, 교회법의 순위로 법을 적용하였으며 또한 스페인의 Lerida시는 법률 적용에 관하여 도시법, 관습법, 고드부족법과 끝으로 로마법을 적용할 것을 규정했다.

3) 로마법의 부흥과 계수

11세기에 들어서면서 유럽은 근본적으로 변하기 시작했다. 정치질서의 회복은 학문과 예술의 각 분야에서 고전에 대한 탐구심을 자극했고, 상공법의 급격한 진전은 보다 합리적인 분쟁해결 수단을 찾게 되었다. 이러한 사회적 분위기에서 로마법대전을 통하여 로마법을 다시 발견하기에 이르렀다.

이탈리아 북부의 Bologna대학을 중심으로 로마법의 연구가 시작되었다. 유럽의 각지에서 많은 학생들이 유학하여 로마법을 공부하고 각자의 고국으로 돌아갔다. 이런 과정으로 중세 말기의 유럽의 법학자들은 지역적으로 분할된 실정법체계 속에서 정치(精緻)한 로마법이라는 이론적인 법원리를 공통적으로 가지고 있어 이를 공통법(ius commune)이라 한다. 이 공통법은 다음 세기에 영국을 제외한 유럽 전역에 광범위하게 계수되는 데 결정적인 밑바탕이 되었다.

중세사회가 점차 해체되고 상업활동과 지역간 인적 교류가 빈번해지면서 유럽대륙은 새로운 법질서를 필요로 하였다. 당시 교회법원은 교회법을, 상인법원은 상인법을, 세속법원은 지역의 관습법과 제정법 그리고 법학자들로부터 공통법의 지혜를 빌어 재판했다. 이러한 과정에서 공통법은 유럽 대륙의 기본법이 되어 갔다. 즉 이탈리아 북부에서 부흥한 로마법은 유럽대륙법의 공통의 법원과 동일한 학문적 방법 및 법적 사고와 법 기술을 제공하여 유럽법문화의 동질화를 가져왔고, 오늘날의 서구 시민법은 이러한 공통의 문화적 유산을 계승·발전시킨 역사적 산물이다.

공통법은 복잡한 경제상의 다툼을 해결하는 데 특별한 기여를 했고 대학으로부터 법원으로 옮겨 갔다. 이러한 현상을 로마법의 계수라 한다. 로마법의 계수라 할 때 로마법은 로마법 중 사법(私法)만을 의미한다. 로마법에서 공법(公法)의 큰 진전이 없기도 했지만 당시 유럽이 확고한 정부를 갖지 못한 탓에 공법체계를 필요로 하지는 않았다.

로마법의 계수 정도는 지역에 따라 큰 차이가 있었다. 이탈리아에서는 로마법의 영향이 중세 전반에 걸쳐서 강하게 남아 있어서 계수라고 지칭하는 것이 적당하지 않을 수도 있다. 그러나 스페인에서는 지역적 관습법이 강한 세력을 형성하고 있어서 공통법과 마찰이 심했다. 프랑스의 경우는 남부지방에서는 로마법이 쉽게 계수되었지만 북부지방에서는 게르만 관습법이 더 강했다.

그러나 로마법 계수가 가장 두드러진 곳은 독일지방이었다. 신성로마제국의 이름 아래 지역적으로 분할된 영주국가의 형태를 갖고 있던 이 지역은 법도 지역적으로 분할되어 있어서 통일된 법체계가 절실히 요구되고 있었다. 그래서 16세기에는 이미 공통법이 이 지역의 일반법이 되었다. 공통법이 일반적으로 법원에서 적용되게 되자 판사들은 어려운 사건이 들어오면 이를 대학의 법학자에게 보내 자문을 구하고 의견을 모아 이를 근거로 재판을 하였다. 이러한 과정을 통해 독일 지방이 가장 체계적인 법규범을 갖게 되었으며 법학자들이 결정적인 역할을 하였다.

라틴어, 가톨릭 교회와 함께 공통법은 당시 유럽 전역에서 통일적으로 이용되었지만 지방법원, 장원법원, 상인법원, 국왕법원에서 이들의 독자적인 법체계와 끊임없는 마찰을 겪게 되었다. 그런데, 이러한 갈등은 15세기부터 시작된 민족주의의 등장과 왕권의 강화라는 역사적 현실 앞에서 새로운 국면을 맞이하게 된다.

4) 국민국가의 형성과 국가법체계

분열되었던 유럽에 민족주의가 풍미하면서 중앙집권적 정부가 들어서고 국민국가가 형성되었다고 해서 곧 국내법체계가 수립된 것은 아니지만, 여러 가지 새로운 현상이 나타나게 되었다. 이전에는 유럽 대학에서는 공통법만을 논했으나 각국별로 독자적인 법률문헌이 등장했다. 대학에서는 라틴어뿐만 아니라 자국어도 사용하게 되었고, 로마교회와 각국의 교회는 점차 간격이 벌어졌다. 그리고 헌법, 행정법 같은 공법분야의 발전이 점차 그 속도를 더했다.

16~17세기에는 법학연구의 중심지가 이탈리아 볼로냐대학에서 프랑스와 네덜란드로 옮겨왔고 법학자들은 로마법의 문자적 의미탐구보다 현실적용 가능성에 관심을 기울이기 시작했다. 프랑스의 인문주의 법학자들은 문헌학과 역사학을 이용하여 로마법을 연구했다. 네덜란드의 자연법학자들은 로마법은 하나의 역사적 산실로 보고 그 대신 이성을 바탕으로 하는 보편적 자연법질서의 체계를 구축하려고 했다. 이에 따라 자국의 관습법에 관심을 가지게 되었고, 이것이 민족주의적 경향과 결합하여 각국은 점차 자국법을 법전화하게 되었다.

유럽대륙에서 먼저 자국법을 법전화한 나라는 17~18세기의 스칸디나비아 국가들이다. 이어서 18세기의 프러시아의 프레드릭 2세, 오스트리아의 요셉 2세 등 계몽전제군주들이 법전화 작업을 계속했다. 이들은 당시의 계몽주의에 입각하여 인간의 이성에 의해 합리적이고 포괄적인 법체계를 수립할 수 있다고 믿었고 법체계는 전통적인 법을 개선시킨 것이라고 생각했다. 즉 법규범 자체의 내재적인 합리성이나 적합성에서 법이 나오는 것이 아니고 국가의 권력에서 법이 나오는 것을 의미한다.

초기의 법전화작업은 법의 한계를 인식하지 못하고 지나치게 상세하게 규정하거나 개인적인 사항까지도 규제하려고 시도하여 적지 않은 실패를 경험했지만 19세기에 입법된 프랑스와 독일의 민법전은 대륙법 전통에 크게 영향을 미쳤다. 1804년에 편찬된 프랑스민법전과 1896년에 편찬된 독일 민법전은 상이한 역사적 배경과 사회상황에도 불구하고 공통의 요소를 지니면서 오늘날 대륙법 체계의 두 기둥이 되었다.

5) 19세기 프랑스민법전

프랑스는 15세기 말부터 왕권이 확립되어 1789년 프랑스대혁명 때까지 계속되었다. 그러나 구체제 아래서는 봉건제도를 극복하지 못하여 법의 통일을 이루지 못하고 나폴레옹 치하에서 5개의 법, 즉 민법, 형법, 상법, 민사소송법, 형사소송법을 제정하여 통일된 국가법체계를 수립하였다.

흔히 나폴레옹법전(Code Napolean)이라고 부르는 프랑스민법전(Code civil des français: 프랑스인의 민법전)은 로마법대전의 체계를 닮기는 했지만 로마법대전과는 달리 법을 그대로 옮겨 적은 것이 아니었고 프랑스혁명의 결과인 인간, 사회, 국가에 대한 새로운 인식의 산물이었다.

프랑스민법전은 세 가지 기본원리에 입각해 있다. 사유재산의 원칙, 계약자유의 원칙, 가부장제 가정의 원칙이다. 이 세 가지 원칙은 봉건적 제약을 사법분야에서 없앰으로써 장원에 기반을 둔 봉건귀족의 세력을 약화시키는 정치적 의미와 함께 프랑스의 혁명정신을 사법분야에 도입하는 법사상적 의미도 지니고 있다. 국가는 사유재산을 보호하고, 사인간에 형성된 법적 관계를 집행하고, 가부장제 가정의 자치를 확보하는 데 그 일차적 임무가 있다고 생각한 것이다.

그러나 프랑스민법전이 과거로부터 자유로울 수는 없었다. 짧은 시간에 법전을 완성해야 했던 기초자들은 결국 공통법, 황제의 칙령, 학자들의 저작 그리고 관습법에 의존할 수밖에 없었다.

프랑스민법전의 가장 큰 특징의 하나는 일반시민이 읽고 이해할 수 있도록 서술한 점이다. 그래서 의도적으로 상세하고 명확하게 서술되어 있다. 그러나 가능한 모든 경우를 망라하였던 것은 아니며, 정의의 일반적인 원칙의 대강을 정하고 다양하게 적용할 수 있는 기준을 세우는 것이 법의 역할이라고 보았다.

6) 독일민법전과 독일법학

프랑스민법전이 공포된 지 거의 1세기 후인 1896년, 산업혁명기의 말기에 독일민법전이 탄생하였다. 독일민법전은 프랑스민법전과는 성립배경이나 형식, 내용 등에서 완전히 구별된다.

프랑스가 국가법체계를 구축하기 오래전부터 통일국가를 형성했던 것과는 달리 독인은 여러 개의 왕국, 공화국, 자치도시 등으로 분열되어 있다가 1871년 비스마르크에 의해 비로소 통일국가를 형성하였다.

프랑스민법전이 제정된 후 각국이 이를 추종하면서 독일 내에서도 민법전 제정이 크게 논의되었다. 로마법학자는 독일의 정치적 통일을 선도하는 수단으로 프러시아, 프랑스, 오스트리아의 등의 법을 모델로 하는 민법전제정을 촉구하였다. 그러나 역사학파는 법이란 언어와 같이 백성의 문화의 일부이므로 자연법의 추상적 원칙으로부터 유추할 수 없고 한 국가의 법은 역사적 탐구를 통해서 드러날 수 있을 뿐이라고 주장하면서 독일의 민법전도 이성적 추론으로 제정하여서는 안되고 독일법 제도의 발전에 대한 역사적 탐구를 통해서 얻을 수 있다고 주장하였다. 역사학파에서 유래한 판덱텐학파는 오히려 초역사적 견해를 취하여 게르만법, 고전기의 로마법, 로마법대전시대의 로마법 등을 과학적으로 재구성하고 체계화하는 데 주력하였으며, 사회적 · 경제적 · 윤리적 고려는 점차 배제하는 경향을 보였다. 이러한 상황에서 상반된 견해를 중화시킬 실무 법률가들이 없어서 민법전의 입법은 지연되었다.

1874년에 시작된 독일민법전 제정작업은 20녀 년이 지난 1896년에야 끝났다. 완성된 독일민법은 로마법적이지도 않고 게르만법적이지도 않고 오하려 판덱텐주의이었다. 독일민법전은 과거의 입법에서 볼 수 없었던 정치함을 지니고 있었다. 특별한 법률용어가 만들어져서 엄격한 의미를 부여받고 민법전 전체에서 일관되게 사용되었다. 문장구즈에서 어느 당사자에게 입증책임이 있는지를 알 수 있도록 했다. 엄밀한 대조를 통해서 민법전의 모든 부분이 논리적으로 일관되도록 했다. 법조문은 중복이 안되도록 다듬어졌고 각 조문의 적용범위가 서로 분명하게 나누어졌다. 독일민법전의 이러한 논리적 구조는 총칙부분에서 가장 두드러졌다. 법 전체에 적용될 개념정의와 일반원칙들이 맨 앞부분에 모아졌다. 이 총칙 규정에서 벗어나는 부분은 해당부분에서 별도의 규정을 가졌다.

독일민법전은 일반인들의 일상생활에서의 법률지침서가 아니고 그러한 구조를 이해할 수 있는 전문가를 위한 책이었다. 독일민법전의 구조는 대륙법계의 입법에 큰 영향을 미쳤고 우리나라 민법도 독일의 구조를 따르고 있다.

독일민법전과 프랑스민법전이 체계와 형식에서 크게 다르지만 서로 공통점이 있다. 첫째는 두 법이 모두 로마법, 특히 공통법의 영향을 받은 점이다. 이 점은 특히 채권법과 법전의 구조에서 두드러진다. 그런데 물권법과 상속법 분야에서는 두 법이 모두 자국의 관습법의 절대적 영향을 받았다.

두 번째 공통점은 독일과 프랑스의 민법은 모두 19세기 자유주의적 사상적 기반 위에서 성립하였다. 그래서 당사자 자치의 원리와 자유방임적 시장경제원리를 받아들였다. 그러나 두 법 사이에 있는 1세기 가까운 시간적 간격으로 인해 프랑스민법에서 천명된 소유권절대의 원칙이 독일 민법에서는 소유권의 사회적 책임을 강조하는 쪽으로 바뀌었다. 남편이나 아버지의 권위가 독일 민법에서는 프랑스 민법보다 어느 정도 제약되었다. 계약법과 불법행위법에서도 상거래의 복잡화와 산업화의 진전에 따라 변화가 있게 되었다.

7) 대륙법의 전파

전 세계적으로 대륙법이 전파되어 간 경로를 살펴보면, 로마법이 로마의 정복과 함께 퍼져나갔듯이 프랑스법도 나폴레옹의 정복과 함께 전파되었다. 그래서 벨기에, 네덜란드, 폴란드와 이탈리아 그리고 독일의 일부지역에 프랑스법이 이식되었다. 그 후 식민지가 되었던 근동지방, 북서 아프리카, 인도네시아, 오세아니아에도 프랑스법이 전파되었다. 이 지역에서는 프랑스가 떠난 후에도 프랑스법이 계속 유지되었는데 이는 프랑스법을 통해서 봉건질서가 해체되고 자유롭고 평등한 법질서가 형성되었기 때문이다.

뿐만 아니라 프랑스가 무력으로 정복하지 않은 지역에서도 프랑스법의 이념과 법규정의 뛰어남 때문에 프랑스법이 도입되어 오늘날까지 계속되고 있다. 스페인, 포르투갈, 중남미의 여러 나라가 그 예이다.

이에 반하여 독일법은 너무 늦게 세상에 나와서 프랑스법만큼 큰 영향을 미칠 수가 없었다. 19세기 말에는 이미 많은 나라들이 자체의 민법전을 갖고 있었다. 또한 독일법의 고도의 기술적 정치함 때문에 프랑스법처럼 쉽게 전파되지 않았다. 그래도 오스트리아, 헝가리, 체코, 그리스, 스위스, 유고슬라비아의 민법전 제정에 적지 않은 영향을 주었고 일본법과 우리나라법도 독일법에 크게 의존하였다.

한편 스위스는 1912년 민법전을 제정하면서 프랑스나 독일의 어느 한 경우에 그대로 답습하지 않고 스위스 전통과 스위스 환경에 맞는 독자적인 입법을 성취하였다.

제2차 세계대전이 끝나면서 대륙법계 국가에 많은 변화가 있었다. 동유럽국가들이 사회주의 입법을 하였고, 중남미국가들은 미국법의 영향을 점차 많이 받게 되었는데 이는 헌법, 행정법, 상법 분야에서 두드러졌다.

스칸디나비아제국은 재생된 로마법과 대륙법체계의 영향을 받았지만 발생사적으로 볼 때 영미법이나 대륙법과는 구별되는 독자적인 법체계를 형성한 것으로 본다.

한편 다른 법계 안에서 대륙법을 유지지하는 나라도 있다. 미국의 루이지애나주, 캐나다의 퀘벡주 등이 그 예이다. 중동과 북서아프리카에서는 이슬람법과 결합한 프랑스법의 영향이 계속되고 있다. 아시아에서 일본과 우리나라는 대륙법의 영향을 가장 많이 받은 경우에 해당한다. 캄보디아, 인도네시아, 라오스, 베트남, 대만, 태국 등도 대륙법계의 영향을 받고 있는 나라들이다.

오늘날 각국의 법은 서로 영향을 주고받으면서도 각자의 문제를 해결하기 위하여 나름대로의 방법을 모색하고 있다. 그 결과 대륙법의 공통적 법원칙이라든가 존재형태를 다른 법계로부터 구별해 내기란 쉽지 않다. 제정법체계가 대륙법의 특징 중 하나이나 영미법계 국가의 제정법도 무시할 수 없는 부분을 차지하고 있다. 스코틀랜드나 남아프리카에서는 공통법이 판례법과 결합하여 존속하고 있다.

그러나 대륙법이 사법중심의 법체계라는 점이 대륙법의 공통적 요소라 할 수 있다. 대륙법으로 번역한 용어인 civil law란 ius civile에서 유래한 것인데 civile는 시민을 나타내는 civis에서 파생된 것이다. civil law란 대륙법을 의미하기도 하지만 동시에 민법을 뜻한다. 대륙법이란 결국 민법을 중심으로 하는 법체계를 말한다. 로마-게르만의 전통에서 법의 중심은 민법이었고, 법적 사고의 방법과 법원칙이 모두 민법을 중심으로 형성되었다.

8) 현대의 대륙법

민법 중심의 대륙법체계는 20세기에 들어서면서 여러 가지 변화에 직면하였다. 프랑스와 독일의 민법제정의 바탕이 되었던 자유주의 정치사상과 자유시장체제를 바탕으로 하던 정부는 사회복지의 이념과 이를 위한 통제경제체제를 받아들이게 되었다. 그 결과 민법의 기저에 놓여 있던 개인주의와 자유경제원리는 점차 타당성을 잃게 되었다. 20세기에 들어서면서 민법을 포함한 사법보다 공법이 더 큰 주목을 받게 되었다. 사법 분야에서도 당사자의 의사만이 아닌 정부의 통제가 증가하게 되었다.

민법의 개별 법규정이 분화 독립하여 주거임대차법, 보험법, 여객화물운송법 등 많은 특별법이 제정되어 민법전 밖에 하나의 사법체계가 별도로 형성되었다. 또한 법원은 민법전을 새로운 상황에 맞게 적응시키기 위해서 광범위한 판례법체계를 구축했는데 이는 프랑스민법처럼 논리적 개념체계가 아닌 경우에 특히 현저했다. 즉 판사가 법을 만들 수 없고 판례가 법원이 될 수 없다는 대륙법의 전통적 관념을 더 이상 고수할 수 없고, 영미법의 가장 뚜렷한 특징인 판례법이 부분적으로 수용되고 있다. 더 나아가 각국은 입법과정에서 일반적으로 절충주의적 태도를 취하고 있다. 같은 관심사에 대한 외국의 입법례는 그것이 영미법계이든 제3의 법계이든 큰 구별 없이 고려되고 있다.

이러한 경향은 대륙법과 다른 법계와의 구별을 점차 희미하게 하고 있고, 실정법의 내용에서 점차 그 간격이 좁아지고 있다. 그러나 법적 추론의 형식이나 법방법론에서는 분명한 차이가 있어 법학교육, 법률가의 역할, 실정법의 분류체계, 제정법의 기능 등에서 확연히 구별되고 있다.

(2) 대륙법의 실정법체계

같은 법계 안에 있는 나라라 할지라도 법규범의 구체적인 내용은 차이가 있으나, 전반적인 실정법체계에서는 공통점을 발견할 수 있다. 그러한 공통점이 영미법계에서는 보통법과 형평법이라 한다면 대륙법에서는 공법과 사법의 구분이라 하겠다. 대륙법에 보통법과 형평법이라는 개념이 없듯이 영미법에는 공법과 사법의 구분이 없다. 내용적으로는 영미법에도 공법과 사법을 구분할 수 있지만 대륙법에서 갖는 그런 의미의 공법/사법 구별은 없다.

공법/사법의 구별은 사법절차(司法節次)에서 비롯됐다. 공법적 문제가 법원에서 다루어진 것은 19세기에 들어와서이고 이를 위한 별도의 법원이 구성되었다. 일반법원은 사법과 형법사건만 다루고 공법사건에는 관할권이 없었다.

공법/사법의 구별은 사법제도의 차이 뿐 아니라 법학에서도 그대로 유지되어 공법학과 사법학은 구별되고 법학자 역시 공법학자, 사법학자로 나뉘었다. 이러한 현상은 법률 전반에 걸쳐 공법적 색채가 확산되고 있는 오늘날에도 여전하다.

공법/사법의 구별이 대륙법의 특징이기는 하나 구체적으로 무엇이 공법이고 무엇이 사법인지에 대해서는 다툼이 있다. 공법에 헌법, 행정법, 형법이 속하고 사법에는 민법, 상법이 속한다는 데는 이견이 없지만 민사소송법, 형사소송법, 섭외사법 등이 공법인지 사법인지에 대해서는 나라마다 학자마다 의견이 다르다. 특히 노동법, 경제법 등 사회법 분야에 대해서는 이를 공법과 사법의 혼합영역에 넣기도 하고 제3의 법역(法域)에 넣기도 한다.

1) 공법(公法)

로마법에도 공법이라는 개념은 있었지만 공법문제는 주권자의 영역에 있었으므로 법률가가 다룰 수 있는 사항이 아니었다. 그래서 로마의 무수한 법률문헌은 거의 전부 사법에 관한 것이었다. 중세의 분권화된 상황에서 국가와의 관계가 법적으로 문제될 수는 없었다. 그러나 18세기에 들어오면서 중앙집권화된 국가가 성립되고 행정조직이 갖추어지면서 공법문제가 법률가의 관심을 끌게 되었다.

19세기에 와서 공법문제가 빈번히 제기되었을 때 대륙법계 법률가들은 사인 간에 적용되는 사법상의 여러 원리들을 국가가 한 당사자인 공법관계에 적용할 수는 없다고 생각했다. 프랑스에서는 더욱이 권력분립의 원칙상 행정부와 국민간의 법률문제를 일반법원에 맡길 수 없다고 보았다. 여기에는 사법부에 대한 불신에도 그 원인이 있다. 그래서 행정부에 행정사건을 다룰 행정법원을 두었다.

독일에서는 그러한 이유보다 행정권의 전횡을 우려하여 사법부내에 별도의 행정법원을 설치하였다. 프랑스의 행정법원은 비록 행정부 내에 설치되었어도 오늘날까지 행정권으로부터의 독립을 유지하면서 국민의 권리보호와 행정절차의 법적 통제의 임무를 잘 수행하고 있다.

오늘날 대륙법계 국가의 일반적인 경향은 어느 모델을 따르든지 행정작용의 합법성을 강조하는 경향으로 나아가고 있다.

한 나라에서도 행정법에 무엇이 포함되는지는 의견이 나뉜다. 일반적으로 행정법의 분야는 행정조직에 관한 사항과 국가와 국민 간의 관계이다. 그런데 행정법의 내용과 행정법원의 관할사항과는 일치하지 않는다. 또 행정법에 속하는 것이지만 실제로 독자적인 영역을 확보한 분야도 있는데 조세법이 대표적인 예이다.

헌법과 형법도 공법이다. 많은 대륙법계 국가에서 헌법은 법규범으로서 보다는 정치적 의사로서 더 자주 언급되고 있다. 위헌성/합헌성이 논의된 것은 비교적 근래의 일이다. 또한 형법이 공법/사법 구별에서 사법 분야로 갈 수는 없지만 전통적으로 형법은 공법학자가 아닌 법학자들의 관심이었고 형사사건은 일반법원에서 다루어졌다. 이러한 이유에서 대륙법계의 공법은 좁은 의미에서 행정법을 가리키게 되었다. 대륙법계에서 공법/사법의 구별은 행정법이 민법중심의 법체계와 별도의 체계를 형성하고 있음을 뜻한다.

2) 사법(私法)

대륙법계의 사법은 민법을 그 중심에 두고 후에 별도로 형성된 상법과 보험법, 해상법, 유가증권법, 지적재산권법 등 특별법분야로 구성되어 있다. 스위스 이탈이아 등은 별도의 상법전을 갖고 있지 않다.

민법의 주요 내용은 독일법계와 프랑스법계에서 그 분류방식의 차이가 있으나 대체로 권리의 주체에 관한 법, 물권법, 채권법, 친족법, 상속법 등으로 나누어 볼 수 있다.

권리의 주체에 관한 법은 자연인과 법인의 설립, 법적 지위 등을 규정하는데 법인은 행정법적 규제가 점점 확대되어 순수하게 민법의 영역에 있는 것은 드물게 되었다.

물권법은 물건에 대한 권리와 의무를 규율하는데 대륙법의 특징의 하나는 물건을 동산과 부동산으로 나누어 규율하는 점이다. 이는 영미법의 personal property와 real property와 대체로 일치한다. 부동산에 대한 권리는 사권(私權) 중에서도 특별히 중요하게 생각되어 역사적으로 많은 법규범이 형성되었고 각 지역별로 관습법의 영향을 많이 받았다.

채권법은 대륙법의 특징을 가장 잘 유지하고 있는 분야로서, 사인 간의 채권/채무 관계를 규율하는데, 기술적이고 추상적인 개념으로 구성된 것이 특징이다. 약정채권관계인 계약과 법정채권관계인 불법행위와 부당이득으로 구별된다. 계약법은 모든 계약에 공통적으로 적용되는 부분과 매매, 임대, 고용, 도급 등 개별 계약에 적용되는 부분으로 나누어진다. 영미법의 경우와는 달리 대륙법계의 불법행위는 성립원인이 하나이다. 그러나 오늘날에는 계약과 불법행위의 차이가 점점 좁혀져 양자에 공통적으로 적용되는 법원리에 대한 탐구가 활발하다.

친족법 분야는 혼인과 친자관계를 주로 다룬다. 각국의 관습법에 많은 영향을 받았는데, 대륙법계 전반을 살펴볼 때 제2차 세계대전 이후 가장 빈번히 개정된 분야이다. 가정에서 성의 지위를 향상시켜 남녀가 동등한 대우를 받고, 이혼을 보다 자유롭게 할 수 있으며, 혼인 외 출생자도 혼인 중 출생자와 유사한 법적 지위를 갖도록 개정되었다. 상속법은 유증(遺贈)을 포함한 사망으로 인한 재산의 승계를 다룬다. 최근 여러 대륙법계 국가는 영미법에서만 있던 유류분제도를 도입하고 있다.

상법은 상거래 관계와 기업조직 등을 규율한다. 상법은 중세 말기 상인들의 관습법에서 형성되기 시작하여 특별법원의 하나인 상사법원의 판례를 통해 별도의 법체계를 형성하여 사법 내에서 독자적인 영역을 갖게 되었다.

그러나 상법의 기초가 되고 있는 상인과 상행위라는 개념이 상법의 적용여부를 가를 만큼 분명히 정의되어 있지 않고, 상법에는 민법과 같은 일반조항이 없어서 민법의 규정을 원용해야 한다. 한편, 상법은 형식주의를 탈피하고 제3자의 신뢰를 보다 잘 보호하고 거래관계를 지속적 협력관계로 보는 등 오늘날 산업사회의 인간관계에 적용될 원칙들을 많이 포함하고 있어 민법의 여러 규정들이 상법을 닮기도 한다.

그러나 대륙법계 전반을 볼 때 민법과 상법이 서로 닮아 가는 경향만 있는 것은 아니다. 상인과 소비자 간의 관계를 규율하는 소비자법이 하나의 새로운 영역을 구축하면서 상인 간의 거래와 기업조직을 규율하는 상법은 보다 분명한 색깔을 띠게 되었다. 또 기업활동에 대한 정부의 규제가 확대되면서 순수히 사법적인 상법보다 행정법적 요소가 혼재된 상법-경제규제법의 영역이 보다 현실을 잘 설명하게 되었다. 상법이 그 내용을 바꾸어 가면서 민법과 분명히 구별되고 있다.

현실에서의 법적 관계는 어느 한 영역에서만 발생하는 것은 아니며 오늘날 무수히 많은 특별입법들이 제정되는 상황에서 공법과 사법을 구별하여 논하는 것은 더 이상 의미가 없어 보인다. 법의 분류는 실정법상의 의미보다 법전문가를 위한 것이고 강학상의 필요에 의한 것이라고 말할 수도 있다.

Criminal Law and Civil Law

Criminal law encompasses national statutes that make the commissions of certain acts punishable by **fine** or **imprisonment**. In criminal cases, the national government prosecutes the person who violated the criminal law.

Civil law provides for compensation for personal injury, loss of property and **breach of contract**. This is the body of statutory and case law that sets out the rights and duties between individuals in society.

*Harry Horrible mugged Mrs. Thompson on the street, took her pocketbook and ran. The police arrested him and he was prosecuted for **assault** and **battery** and theft, found guilty, and sentenced to jail.*

Mrs. Thompson lost her purse and several dollars, missed days of work at her job, and still has unpaid doctor and hospital bills because of her injuries. The criminal law does not give her the right to have her bills paid, to be compensated for her pain and suffering, or to be reimbursed for the cost of a new purse. Criminal law only attempts to fine or imprison the wrongdoer. The wrong being punished is a wrong against society.

*Under civil law, more specifically **tort law**, Mrs. Thompson could sue Harry Horrible for **monetary damages**. This would be a separate*

lawsuit.

Legal Terms

• **criminal law** : 형법, 형사법. *Generally, criminal law has to do with wrongful actions committed against society for which society demands redress.*

• **fine** : 벌금, 과료, a sum of money imposed upon a defendant as a penalty for an act of wrongdoing. The fine is payable to the public treasury as opposed to restitution, which is payable to the victim of the wrongdoing. *Modern statutes favor restitution over fines and sometimes provide that courts may not impose a fine if its satisfaction would interfere with the making of restitution.*

• **imprisonment** : 구금, 금고형, 자유형, the confinement of an individual to a particular place usually as punishment for a crime. *The court may punish corporally by imprisonment.*

• **breach of contract** : 계약불이행, 계약위반, a wrongful nonperformance of any contractual duty of immediate performance; failing to perform acts promised, by hindering or preventing such performance or by repudiating the duty to perform. *Breach of contract is the failure, without legal excuse, of a promisor to perform the obligation of a contact.*

• **assault** : 강습, 협박, 폭행, 폭력, 폭행의 착수, an attempt or apparent attempt to inflict bodily injury upon another by using unlawful force, accompanied by the apparent ability to injure that person if not prevented. An assault need not result in a touching so as to constitute a battery. Thus, no physical injury need be proved to establish an assault. An assault may be either a civil or criminal offenses. Some jurisdictions have defined criminal assault to include battery—the actual physical injuring. *Threat, coupled with present ability, may be an* *assault.*

• **battery** : 폭행, the unlawful touching of or use of force on another person willfully or in anger. *Battery may be considered either a tort, giving rise to civil liability for damages to the victim, or a crime.*

• **tort (law)** : 불법행위법, a private or civil wrong or injury resulting from a breach of a legal duty that exists by virtue of society's expectations regarding interpersonal conduct, rather than by contract or other private relationship. The essential elements of a tort are existence of a legal duty owed by defendant to plaintiff, breach of that duty and a causal relation between defendant's conduct and the resulting damages to plaintiff. *Tort means a civil wrong not arising from a breach of contract.*

• **monetary damages** : 금전적 손해배상.

→ damages

• **(law) suit** : (민사)소송, any proceeding in a court of justice by which an individual pursues a remedy that the law affords. *A lean compromise is better than a fat lawsuit. Lawsuits consume time, and money, and rest, and friend. One lawsuit begets another. A long lawsuit is the lawyer's vintage. Who will prosecute a lawsuit must have much gold, good lawyers, and patience and much luck.*

Ⅲ 비 교 법

세계의 법질서를 몇 가지 법계(法系)로 묶을 수 있으며, 앞서 우리와 가장 밀접한 관련을 지니는 영미법계와 대륙법계의 주요 특징을 살펴보았다. 이렇게 비교법을 공부하는 이유는 지금까지 헌법, 민법, 형법 등 실정법의 각 분야를 공부해 온 법학도들에게 보다 넓고 깊은 법적 시야를 제공하기 때문이다. 이 장에서는 비교법이란 무엇인지, 비교법의 연구방법은 어떤 것이 있는지 등을 살펴보고자 한다.

1. 비교법의 의의

비교법이란 개념이 19세기에 구성되기는 하였으나 비교법이 고유한 학문 분야로 인정된 것은 20세기 전반기의 일이다. 초기에 비교법은 국내법과 외국법을 절충, 조화시킬 목적으로 국내법과 외국법의 발생사적 비교를 연구과제로 설정하였다. 그러나 비교법 연구대상의 포괄성과 연구목적의 다양성 등 비교법의 학문적 특수성으로 인해 비교법의 개념정의는 학자 수만큼이나 많다.

1924년에 헤이그에 설립된 비교법국제학술원(International Academy of Comparative Law)에 의하면 비교법은 여러 법제도의 체계적인 비교연구를 통하여 법제도간의 이질성을 극복하고 이의 조정과 통합을 목적으로 하는 학문이라 할 수 있다. 이렇듯 비교법은 두 개 또는 여러 개의 국가법 간에 존재하는 공통점과 차이점을 규명하는 학문 분야로서 법제도와 법체계 간의 비교과정을 의미하며, 실정법인 계약법, 상속법과 같은 실체법으로서의 비교법이 존재하는 것은 아니다.

영국의 비교법학자인 H.C. Gutteridge는 "비교법이란 어떤 법률상의 특정한 주제에 관하여 두 개 또는 그 이상의 법제도를 비교함으로써 법개념이나 법규정을 구명하는 데 있다"고 비교법의 학문적 과제를 지적하는 한편 비교법의 목적은 여러 법제도 간에 존재하는 차이가 구조적으로 본질적인 것인지 아니면 단순히 우발적인 성질에 지나지 않는지를 탐지하고 이러한 제도적 차이의 발생원인을 구명할 뿐만 아니라 이러한 차이가 법제도의 기본구조와 관련이 있는지를 확인하는 데 있다고 했다. 나아가 비교법은 사법규정을 분석, 검토하여 개별법 규정이 요구하는 기능상의 장점과 단점을 평가할 것을 요구한다고 한다.

비교법의 실용성을 강조하는 입장에서는 비교법을 여러 국가의 법제도 간의 상호관계를 체계적으로 연구하는 법학의 분야라고 정의하고, 비교법이 국가 간의 또는 지역적, 국제적인 법의 통일을 달성하는 유용한 수단이 될 수 있다고 한다. 그러나 비교법은 실용적 목적이 아니라 순수한 학문적 목적으로 연구되기 시작하였다는 사실을 인지할 필요가 있다. 최초의 비교법학자는 비교법을 법 발전의 공통된 원리를 체계적으로 구명한 보편법사학과 동일시하거나 또는 여러 국가법의 제도적 유형, 이를테면 사법제도에서 물권법, 채권법, 계약, 책임, 소유권, 항변권, 법률 효과 등에서 공통된 법리를 탐지하여 인류법문화의 공통된 보편적 원리, 이른바 법의 일반이론을 구성하기 위한 학문적 목적으로 시작되었다.

2. 비교법의 연구목적

비교법의 학문적 과제는 그의 목적에 따라 교육적 목적과 학문적 목적 및 실용적 목적으로 나누어 볼 수 있으며 또한 연구목적의 방향설정에 따라 그의 대상과 연구방법을 달리하게 된다. 비교법의 연구를 통하여 외국법의 지식을 국내법의 해석과 입법자료로 활용하거나 국제사법사건에 적용할 수 있을 뿐만 아니라 특정한 외국법제도에 관한 기능적 연구와 법실태에 관한 사회학적 연구의 목적을 달성할 수 있다. 또한 비교법은 특정한 거래법 분야의 통일을 달성하거나 또는 지역적인 통일법의 완성을 목적으로 한다.

(1) 교육적 목적

비교법은 법학도와 법률가에게 국내법과 성질을 달리하는 외국의 법제도와 법체계의 이해를 가능케 함으로써 법률가의 안목과 법인식의 지평을 무한히 확장한다. 특히 각국의 법제도와 법학방법을 깊이 이해하고 자국법을 외국법과 비교함으로써 자국의 법제도와 법학방법의 특징과 장단점을 정확히 파악하여 이의 결함을 보완할 수 있을 뿐만 아니라 국내법의 국제적인 위상을 알 수 있다. 특히 비교법은 국내법에서 얻을 수 없는 수많은 법리와 법률상의 논의 및 법적 통찰력을 키움으로써 풍부한 법적 소양과 법률지식을 갖춘 법학도와 법률가를 양성하는 수단이 된다.

비교법의 중요한 연구대상으로서 시민법계의 주류를 이루고 있는 프랑스법과 독일법의 비교나 또는 보통법계의 양대 법권을 형성하고 있는 영국법과 미국법의 비교와 특히 시민법과 보통법을 법사상과 법적 사고, 법률구성, 법학교육, 법률가 및 법 기술을 중심으로 비교·고찰한 연구결과는 국내법에서 얻을 수 없는 풍부한 법률지식을 법률가에게 제공함과 동시에 법학도의 교육적 목적에 봉사한다.

특히 비교법적 방법은 실정법제도의 규범목적과 이의 실효성에 관한 비판적인 안목과 사고능력을 배양하여 실정법이라는 이유만으로 이의 합리적 타당성을 승인하는 맹목적인 태도에서 해방시키며 또한 자신의 법률문제의 해답을 외국의 법제도와 법률생활의 경험에서 발견할 수 있는 가능성을 제공한다. 뿐만 아니라 비교법적 방법은 법률의 해석과 법률문제의 분석능력 및 방법론적인 기술을 더욱 세련되게 함으로써 개별법규정의 법리를 분석, 대비, 종합, 평가할 수 있는 능력을 배양한다.

나아가 비교법은 법의 진화 발달과 사회, 문화적으로 유사한 또는 전적으로 상이한 역사적 환경에서 성장한 법이 오늘날 여러 법체계 속에서 어떻게 작용하고 있는가를 기능적으로 파악할 수 있게 함으로써 법원리와 법의 기본이념을 더욱 심화시킬 수 있는 문화적 소양과 인접한 법분야 간의 상호 관계를 구명할 수 있는 기회를 법률가에게 제공한다.

비교법은 외국법과의 교류를 통하여 상호 이해와 국제적 평화의 유지 및 공동번영을 실현하기 위한 논의의 광장으로서 국제법문화교류의 기능을 수행한다. 그런데 비교법의 교육과 관련하여 시민법계의 국가에서는 이론 교육의 경향이 현저함에 반하여 보통법계인 영국과 미국에서는 실용적 목적에 치중하고 있으며 또한 유럽 대륙에서는 주로 학술연구소가 비교법의 연구를 전담하고 있음에 반하여 미국에서는 법과대학에서 비교법의 연구를 담당하여 비교법의 교육방법에 관한 논의가 활발히 진행되고 있다.

(2) 학문적 목적

비교법은 원시사회에서 오늘날에 이르기까지 법의 생성, 발전, 변천, 쇠퇴에 관한 법의 진화법칙의 발견을 목적으로 하는 보편법사학과 문명 제국의 법체계와 법제도를 비교 분석하여 모든 법제도의 공통된 개념과 기본원리 및 일반원칙을 추출하고 이의 체계적 구성을 목적으로 하는 법의 일반이론 및 원시시대 이래 여러 민족, 국가의 관습과 법제도를 비교연구하여 법 발달의 모습을 시대적으로 유형화하는 법인종학으로 구별된다.

1) 보편법사학

보편법사학은 각국 법제도의 이질성과 동질성을 분석・비교하고 이들의 상호 관계와 법의 충돌을 구명함과 동시에 법규범 형성의 사회, 문화적 조건과 법의 사회적 기능에 관한 연구를 목적으로 한다. 또한 보편법사학은 과거의 법 현상에 관한 비교연구를 통하여 법의 진화발달에 관한 일반원칙의 발굴을 시도한다.

그간 보편법사학은 법문화의 발전과정을 이념적으로 정형화하여 사회의 구조적 발전을 신분에서 계약으로 또는 공동사회에서 이익사회로, 계약자유에서 계약의 규제로 요약하였으며, 재산소유형태와 관련하여 공동소유에서 단독소유로, 계약방식의 발전과정을 요식계약에서 낙성계약으로, 계약법 분야에서는 공동연대책임에서 단독책임으로, 담보제도의 발달과정을 신체적 책임에서 물적 책임으로, 법형식의 발달을 개별적 사례법에서 추상적 일반화로 집약하는 등 보편법사학은 비교법적 연구를 통하여 법 발달의 수많은 정형을 발굴했다. 보편법사학적인 관점에서 인류 법문화의 발달을 법제도의 끊임없는 인도주의, 합리화의 과정으로 요약할 수 있겠다. 그 후 비교법은 법의 일반이론, 이른바 분석법학의 발달을 가져왔다.

2) 법의 일반이론

그간 법의 일반이론에 관한 연구는 모든 국가법 발달의 역사적 배경과 제도적 특징 및 법 기술의 다양성을 초월하여 법 일반에 공통된 핵심요소를 추출하고 법의 보편적 일반원리의 발굴을 통하여 이에 관한 많은 연구 업적을 이룩했다. 한편 비교법의 과제로서 국제사회에서 적용될 준칙인 법의 일반원칙의 발굴작업을 들 수 있다. 그런데 법의 일반원칙이란 주요한 법제도의 공통된 핵심요소 또는 법질서의 다양성 속에서 단일성을 추구함을 말하며 이를 법의 보편적 일반원칙의 비교법적 구체화라고도 한다. 이 점에서 비교법학은 법의 일반형태학의 발전에 기여한다. 법의 일반이론의 과제는 자국법의 개선이나 외국법을 채용하여 이를 적용하거나 또는 법의 사회적 기능에 관한 일반적 연구를 목적으로 하는 것이 아니라 순전히 법 자체의 인식을 위하여 법의 지식을 추구하는 데 있다. 비교법학은 여러 법제도의 분석·비교를 통하여 법의 보편적 일반원칙의 확립을 목적으로 하며, 이러한 연구방향을 독일에서는 법의 일반이론이라 하고 영미법학에서는 분석법학이라 한다. 법의 일반이론은 비교법적 방법을 통하여 모든 법제도, 법사상, 법문화에 기초한 공통된 기본개념의 구성과 일반원칙의 확립을 시도한다.

그런데 법의 일반원칙을 선험적인 사유활동으로 또는 비교법적 방법을 통하여 경험적, 귀납적으로 확립할 수도 있다. 전자가 관념적 사유를 통하여 구성된 절대적 자연법인데 반하여 후자는 실증적 연구에 기초한 실정화된 자연법, 이른바 상대적 자연법에 해당한다.

비교법적 방법으로 법의 일반원리를 발굴한 예로서 계약의 성립요건에 관한 일반원칙을 들 수 있다. 모든 계약은 청약과 낙약으로 성립한다는 계약성립의 기본원칙에 관하여 프랑스민법은 규정한 바 없으나 독일민법은 12개의 조문을 규정하고 있으며 미국의 보통법전집(Restatement)에는 54개의 조문을 수록하고 있다. 이와 같이 비교법은 모든 법제도의 공통된 요소를 발굴하고 법제도간에 존재하는 차이를 탐지하는 데 있다.

법의 비교를 법의 구조적 특성이나 법 기술 등의 외관형식이 아니라 법형식이 작용하는 실질적인 기능을 비교·분석할 경우에는 법계와 법제도간의 외형적 차이에도 불구하고 기능상의 공통점을 발견할 수 있다. 초기에는 문명 제국법의 형식구조에서 법의 일반원리를 발견하였으나 오늘날에는 모든 법제도를 기능적으로 분석·비교함으로써 법의 일반원리를 구성할 수 있게 되었다. 예를 들면 시민법과 보통법의 법률구조와 법적 사고 및 법 기술을 달리하여 법형식의 동화는 불가능하나 법률문제의 해결에서는 동일한 결과에 도달하고 있음을 볼 수 있다. 이러한 사실은 유럽 대륙의 시민법이나 영미의 보통법이 궁극적으로 인간의 이성, 즉 합리성을 기초로 발달하여 왔음을 말해 준다.

3) 법인종학

법인종학은 원시시대에서 오늘에 이르기까지 동일한 문화단계에 있는 여러 인종과 민족, 국가의 법제와 관습을 조사하고 이의 비교연구를 통하여 각 문화발전단계에 상응하는 법제도의 일정한 유형을 발굴하여 이를 종합평가함으로써 지난 시대의 법 발전의 과정을 이해할 수 있을 뿐만 아니라 장래에 법의 발전과정까지도 예측할 수 있는 과학적 기반의 제공을 목적으로 한다.

그간 법인류학이 역사적으로 동일한 또는 유사한 문화발전단계에 있는 여러 인종과 국가와 민족이 공통된 법의 정형을 가지고 있었다는 사실을 구명하였다는 점에서 이들의 연구결과는 오늘날 세계통일법의 실현을 추구하는 비교법학자에게 중요한 논거를 제공한다. 왜냐하면 원시시대에 공통된 법의 정형을 형성·발달시킬 수 있었다면 동일한 근거에서 현대사회에서도 역시 공통된 법의 정형을 발견할 수 있을 것이기 때문이다.

법인종학이 연구의 대상을 원시시대의 법에만 국한하지 않고 근대에 이르기까지 연구범위를 확장하여 각 시대의 동일한 문화단계에 있는 민족과 국가의 법을 비교·고찰하여 법의 정형을 발견하고 나아가 이의 발달과정과 법 발전의 동인을 구명한다면 비교법의 실용적 목적인 현대법의 이해와 개선에 크게 기여할 것임을 의심할 바 없다. 비교법연구에서 현행 법제도의 개선이나 법의 국제적 통일과 같은 실용적 목적을 위한 현재의 법에 관한 연구를 법제도의 횡적 또는 수평적 연구라고 한다면 과거의 법을 대상으로 하는 연구는 종적 또는 수직적 비교에 해당한다. 모든 법제도는 수평적, 수직적인 종합적 비교연구를 통해서만 비로소 그의 정확한 실태를 파악할 수 있고 또한 연구성과를 거둘 수 있다.

(3) 실용적 목적

비교법은 새로운 입법만이 아니라 법개정에 필요한 입법자료를 제공함으로써 국내법 개선에 기여한다. 이를 위하여 입법자는 계수적상에 있는 외국의 법제도와 법규정을 분석·비교·검토하여 이의 채용여부를 결정하게 된다. 그러나 비교법은 외국법 자료의 활용만이 아니라 외국법을 통하여 자국의 법제도에 관한 더욱 완전한 이해를 가능케 한다. 또한 비교법은 국제교류의 증가에 따라 발생하는 분쟁사건의 평화적 해결을 위하여 필요한 외국법의 지식을 제공할 뿐만 아니라 실정법의 해석활동과 법률교육 및 국제적 또는 지역적인 통일법의 완성을 위한 실용적 목적에 봉사한다.

1) 외국법률지식의 제공

오늘날 항공여객운송과 정보통신의 발달로 세계가 사실상 하나의 생활권으로 축소되었으며 국경 없는 단일시장을 이루어 자본과 상품과 기술, 용역 및 노동력의 이동이 확장되고 있다. 이러한 국제적인 교류에서 외국인이 관련된 법적 분쟁사건이 필연적으로 발생하며, 이를 해결하기 위하여 실무가인 판사, 변호사, 중재인과 외교관을 비롯하여 기업가, 무역업자, 재산관리인, 심지어 외국에 체류하고 있는 내국인에게도 외국법의 지식이 절실히 요구된다. 특히 국제거래와 교섭에서 분쟁이 발생하거나 또는 국내법과 외국법이 충돌할 경우 국내에서 외국법을 어떻게 취급할 것인가의 문제가 제기되며, 이러한 실제적인 문제의 해결을 위하여 비교법은 외국법의 지식과 외국법원에서 적용하고 있는 판례법의 지식을 제공한다.

2) 실정법규정의 해석

법률의 해석에는 여러 가지 방법이 있으나 비교법적 해석도 중요한 해석방법이 된다. 특히 외국의 법전법을 포괄적으로 또는 수정한 형태로 계수한 이른바 계수법국가는 그들의 국내법을 해석하는 경우 모법의 해석론과 학설 및 판례의 동향을 주시하지 않을 수 없다. 법은 각 민족국가의 고유한 역사적 산물이므로 문화사정을 달리하는 외국에 이식되기까지 장기간의 토착화의 과정이 요구되므로 계수한 외국법의 영향에서 크게 벗어날 수 없기 때문이다. 계수법국가에서 실정법의 해석론을 전개할 경우 자신의 법감정과 법의식 또는 판례에 기초한 독자적인 법이론을 구성하지 않는 한 모법의 학설과 판례에 기초한 비교법적 해석이 불가피하게 요구된다.

일반적으로 법은 자국의 역사적 또는 사회, 경제적인 생활사실을 기초로 해석하는 것이 통상적인 해석방법이긴 하나 이러한 해석만이 유일한 최선의 방법이라고 단정할 수는 없다. 오늘날의 해석론은 그 영역의 확장을 요구하여 동일한 또는 유사한 내용의 법규정을 외국의 법학자와 법원에서 어떻게 해석하고 있는가를 참고하는 것이 자국법 해석에 큰 도움이 되기 때문이다. 예를 들면 현행 민법의 일반조항인 권리남용의 금지, 조리, 미풍양속, 폭리행위, 채무불이행, 부당이득, 사무관리와 관련하여 프랑스나 독일 또는 이탈리아의 법이론과 판례를 비교·분석하거나 또는 영미의 보통법계에서는 시민법의 이러한 일반조항을 어떻게 이해하고 있는가를 구명함은 현행법의 해석론 구성에 풍부한 소재와 새로운 시각을 제공한다. 현행법이 채용한 물권변동에 관한 법규정이나 채권자대위권 또는 채권자취소권에 관한 프랑스와 독일의 법규정과 학설 및 판례에 대한 비교연구는 이에 관한 정확한 이해와 해석론 구성의 이론적 기초를 제공한다.

비교법이 자국법의 이해와 국제적인 분쟁사건을 해결하기 위한 실용적 목적에 봉사한다는 사실에는 의문의 여지가 없다. 다만 계수법을 비교법적으로 해석할 경우 자국법의 명문규정에 저촉되는 그러한 해석은 허용되지 않으며 특히 자국의 정치, 경제, 사회, 문화사정과 시민의 법의식과 법감정 등을 신중히 검토하여 국내의 법률생활에 가장 적합한 해석론을 전개할 것이 요구된다. 또한 비교법적 해석방법을 이용할 경우 외국의 실정법규정의 해석과 판례만이 아니라 법이 형성된 역사적 배경과 현실적 사정도 동시에 고려할 것이 요구된다.

3) 입법활동

비교법의 과제는 단순히 여러 법제도 간에 존재하는 동질성과 이질성을 구명하는 데 있는 것이 아니라 법제도의 연구결과를 입법자료로 활용하거나 외국법제도의 정확한 이해와 이들의 법률생활의 경험 및 기술적 방법을 참고함으로써 불완전한 입법을 예방하거나 미비한 법제도를 개선하는 데 있다.

특히 오늘날의 고도산업국가는 모두가 유사한 사회, 경제문제에 직면하고 있다. 각국은 그의 국내법으로 당면과제의 해결을 시도하는 한편 이에 관한 외국의 합리적인 해결방식을 채용하거나 또는 외국에서 실패하였거나 정책수행과정에서 발생한 예기치 않은 부작용이나 실효를 거두지 못한 법률생활의 지식을 상호 교환함으로써 동일한 입법적인 실책을 예방할 수 있는 귀중한 자료를 얻을 수 있으며 비교법은 이러한 문제해결을 위한 방도를 제시한다. 특히 고도산업사회에 공통된 당면문제로서 독점금지, 불공정거래, 제조물책임, 환경보호, 전자상거래, 대중매체의 범람, 개인정보의 누설, 청소년범죄, 성범죄, 마약, 남녀고용평등과 동성애, 인구비율의 노령화 문제를 비롯하여 유전자조작에 의한 농축산물과 가공식품, 인공수정, 체세포이식에 의한 복제인간의 제조와 형사법분야의 형의 집행방법의 개선과 사형제도의 폐지, 안락사 등의 문제해결을 위하여 외국의 입법례와 법률시행의 경험을 입법자료로 참고하지 않을 수 없다. 이러한 입법목적과 제도적 개선을 달성하기 위하여 어떤 국가의 법을 비교의 대상으로 참고할 것인가의 문제가 제기된다.

일반적으로 오랜 법률생활과 시행착오를 경험한 선진국의 법이 후진국의 입법자료를 위한 비교연구의 대상이 된다. 선진국의 법을 포괄적으로 또는 부분적으로 계수한 후진국은 선진국의 법제도에서 많은 입법자료를 얻을 수 있기 때문이다. 그러나 선진국의 법을 채용하는 과정에서 유의하여야 할 사실은 자국의 현실과 유리된, 따라서 실현가능성이 없는 외국법제도의 수용은 실효성 없는 법을 제정하는 결과가 된다. 현실과 유리된 법률의 제정은 전시효과를 위한 입법이거나 또는 현실을 이상의 세계로 지향하겠다는 단순한 이념적 표현에 지나지 않는다.

그러므로 입법을 위한 비교법적 방법을 활용하는 경우 자국과 역사적으로나 현실적으로 문화적 발전단계를 같이하는 국가의 법을 비교의 대상으로 하는 것이 유익하다. 한국이 인접한 일본의 법을 입법자료로 활용하는 것은 일본과 한국은 역사적 사정으로 유사한 법문화상태에 있을 뿐만 아니라 언어구조가 유사하여 일본법을 용이하게 수용할 수 있는 문화적 사정에 기인한다.

나아가 입법을 위한 비교법의 연구 대상으로 동일한 법계의 국가법을 참고하는 것이 일반적 현상이다. 따라서 한국법은 유럽대륙법계에 속해 있어서 주로 프랑스나 독일법 및 스위스법이 입법과 해석론 구성의 참고자료를 이루고 있으나 입법자료로서 유럽대륙법계의 국가만을 참고할 필요가 없다. 그간 금융, 경제법과 국제거래법 분야에서 영미법이 중요한 비교대상이 되어 왔으며 특히 유럽 대륙에서도 미국법의 영향이 증가하는 추세에 있다. 국제상거래와 경제법은 순전히 합리성과 효율성을 추구하는 가치중립의 기술법규정으로서 현행 한국의 법제도와 충돌하지 않는다. 현행 상거래법에 채용된 미국법제도로서 지적재산권법, 전자상거래법과 금융, 증권,

보험법 및 기타 Franchise, Leasing과 Factoring을 들 수 있다.

외국의 법을 입법자료로 활용하기 위해서는 이 법이 현지에서 실효성을 확보하고 있는가의 문제와 학설과 판례의 동향 및 시민의 여론까지도 검토할 것이 요구된다. 그러나 외국법이 현지에서 실효성이 있다고 할지라도 이를 채용한 국가에서도 역시 모든 시민의 법감정과 일치하거나 사회여론의 인정을 받으리라고 단정할 수 없다. 따라서 외국법을 입법자료로 참고함에는 이 법이 그 나라의 역사적 특수성과 결부된 고유법제도인가의 여부를 신중히 검토할 것이 요구된다. 보편적 적응성이 없는 그러한 고유법제도는 계수적상(繼受適狀)에 있지 않기 때문이다.

4) 통일법의 제정

19세기 이래 비교법은 법전편찬을 위한 국내법의 통합과 양국간의 법적 통일 및 지역적, 또는 국제적인 통일법을 형성・발전시키는데 크게 기여했다. 세계통일법의 제정은 모든 비교법학자들의 이상이며 동시에 궁극적인 목표라 하겠다. 오늘날 유럽연합이 통일법의 이상을 실현하기 위하여 지역적인 법적 통일을 시도하고 있다.

그간 비교법은 국제적인 법의 통일을 달성하기 위하여 여러 국가의 법제도에서 공통된 요소를 추출하여 법원칙을 확립하거나 또는 상호 경합하는 법제도에서 보편성 있는 제도를 선택하는 등의 방식으로 통일법의 제정을 시도했다. 이미 19세기 이래 해상법, 상사법 등 국제적 교류와 협력을 필요로 하는 분야에서 통일법을 모색하여 왔으며 특히 20세기에 이르러 보편주의 사상과 국제적 평화질서의 유지 및 공동번영을 달성하기 위한 협력체제의 구축을 위하여 많은 비교법학자는 문명국에 일반적으로 적용할 수 있는 공통법을 수립하기에 노력하였다. 특히 제1차 세계대전 후에 국제적인 법의 통일을 추구하는 운동이 더욱 활발히 진행됨에 따라 법의 국제적 통일이 헤이그에서 개최된 비교법국제회의에서 중요한 의제가 되었으며 또한 1926년에는 국제연맹의 보조기관으로서 사법통일을 위한 국제연구소(UNIDROIT)가 로마에 설치되었다. 그 후 영국과 미국을 제외한 대수의 국가가 참여하여 어음, 수표에 관한 통일법을 완성했다.

제2차 세계대전으로 법의 통일화 운동이 중단되었으나 전후에 법의 통일을 위한 비교법학자들의 활동은 재개되어 1926년에 착수된 국제물품매매 통일법에 관한 협약과 국제물품매매계약성립에 관한 헤이그협약이 1964년에 체결됨으로써 비교법학자들의 관심이 사법의 국제적 통일문제에 집중되었다. 하지만 인류는 지구상의 다양한 법제도 속에서 살고 있으며 다양성과 관용을 미덕으로 존중하는 세계에서 급진적인 법의 통일을 간단히 기대할 수는 없는 일이라고 지적하는 비교법학자도 있다.

그러나 이미 지역적 통일법으로 유럽경제공동체의 후신인 유럽연합은 유럽법원에 의한 사법통일(司法統一)을 완성하였고 이어서 사법 분야의 통일로서 혼인법과 계약법의 통일이 활발히 진행되고 있으며 또한 1980년에는 국제연합무역위원회의 주도 하에 국제매매계약의 실질적 효력에 관한 통일법이 완성되었다. 오늘날 국제사회는 기아와 질병 및 환경문제의 해결을 위하여 공동으로 대처하고 있으며 법의 통일을 위한 국제적 협력기구로서 국제연합 산하의 여러 국제기구와 기타 국제조직을 들 수 있다. 그간 인류는 1세기 이상에 거쳐 법의 통일을 염원하여 왔으며 지역적으로 또는 장래에 특정한 분야에서 법적 통일을 성취할 수 있을 것이며 비교법이 세계의 통일법 발전에 기여하리라는 사실은 의심할 여지가 없다.

3. 비교법의 방법

최초에 비교법의 연구방향은 실정법제도 전체의 생성, 발전과정과 이의 결과를 규명하는 데 있었다. 이러한 실정법제도의 연구는 실정법을 보편법제사적 관점에서 분석, 검토하여 법 발전의 공통된 일반원칙 또는 보편적 질서의 확립을 시도하였다. 한편 보편법사학적 인 방법과 마찬가지로 동질성 또는 유사성을 기준으로 법을 계열화 또는 유형화하고 각 법제도와 법계의 특성을 규명함과 동시에 이의 정의를 시도하였으며 또한 특정한 국가의 법 발전과 이의 문화적 요인을 구명하였다. 나아가 비교법을 법사회학과 결부시킴으로써 비교법 연구에 역사적 방법과 사회학적 방법을 동원하기도 하였으며 법 현상과 법 발전에 관한 비교법적 연구에 전통적인 법원리주의적 방법을 채용하기도 하였다.

비교법의 두 번째 연구방향으로 규범비교법학적인 접근방식을 들 수 있다. 법제도의 유형을 기초로 한 법개념의 분류를 반대하는 한편 사법과 기타 법 분야에서 법계간의 이질성과 상이성을 분석 고찰하는 연구방법을 채용하였다. 이에 반하여 일부 학자는 문명 제국의 법제도에서 공통된 일반원리의 추출을 시도하였다. 법의 보편적 일반원리를 추출하기 위해서는 법이 모든 창설적 요소에서 살아 있는 법의 발굴이 선행되어야 한다고 법사회학적인 방법에 접근하여 연구한 비교법학자도 있고, 법 현상이란 인간정신의 원초적인 유기적 결합관계의 표현이므로 비교법의 연구를 통하여 보편과학의 이념을 확립할 수 있다고 주장한 학자도 있다. 실정법제도의 비교연구를 통하여 인류의 보편적 정의의 이상을 실현할 수 있다고 확신한 비교법학자의 연구도 있다.

세 번째 비교법 연구방향으로 여러 국가법의 분석 · 비교 · 평가를 통하여 가장 우수한 법제도를 구명하고 이를 법제도의 보편적 기준으로 설정할 수 있다고 주장한 학자의 연구방법을 들 수 있겠다.

비교법의 3가지 중요한 연구방향에 기초를 둔 구체적인 연구방법으로 기술적, 분석적, 기능적, 통합적 방법과 사회학적 방법을 들 수 있다.

1) 기술적(記述的) 방법

비교법 연구의 기술적 방법이란 여러 법제도 간의 상호 관계를 비교 · 분석 · 종합 · 평가함이 없이 제도적 차이를 수평적, 병렬적으로 서술함을 말한다. 기술적 방법은 여러 상이한 법제도에 관한 단편적 또는 개괄적인 내용을 피상적으로 전달할 뿐이라는 점에서 진정한 의미의 비교법적 방법이 될 수 없다.

특정한 법률문제에 관하여 국내법과 외국법 또는 여러 외국법제도에 대한 비교, 서술이 곧 비교법이 되는 것은 아니다. 예를 들면 프랑스법이나 독일법에서 채무불이행의 요건과 손해배상의 범위나 또는 영국, 프랑스, 독일, 미국에서 불법행위로 인한 손해배상의 청구요건과 배상범위의 문제를 서술하는 경우, 이는 외국법과 국내법에 관한 비교법적 연구결과에서 얻어진 결론이 아니라 외국법제도를 단순히 소개한 것에 지나지 않는다. 기술적 방법은 외국법에 대한 규범 관련적 서술에 불과하고 비교법의 기능적 분석, 고찰이 될 수 없다.

2) 분석적 방법

분석적 방법은 여러 법제도에 내재하는 법개념, 법원리, 법사상, 법 기술 및 재판제도와 법률구조를 분석, 대비하여 이의 공통점과 차이점을 동태적으로 파악하는 연구방법이다.

특정 국가의 고유법 개념을 다른 국가의 법률용어로 전환시키는 것은 지극히 곤란한 일이다. 예를 들면 영미국가에 존재하지 않는 시민법국가의 공증인제도나 유럽 대륙에 존재하지 않는 영국의 법무변호사(Solicitor)나 또는 유럽과 영미에서 볼 수 없는 한국의 법무사를 들 수 있다.

동일한 법개념이 모든 국가에서 동일한 제도적 의미와 사회적 적용을 수행하고 있는 것은 아니다. 예를 들면 프랑스와 벨기에의 저당권과 독일의 저당권 및 영국의 저당권이 용어는 동일하나 제도적 작용을 달리하고 있으며 또한 불법행위로 인한 손해배상제도에서 유럽 대륙법은 발생한 손해의 전보를 목적으로 하나 영국과 미국의 일부 지방에서는 전보배상 외에 징벌적 손해배상으로 가해자의 배상책임을 가중하고 있다.

특히 유럽 대륙법과 영미법 간에는 극복할 수 없는 구조적 차이가 현저하다. 예를 들면 영미법의 특징인 법과 형평의 이원구조를 시민법학자는 이해할 수 없으며, 마찬가지로 시민법에서 중요한 기능을 수행하는 공증인제도가 대부분의 보통법국가에는 존재하지 않는다. 따라서 각국의 고유법 개념이나 법제도의 내용 및 그의 기능을 파악하는 것은 용이한 일이 아니다.

유럽 대륙법국가의 성문법 규정을 비교할 때 법규정의 문언만이 아니라 이에 관한 학설과 판례 및 관습까지도 분석 파악할 것이 요구된다. 프랑스

민법이 판례법으로 발전한 지 오래되었으며 또한 독일민법은 학설의 이해 없이 실정법에 접근이 불가능하게 되었기 때문이다. 따라서 외국법규정의 정확한 이해를 위해서는 학설과 판례 및 관습과 생활 사실에 이르기까지 이들의 규범현상을 포괄적으로 파악할 것이 요구된다. 그러므로 유럽 제국의 여러 성문법이 동일한 또는 유사한 법규정을 수록하고 있다 할지라도 이들의 내용이 반드시 일치하고 있는 것은 아니다.

3) 기능적 방법

비교법 연구의 기능적 방법이란 비교법의 실용적 목적을 떠나서 자국법과 외국법의 체계적 이해와 법의 본질 및 법의 생성, 변천, 발전과정을 구명함과 동시에 법이 추구하는 규범목적과 법이 사회구조와 사회적 적용에 미치는 영향을 분석, 고찰하는 방법을 말한다. 또한 기능적 방법은 법의 내용을 개념적으로 정립하고 법규정의 체계적 배열에 관한 해답을 추구하며, 외국법의 발전단계를 비롯하여 사법과 공법 분야에서 구체적인 법률문제와 소송제도 및 법적 사고와 법 발견의 방법을 연구의 대상으로 한다. 비교법학은 이러한 기능적 방법을 통하여 현행법제도의 사회적 작용을 분석함으로써 전통적인 법원리주의 속에 안주하고 있는 자국법의 실태를 통찰할 수 있는 안목을 제공한다.

또한 기능적 연구방법은 법을 기능적 동태적으로 파악하여 법이란 사회조직의 유지와 조절수단이지 사회발전과 무관한 내재적 가치 있는 독자적 현상은 아니라는 관점에서 비교법의 기능적 방법을 강조하여 비교법은 각 법제도간의 동질성과 이질성의 분석·고찰만으로는 부족하고 여러 상이한 법제도의 기능적인 내용까지를 비교·검토할 것이 요구된다고 한다. 모든 국가의 법은 그의 형성기반인 역사적 사정에 따라 법률구성을 달리하고 있으나 법적 작용인 기능상으로는 많은 공통점을 가지고 있기 때문이다. 예를 들면 영미계약법상 계약의 성립요소인 약인(約因, Consideration)은 유럽 대륙법에서 계약상의 원인이나 법률상의 원인을 의미하지 않는다. 그러나 영미법과 유럽 대륙법의 제도적 차이가 법률문제의 해결까지도 달리하고 있음을 말하는 것은 아니다. 영미법상의 약인은 대가적 유상성을 의미하여 무상계약은 보호하지 않겠다는 법적 기능을 수행하고 있음을 볼 수 있다. 이는 유럽 대륙법에서 서면 또는 공증계약에 의하지 않은 증여는 임의로 철회할 수 있다는 법규정과 기능상 일치한다. 따라서 비교법의 연구는 법제도의 분석·비교에 그치는 것이 아니라 법의 기능적인 내용까지도 비교 검토할 것을 요구한다. 이와 같이 법의 정태적인 제도적 차이를 초월하여 법의 사회적 기능을 구체적으로 분석·비교하는 기능적 방법은 생동하는 법 현상에 대한 동태적 파악을 목적으로 한다.

고대사회에서 현대에 이르기까지 사회적 목적의 달성이나 또는 규범의 수요를 충족시키기 위한 방법이나 제도로서 법률적 방법인 입법, 행정 또는 사법적 수단을 통하여 또는 비법적 사회규범인 도의나 습속 등의 여러 가지 방법을 들 수 있다. 그런데 이러한 제도적인 수단과 방법은 상호 유기적인 관계에서 사회적 기능을 수행하고 있으므로 하나의 제도, 이를 테면 법제도를 검토함에 있어서 그의 하부구조인 도의나 습속, 법 감정과 법의식을 고려함으로써만 법제도의 진정한 의미 내용을 이해할 수 있고 나아가 이의 기능적인 분석 평가가 가능하다.

특히 기능적 방법은 문제의 법이 현대사회에서 어떠한 기능을 수행하고 있는가의 문제만이 아니라 법이 이러한 기능을 적정히 수행하고 있는가 또는 다른 법규범이 동일한 또는 유사한 기능을 더욱 효율적으로 완수할 수 있는가를 고찰한다. 예를 들면 미국연방정부 산하의 각종의 위원회와 한국의 공정거래위원회, 금융감독위원회, 소비자보호원은 준사법기관으로서 유럽 국가의 법원과 유사한 사법기능을 수행하고 있음을 볼 수 있다. 이러한 기능적 비교방법은 모든 학문의 보편적 목적인 진리의 탐구, 즉 문화 현상으로서의 법규범 인식에 봉사하는 한편, 법정책적으로 해결하지 못한 문제를 외국의 법제도와 법적 경험과 비교함으로써 더욱 합리적인 해답을 얻을 수 있는 입법목적에 봉사한다. 예를 들면 제조물책임과 환경책임법에 관한 외국의 입법례와 판례에서 해답을 구할 수 있으며 또한 외국의 법이론과 비판론을 통하여 자국의 법규범과 법제도를 더욱 명확히 이해할 수 있고 외국법과의 비교에서 법에 관한 통찰력을 배양하고 법이념에 관한 다양한 논의를 발견할 수 있다.

기능적 연구결과에 의하면 유럽 대륙법과 영미법 간에는 법개념, 법제도를 비롯하여 법사상, 법기술, 법률구조와 재판제도상의 현저한 차이에도 불구하고 동일한 법률문제에 대한 해결이 의외로 거의 일치하고 있음은 동일한 결론에 도달하기 위한 법률구성을 달리하고 있을 뿐이라는 사실을 확인할 수 있게 해 주었다. 이러한 사실은 시민법과 보통법의 궁극적인 법원(法源)은 인간의 이성을 기초로 하고 있음을 말해 준다. 20세기 후반에 여러 비교법학자는 세계의 주요 법계 간에 공통된 요소가 있음을 강조하고 이를 기초로 법의 통일을 실현할 수 있다는 확신에 따라 이의 발굴을 시도해 왔으며 이러한 법의 통일을 위한 비교법적 연구방법을 통합적 방법이라 한다.

4) 통합적 방법

비교란 양자의 유사성과 상이성을 관찰하여 설명함을 말한다. 법전편찬 시대인 18세기 이래 20세기에 이르기까지 비교법의 연구는 유럽 각국의 법제도간의 차이를 부각시키는데 주력하였으며 또한 라틴법계와 게르만법계 간의 이질성을 강조하는 한편 유럽시민법과 영미보통법 간의 이질적 차이를 구명하는 대조적 비교방법을 채용하였으나, 20세기 후반기 이래 진행된 세계화의 추세로 여러 법계와 법제도간의 동질성과 유사성을 기초로 모든 법제도의 공통된 요소를 발굴하기 위한 통합적 비교방법으로 방향을 전환하게 되었다. 비교법의 연구가 종래의 차별성을 강조하는 대조적 비교에서 유사성을 역설하는 통합적 비교로의 방향 전환은 1970년대 이래 국제거래가 급격히 증가하여 자본과 기술, 상품과 용역, 정보통신과 운송수단의 발달, 노동력의 이동 등 지구가 하나의 거대한 시장을 형성하여 하나의 시장에는 하나의 거래법이 적용되어야 한다는 통일법의 요구와 불가분의 관계에 있다.

하나의 시장에는 하나의 거래법이 요구됨에 따라 비교법학자는 이에 상응한 지역적 또는 국제적인 법의 통일을 달성하기 위하여 모든 법제도에서 법 형성의 핵심적 구성요소의 추출을 시도하게 되었다. 이러한 요구는 필연적으로 법제도간의 이질성보다는 법의 통일을 가능케 하는 동질성을 강조하는 통합적인 비교연구로 방향을 전환하는 결과를 가져왔다. 더욱이 유럽연합의 결성은 이러한 학문적 요구에 상승작용을 가져와 유럽연합국에 일반적으로 적용할 수 있는 보통법 또는 공통법의 구축이 비교법의 새로운 과제임을 강조하는 학자가 등장하고 이러한 목적달성을 위하여 통합적 비교방법이 채용되고 있다.

한편 유럽시민법의 공통의 핵심요소를 중세의 로마보통법에서 발굴하여 이를 기초로 유럽연합 회원국에서 일반적으로 적용할 수 있는 통일사법 제정의 가능성을 주장하는 학자가 다수 등장하고 있다. 그러나 유럽 대륙에서는 영국과 같이 국왕법원을 주축으로 한 통일적인 재판제도가 확립되지 않았다. 그리고 유럽 대륙의 법원은 분산되었고 각 법원의 판례와 학설이 충돌하여 통일적인 법 형성을 저해하였다. 이로 인하여 중세의 로마보통법이 영국보통법과 같은 보편적 적용성과 통일성을 유지한 것은 아니라며 중세의 보통법에 기초를 둔 유럽연합의 사법통일에 대하여 매우 회의적인 견해를 표시하는 학자도 있다.

5) 사회학적 방법

비교법 연구의 사회학적 방법이란 법인식의 대상인 외국의 법령과 판례, 법학자의 저서와 논문, 정기간행물, 연구논집, 행정과 사법당국의 명령, 규칙 등 인쇄된 모든 외국법의 자료를 연구의 대상으로 하는 것이 아니라 이러한 문헌상의 법의 배후에서 법적 작용을 수행하고 있는 살아 있는 법을 발견하려는 학문적 접근방식을 말한다. 이 점에서 사회학적 연구방법은 성문의 외국법자료를 기초로 연구하는 기능적 방법이나 또는 통합적 연구방법과 구별된다.

종래의 해석법학은 법률의 적용과 효력을 중심으로 합법과 불법, 적법과 위법의 선택적인 관계에서 절대치를 구하며 특히 공법과 사법을 엄격히 구분하고 계약과 불법행위, 불법행위와 범죄, 실체법과 절차법, 사실의 문제와 법률의 문제, 법률의 해석과 적용 및 결론에 이르기까지의 모든 과정을 명확하게 구별한다. 그러나 법사회학적 방법은 순전히 법의 상대적 가치를 추구하여 공법과 사법과 범죄와 불법행위, 실체법과 절차법을 구분하지 않고 오직 법의 효력과 그의 강도를 측정할 뿐이다. 이와 같이 해석법학과 법사회학은 연구대상의 선정과 연구방법을 달리하여 법학자는 무엇이 법인가를 결정함에 반하여 법사회학자는 법적으로 의미 있는 사회 현상을 면밀히 관찰할 뿐이다.

오늘날의 전형적인 사회학적 접근방식은 법문헌에 수록된 고전적인 법원(法源)에 관한 연구를 벗어나 실정법규정 밖에서 기능하고 있는 살아 있는 법을 탐색하여 이의 기능을 규명하는데 있다. 따라서 판례집에 공개되지 않은 판례는 살아 있는 법으로서 사회학적 연구의 중요한 소재가 된다. 또한 특정한 외국법제도만의 연구는 비교법 연구가 아니라 외국법의 연구인 것과 마찬가지로 사회학적 연구도 특정 국가의 살아 있는 법이 아니라 두 개 이상의 국가 법제도 속에 살아 있는 법의 비교연구를 요구한다. 또한 비교법의 학문적 과제가 여러 외국법제도의 단순한 비교 분석만이 아니라 제도적 차이의 발생 원인과 이의 효과를 구명하는 데 있는 것과 마찬가지로 사회학적 연구방법도 살아 있는 법의 효력과 기능을 탐지한다.

한편 살아 있는 법의 정확한 자료를 얻기 위하여 법규정이 구체적으로 상거래와 법원 또는 공증인에게 어떻게 적용 또는 수정되고 있는가를 명확히 파악하여야 할 뿐만 아니라 법규정과 법제도의 실질적 중요성과 법규범이 현실적으로 작용하는 사회환경을 비롯하여 모든 실질적 여건과 도덕관념과 이념적 가치, 경제사정 등에 관한 정확한 정보가 필요하다. 따라서 각국의 실정법규범과 관련된 법률용어와 법개념, 법규정, 법원리를 비롯하여 학문적 접근방식, 법률의 편별, 법규정의 분절방식, 법률의 해석, 법적 사고방식, 법 기술과 같은 법형식의 비교, 분석, 평가는 법사회학적 연구의 대상이 될 수 없다.

비교법 연구의 사회학적 방법으로 통계와 설문, 면접질의와 증서제도의 분석·비교를 들 수 있다. 통계적 방법은 특수한 법현상에 관한 풍부한 내용을 구명할 수 있는 가장 유용한 수단이 된다. 설문과 면접질의의 연구방식은 질의자의 주관이 작용할 수 있다는 비난을 받을 여지가 있으나 이러한 직접적인 방법을 통하여 많은 사항을 해명할 수 있으며 또한 특별법의 제정 목적과 그의 사회적 작용 및 법적 효과를 구명할 수 있는 장점이 있다. 한편 면접질의는 살아 있는 설문으로서 서면에 의한 질의보다 더욱 직접적인 결과와 신선한 해답을 얻을 수 있다. 그러나 복잡한 법률문제나 심사숙고나 조사를 요하는 그러한 중요한 문제는 설문이나 면접질의로서 해답을 얻을 수 없으며 의견서를 작성할 것이 요구된다. 증명증서나 행위증서는 거래생활에서 사용되는 빈도에 따라 그의 법적 가치가 결정된다.

위의 사회학적 연구방법은 각기 그의 장단점이 있으므로 연구 대상에 따라 연구방법의 선택을 달리할 수 있겠다. 어느 경우를 막론하고 문헌상의 법이 아니라 제도권 배후에서 또는 저변에서 작용하고 있는 살아 있는 법을 발굴하고 이를 분석·비교·종합·평가하기 위한 비교법적 연구방법으로 사회학적 방법이 유용한 수단으로 활용되고 있다.

Part 02

I. 헌 법

II. 형 법

III. 민 법

I 헌 법

헌법은 국가의 근본법으로서 국민의 기본권을 보장하고, 국가의 통치조직과 통치작용의 원리를 정하는 국가의 최고법이다. 헌법은 국민주권의 원리, 기본권적 인권보장, 권력분립, 국제평화, 헌법개정방법의 합리성 등을 그 내용으로 하고 있다.

1. 총설(總說)

(1) 헌법의 제정과 개정

1) 헌법의 제정

헌법의 제정은 헌법제정권력자가 헌법제정권력을 행사하여 성문헌법을 제정하는 것을 말한다. 헌법은 헌법제정권력자의 일방적인 정치적 결정으로써도 성립될 수 있으며, 또 복수의 주체에 의하여 또는 쌍방의 협의에 의하여서도 성립될 수 있다. 이러한 뜻에서 헌법제정권력은 사실적인 힘뿐만 아니라, 헌법을 정당화시키는 권위성 또는 정통성을 아울러 갖지 않으면 안 된다. 현대의 민주국가에서는 국민만이 헌법제정권력의 주체가 되며, 헌법제정권은 국민의 직접 · 간접의 참여에 의한 방법만으로 행사될 수 있기 때문에 헌법의 제정은 헌법제정권력자인 국민에 의해서 이루어지는 것이다.

우리나라 헌법의 제정을 살펴보면, 1945년 8월 15일 일본의 무조건 항복으로 1941년 8월의 대서양헌장, 1943년 11월의 카이로선언에서 약속되었던 우리의 독립이 재확인되었으나 해방 후 미 · 소 양군의 분할 점령으로 군정이 실시되었다. 그 후 수차례에 걸쳐 통일정부 수립을 위한 미 · 소공동위원회의 회담이 있었으나, 이데올로기의 차이로 말미암아 결국 실패로 끝

나고 말았다. 마침내 국제연합총회에서 UN감시하의 남북총선거에 의한 한국의 독립안이 결의되었으나, 구 소련의 반대로 좌절되어 부득이 1948년 5월 10일 남한에서만 제헌국회의원 총선거가 실시되었다. 총선거에 의해 구성된 제헌국회는 헌법안을 통과시켜 이를 7월 17일 국회의장이 서명・공포하여 처음으로 헌법전을 갖게 되었다. 전문(前文) 및 본문 10장 103조로 된 제헌헌법의 주된 골자는 국회단원제, 대통령중심제, 기본권보장, 국제평화주의 등으로 되어 있었다.

2) 헌법의 개정

헌법개정이란 일반적으로 헌법전이 정한 개정절차에 따라 헌법의 동일성을 유지하면서 의식적으로 헌법전 중의 어떤 조항을 수정・삭제하거나 또는 이에 새로운 조항을 추가하는 것을 의미한다. 헌법개정은 헌법에 이미 명시된 개정절차규범에 따라 행해진다는 점에서 헌법의 제정과 구별되며 의식적인 개정작용인 점에서 헌법변천과 다르고, 헌법절차에 따른 합헌적인 변경인 점에서 헌법의 침훼나 정지와 다르다.

우리나라 헌법의 개정절차는 개정안의 제안, 공고, 의결, 국민투표, 그리고 공포의 순으로 진행된다. 대통령은 국무회의의 심의를 거쳐 헌법개정안을 제출한다. 또한 국회의원은 재적의원 과반수로 헌법개정안을 발의할 수 있다. 대통령은 제안된 헌법개정안을 20일 이상의 기간 동안 공고하여야 한다. 국회는 개정안이 공고된 날로부터 60일 이내에 의결하여야 한다. 그리고 국회의 의결은 재적의원 3분의 2 이상의 찬성을 얻어야 다음 단계인 국민투표에 붙일 수 있다. 헌법개정안을 국회가 의결한 후 30일 이내에 국민투표에 붙여 국회의원선거권자 과반수의 투표와 투표자 과반수의 찬성을 얻어야 한다. 헌법개정안이 찬성을 얻은 때에는 헌법개정은 확정되며 대통령은 즉시 이를 공포하여야 한다. 대통령은 헌법개정에 관하여 일반법률과 달리 거부권을 행사할 수 없다.

현행 헌법은 제9차 개정 헌법으로 1987년 이른바 6・29선언 이후 헌정사상 처음으로 여야 합의에 따라 9월 18일 대통령직선제를 골자로 하는 헌법개정안이 국회에서 발의되고, 10월 12일에 국회의 의결을 거쳐 10월 27일에 국민투표로 확정되었다. 이 헌법은 1988년 2월 25일부터 시행되었다. 제6공화국을 탄생시킨 제9차 개헌의 주요 내용은 대통령제를 중심으로 대통령직선제 및 대통령담임제의 채택, 대통령의 비상조치권 · 국회해산권 폐지, 국회의 국정감사권 인정, 국민의 기본권신장을 위한 헌법재판소 신설 등을 들 수 있다.

(2) 헌법의 기본질서

1) 헌법의 기본이념

우리 헌법전문은 대한민국의 건국이념, 민족단결의 정의 · 인도 · 동포애의 실현, 자유민주적 기본질서의 확립, 국민의 기본권 보장, 책임과 의무의 강조, 항구적 국제평화의 추구 등을 규정하여 우리 헌법이 기본원칙을 선언하고 있다. 또한 헌법 본문에서는 헌법전문의 개괄적 규정을 보다 구체화하여 국민주권주의, 자유민주주의, 권력분립주의, 기본권존중주의, 복지국가주의, 문화국가주의, 국제평화주의, 사회적 시장경제주의, 평화통일지향주의 등을 규정하여 우리 헌법의 기본원리로 삼고 있다.

2) 국가형태

헌법 제1조 제1항에서 규정하고 있는 민주공화국의 의미는 우리 헌법구조 상의 국가적 질서가 전제(專制) · 독재(獨裁) · 전체주의(全體主義) · 인민공화국(人民共和國) 등을 부정하는 것이어야 한다는 의미로 사용된다. 따라서 헌법 제1조의 '민주공화국' 규정 자체가 우리의 국가형태이며 결국 이 규정은 우리 헌법질서 전반에 걸치는 기본적 지도원리라고 할 수 있다.

What is Constitutional Law?

The Constitution is the fundamental principles of law by which a government is created and a country is administrated. The Constitution is the supreme law of the land. As such, it is the basis of all law in the nation. A law in violation of the Constitution, no matter what its source, will be declared unconstitutional and will not be enforced.

Constitutional law ascertains **fundamental rights** and duties of people, governing organizations and governing principles to maximize the protection of fundamental rights. To prevent the possibility that the national government might use its power arbitrarily, the Constitution divided the national government's powers among three branches of government. The legislative branch makes the laws, the **executive branch** enforces the laws, and the judicial branch interprets the law. Each branch performs a separate function, and no branch may exercise the authority of another branch. Additionally, a system of **checks and balances** allows each branch to limit the actions of the other two branches, thus preventing any one branch from exercising too much power.

Constitutional law is unique among all the bodies of law for several reasons. First, other bodies of law work together. **Property** law creates rights in things like land and refrigerators, and **contract** law prescribes how to transfer those rights to another person. Tort law defines the right of an injured person to recover damages from a wrongdoer, and **civil procedure** establishes the process by which the victim can recover. But constitutional law has a different subject matter and a different status than the other fields of law. Constitutional law doesn't address relations among individuals the way property, contract, and tort law do. Instead, it defines the structure and function of the government and the relationships between the government and individual citizens. It also defines the relative powers of the national government and the state governments and prohibits the government from taking certain actions, such as those infringe on freedom of religion. In defining and limiting government powers, constitutional law is superior to every other body of law.

Second, constitutional law, more obviously than other areas of law, raises fundamental political issues and value choices. Every body of law and every legal decision implicates important values; tort law, for example, forces us to make important choices about how much people have to take account of the interests of other people. But in constitutional law the value questions are more readily apparent and therefore are more controversial. If all law is politics to some extent, constitutional law is more explicitly political than other bodies of law. There are very few simple or noncontroversial issues in interpreting and applying the Constitution.

Third, in other areas of law the processes of making and applying law seem obvious and appropriate. Legislatures and courts formulate principles of law, and courts apply those principles in deciding individual cases. In constitutional law the decision process also is clear, but whether it is appropriate is much more contested.

Legal Terms

- **fundamental rights** : 기본권. *Fundamental rights are those rights which have therir sources, and are explicitly or implicitly guaranteed, in the federal Constitution and state constitutions.*
- **executive branch** : 행정부, 집행부. *The power of te executive branch is vested in President, who also has serves as Commander in Chief of the Armed Forces. The President appoints the Cabinet and oversees the various agencies and departments of the government.*
- **checks and balances** : 견제와 균형. *Checks and balances is arrangement of governmental powers whereby powers of one*

governmental brach checks or balances those of other branches.

→ **separation of power**: 권력분립, the doctrine prohibiting one branch of government, at any level, federal, state or local, from infringing or encroaching upon or exercising the powers belonging to another branch.

• **property**: 재산, 재산권, 소유권, 물권법, every species of valuable right or interest that is subject to ownership, has an exchangeable value or adds to one's wealth or estate. Property describes one's exclusive right to possess, use and dispose of a thing, as well as the object, benefit or prerogative that constitutes the subject matter of that right. *Property has its duties as well as its rights.*

• **contract**: 계약, 계약서, a promise, for the breach of which the law provides a remedy, or the performances of which the law recognizes as a duty; a transaction involving two or more individuals whereby each has reciprocal rights to demand performance of what is promised.

• **civil procedure**: 민사소송절차(법), 민사소송법, the body of rules of practice to be adhered to in adjudicating a controversy before a court of civil, as opposed to criminal, jurisdiction. The term refers to matters of form rather tan to the principles of substantive law that must applied to determine the rights of the parties.

Why Do We Need Constitutional Law?

To organize the government and to protect civil liberties, we need the Constitution. The Constitution is the fundamental document of our political system.

To accomplish together the things we cannot accomplish

individually, we constitute or support a government to act on our behalf. Government facilitates collective action, enabling us to pool our resources to build schools, hire teachers, and make a system of public education available to everyone, for example. Government also provides security, protecting us from criminals, unscrupulous merchants, manufacturers of dangerous drugs, and foreign terrorists.

Governments, to do all these things, must be strong. It needs the power to tax us to pay for the schools, to regulate drug companies, to fine crooked merchants, to put muggers in jail, and to maintain an army and navy. Such a powerful government presents a problem in itself. How do we make sure that the government won't tax us beyond our means, impose unreasonably burdensome regulations on small businesses, imprison the wrong people, or use the army to repress dissent?

On way we check the power of government is to make it a democratic government. The people control a democratic government, so the government cannot do something the people don't want or infringe on their rights. But even if democracy is effective and the people have real control over the government, there is a potential problem. An essential element of constitutional law is protecting the rights of minorities and individuals against attack by the majority. Constitutional law not only protects the integrity of the democratic process but it protects minorities, protesters, dissidents, and eccentrics from the democratic process.

Constitutional law grapples with this conflict between empowering and limiting government. It deals with questions such as: How is the government organized? How much authority does it have? What processes does it follow in exercising that authority? What areas of people's lives are free from intrusion by the government? Constitutional law is not alone in considering these issues, and it never resolves them finally, but it provides a process for struggling with them.

2. 기 본 권

(1) 기본권의 역사

기본권의 역사는 1215년 영국의 대헌장과 1628년의 권리청원, 1689년의 권리장전 등에서 비롯되었는데, 이것은 국왕과의 타협에 의해서 얻어졌다는 역사적인 의의를 가지고 있다. 그러나 천부인권적인 자연법 사상을 내용으로 하는 근대적인 인권사상은 1776년 미국의 독립선언과 1789년 프랑스의 인권선언에 그 기초를 두고 있으며, 이들이 그 후 각국의 헌법에 큰 영향을 미쳤다. 이들 근대적 기본권은 18·19세기에 있어서 국가권력의 침해로부터 개인의 자유와 권리를 보호하려고 하는 자유주의, 평등주의, 법치주의를 기초로 하여 확보하고 실현한 것이다. 이러한 자유권적 기본권은 전근대적인 모든 압제로부터 시민을 해방하고 자본주의 경제활동의 원동력이 되었다. 그러나 자본주의의 발달로 빈부의 격차, 계급대립의 격화, 실업자의 격증 등 많은 문제가 야기되고, 사실상의 부자유·불평등이 초래되었다. 이에 국가권력은 개인의 생존권의 보장을 위하여 개인의 자유와 권리에 관해서 적극적으로 간섭하기에 이르렀다. 이렇듯 20세기에 들어와서는 인간다운 생활을 보장하기 위해 국가로부터의 형식적인 자유의 보장에 그치지 않고 국가의 적극적인 정책에 의한 실질적인 자유를 요청하게 되었다. 이러한 이념에서 출발한 기본권이 바로 생존권적 기본권이며 1919년의 바이마르(Weimar) 헌법에서 이를 최초로 명문화하였다. 즉, 바이마르 헌법에는 재산권행사의 공공성, 건강한 주거를 제공할 권리, 노동력을 보호받을 권리, 근로자의 단결권 등이 규정되어 있다. 그러나 생존권적 기본권의 출현으로 자연법적인 자유권적 기본권의 가치가 경시되어서는 안되며 이를 전제로 했을 때 생존권적 기본권의 실현은 가능한 것이다. 따라서 국민의 기본권의 보장은 자유권적 기본권과 생존권적 기본권의 적극적인 조화와 그 실현에 있다고 하겠다.

(2) 기본권의 제한

국가는 인간의 존엄과 가치 그리고 행복추구권을 존중하고 보장할 의무가 있다. 그러나 기본권이 다른 기본권 또는 헌법에 의해서 보호되고 있는 다른 헌법적 가치와 충돌을 일으키는 경우 기본권의 내재적 한계가 대두된다. 이에 대하여 우리 헌법은 제23조에서 "재산권의 내용과 한계는 법률로 정한다"든가, "재산권의 행사는 공공복리에 적합하여야 한다 "고 하여 기본권의 내재적 한계를 규정하였다. 또한 우리 헌법은 기본권의 법률유보를 규정하면서 제37조 제2항에서 "국민의 모든 자유와 권리는 국가안전보장·질서유지 또는 공공복리를 위하여 필요한 경우에 한하여 법률로써 제한할 수 있으며, 제한하는 경우에도 자유와 권리의 본질적인 내용을 침해할 수 없다"고 규정하여 법률로써 기본권을 제한할 수 있게 하였다. 여기서 법률유보는 법률에 의한다면 기본권을 얼마든지 제한할 수 있다는 뜻이 아니고, 기본권을 제한하려면 적어도 입법권자가 제정하는 법률에 의하되, 인간의 존엄성, 행복추구권, 평등권 등 자유민주적 기본질서에 배치되는 제한을 할 수 없으며, 침해의 정도는 인간의 자유나 권리가 그 침해로 인하여 유명무실한 것이 되어서는 안된다는 뜻이다.

결국 개인의 기본권이 절대적이 아니듯 공공의 이익 또한 절대적인 것이 아니기 때문에 서로간의 합리적 조화가 요청된다고 하겠다.

(3) 기본권의 침해와 구제

기본권은 헌법에 선언된 것만으로는 큰 의의가 없는 것이고 현실적으로 보장되어져야 한다. 따라서 기본권의 침해에 대한 사전적인 예방조치와 실제로 행해지는 기본권 침해의 배제 및 사후의 구제절차가 충분히 브장될 때 그 의의가 있다. 우리 헌법은 기본권의 구제수단으로 청원권(제26조), 행정쟁송제도(제107조, 제27조), 재판청구권(제27조), 국가배상청구권(제29조),

형사보상청구권(제28조), 위헌법령심사제(제107조, 제111조), 헌법소원권(제111조 제1항 제5호) 등을 규정하여 구체화하고 있다.

(4) 기본권의 내용

1) 인간의 존엄과 가치·행복추구권

헌법 제10조는 "모든 국민은 인간으로서의 존엄과 가치를 가지며, 행복을 추구할 권리를 가진다. 국가는 개인이 가지는 불가침의 기본적 인권을 확인하고 이를 보장할 의무를 진다"고 규정하고 있다. 인간으로서의 존엄과 가치는 인간 개인에게 고유한 인격과 가치로 간주되는 존귀한 인격성을 뜻하며, 그것은 인간의사의 자유와 인격의 자유로운 발전을 요구한다. 넓은 의미에 있어서의 인간의 존엄, 가치, 행복추구권은 기본권 중에서 주된 기본권으로서 국민의 기본적 인권 전반을 의미한다. 또한 좁은 의미에 있어서의 인간의 존엄권은 인격권을 말한다. 이 인격권은 성명권, 명예권, 초상권 등을 포함하며, 인격의 형성・유지, 표현의 전제가 되는 알 권리, 읽을 권리, 들을 권리, 인간다운 생활을 할 권리 등을 포함한다.

그리고 행복추구권은 최소한 인간적인 고통이 없는 상태 내지 만족감을 느낄 수 있는 상태인 행복을 실현할 수 있는 권리라고 볼 수 있다. 그러나 인간의 존엄과 가치 및 행복추구권은 이를 각기 독립해서 파악할 것이 아니라 포괄적 개념으로 이해하는 것이 옳을 것이다.

헌법 제10조의 기본권은 직접 실현될 수 있는 구체적인 권리를 보장한 것이라기보다는 모든 기본권의 이념적 전제가 되며 기본권 보장의 목적이 되는 헌법적 원리이다. 따라서 법률로서도 제한할 수 없는 인간 본성의 기본권이라 할 수 있다.

2) 평등권

헌법은 전문(前文)에서 "정치・경제・사회・문화의 모든 영역에 있어서 각인의 기회를 균등히 하고…국민생활의 균등한 향상을 기하고"라고 선언하고, 헌법 제11조는 "모든 국민은 법 앞에 평등하다. 누구든지 성별・종교 또는 사회적 신분에 의하여 정치적 · 경제적 · 사회적 · 문화적 생활의 모든 영역에 있어서 차별을 받지 아니한다"라고 규정하여 평등권을 선언하였다. 모든 국민이 법 앞에 평등함을 내용으로 하는 평등의 원칙은 민주정치의 기본원리이다. 평등의 원칙은 근대국가의 보편적 원칙으로서 중세의 신앞의 평등사상에서 유래한다.

그러나 평등은 절대적인 것이라기 보다는 사회적 · 경제적인 면에서의 실질적 · 상대적 평등을 의미하므로 같은 것은 같게, 다른 것은 다르게 다루는 것을 의미한다고 보아야 할 것이다. 따라서 합리적 차별은 평등권에 위배되지 않는다.

3) 자유권적 기본권

자유권적 기본권은 주로 국가의 침해 또는 간섭으로부터의 방어적 권리로서의 성격을 갖는 것으로 그 대표적인 것에는 다음과 같은 것이 있다. 즉, 인신의 자유권으로서 생명과 신체의 자유(헌법 제12조)가 있고, 사회적 · 경제적 자유권으로서 거주 · 이전의 자유(헌법 제14조)와 직업선택의 자유(헌법 제15조), 주거의 자유(헌법 제16조), 사생활의 비밀과 자유(헌법 제17조) 및 재산권(헌법 제23조) 등이 있으며, 정신적 자유권으로는 양심의 자유(헌법 제19조)와 종교의 자유(헌법 제20조), 학문 · 예술의 자유(헌법 제22조) 및 언론 · 출판 · 집회 · 결사의 자유(헌법 제21조) 등이 있다.

4) 생존권적 기본권 (사회적 기본권)

생존권적 기본권은 생활에 필요한 제반여건을 국가권력이 적극적으로 관여하여 확보해 줄 것을 요청할 수 있는 권리라는 점에서 국민의 자유를 확보하기 위해 국가에 대해 불간섭을 요구할 수 있는 권리인 자유권적 기본권과 구별되는 바, 그 대표적인 것에는 다음과 같은 것이 있다. 즉, 인간다운 생활을 할 권리(헌법 제34조 제1항), 교육을 받을 권리(헌법 제31조), 근로의 권리(헌법 제32조)와 근로자의 노동3권(헌법 제33조), 혼인과 가족보건에 관한 권리(헌법 제36조) 및 환경권(헌법 제35조) 등이 있다.

5) 청구권적 기본권(수익권)

청구권적 기본권은 국민이 적극적으로 국가에 대해 특정한 행위를 요구할 수 있는 국민의 주관적 공권으로서의 기본권으로, 여기에는 대표적으로 재판청구권(헌법 제27조), 형사보상청구권(헌법 제28조), 국가배상청구권(헌법 제29조), 범죄피해자에 대한 국가의 구조청구권(헌법 제30조), 구속적부심사청구권(헌법 제12조 제6항) 및 재산상의 공용침해에 따른 손실보상청구권(헌법 제23조 제3항) 등이 있다. 이러한 청구권적 기본권은 다른 권리나 이익을 확보하기 위하여 일정한 국가적 행위를 요구하는 적극적 성격을 갖고 있다는 점에서 자유권적 기본권과 구별되며, 헌법규정에 의해 직접 효력이 발생하는 현실적 권리라는 점에서 추상적 권리로서의 생존권적 기본권과 다르다.

6) 참정권

참정권은 국민이 국가기관의 구성원으로서 공무에 참여하는 권리를 말한다. 참정권은 오늘날의 민주정치에 있어서는 국민이 국가의사의 형성과정에 참여하거나 국가기관을 구성하여 국가 공권의 행사를 통제 내지 견제할 수 있는 정치적 권리이다. 참정권은 개인이 국정에 개별적으로 참여할 수 있는 공권(公權)인 동시에 국가기관의 구성원으로서 능동적으로 국정에 참여한다는 데 그 의의가 있다. 이러한 참정권에는 대표적으로 선거권(헌법 제24조), 공무담임권(헌법 제25조) 및 국민투표권(헌법 제72조와 제130조) 등이 있다.

7) 국민의 기본의무

국민의 기본의무란 국민이 통치대상으로서의 지위에서 부담하는 기본적 의무를 말한다. 18·19세기의 고전적 의무는 국가질서의 유지를 목적으로 한 납세의무와 국방의무와 같은 소극적 성질의 의무였으나, 20세기의 사회국가에서는 사회적 공공복리를 증진시키기 위한 적극적 성질의 의무가 등장하였다. 우리 헌법도 납세의 의무(헌법 제38조), 국방의 의무(헌법 제39조), 교육의 의무(헌법 제31조), 근로의 의무(헌법 제32조), 이외에 재산권행사의 공공복리적합의무(헌법 제23조), 환경보존의 의무(헌법 제35조) 등의 규정을 두고 있는데, 이러한 생존권에 수반하는 의무는 20세기적인 헌법의 기본의무로서의 특징을 갖는다.

Constitutional Rights Protected by the U.S. Constitution

Every **constitutional right** is grounded in one or more provisions of the text of the Constitution. One way of learning about these rights is to refer to the provisions one by one—the First Amendment guarantee of free speech, the Fourteenth Amendment due process clause, and so on—and consider the rights that emanate from them. But it is easier to understand the rights if we separate them into two groups.

The first group of rights is **process** rights. These rights are about the procedures the government must follow—how the government must behave when it acts with respect to an individual or, sometimes, a group. The second group of rights is **substantive** rights. These rights define the areas of individual freedom that the government cannot invade regardless of the procedures it follows. Although the line between process rights and substantive rights isn't a particularly sharp one, the distinction is helpful.

A couple of examples suggest the difference between process and substantive rights. If you are receiving Social Security benefits, the government can't just take them away because some bureaucrat believes you are no longer entitled to them. Before your benefits can be cut off, your constitutional right to due process guarantees that you must receive notice of the government's **claim** and must have the opportunity to present your arguments about the issue at a hearing. This is a process right. On the other hand, if the government wants to force you to attend a Catholic Mass, the constitutional issue is one of substance, not process. Even if the government gives you notice and a hearing, it cannot infringe on your substantive constitutional right to choose your own religion.

Process rights include the right to "due process of law," found in the Fifth and Fourteenth Amendments, and the right to "**equal protection of the laws**," from the Fourteenth Amendment. Due process means that the government must follow fair procedures in taking action with respect to an individual. The difficult question is figuring out what process is due in a particular case. If someone is charged with a crime for which he or she could be executed, the matter is obviously more serious than the threatened termination of Social Security benefits, so the Constitution in that instance would impose more procedural requirements. Often, though, determining when someone is **entitled** to due process and what procedures are required is a more complex issue.

The consitutional law of equal protection has expanded greatly over the past fifty years, first as a result of the **civil rights** movement and then because of claims for equal treatment from members of groups other than racial minorities, such as women, ethnic group, and homosexuals. Equal protection requires that the government treat similarly situated people the same; for example, as the Supreme Court held in *Brown v. Board of Education*, a state can't treat black children unequally by sending them to separate schools from white children. That seems obvious to us now, but most equal protection claims are more controversial. Who is entitled to equal protection: Hispanic? Homosexuals? Fat people? Stupid people? And what does it mean to treat different people and different groups equally?

Substantive rights are more varied than process rights, but at very general level, they can be described as serving one or two purposes. One purpose is allowing people to participate fully in the affairs of society, including political process. For example, **freedom of speech** and **freedom of the press** contribute to open political discourse and democratic government. The other purpose is allowing people to protect their wellbeing and personal integrity, and to develop and express their individuality. Freedom of speech also permits personal expression, for example, and the right to choose and practice one's own religion furthers personal growth.

Legal Terms

• **constitutional right** : 헌법상의 권리, individual liberties granted by the Constitution and protected from governmental interference.

• **process** : 과정, 소송절차, 소장, 소송절차상의 영장, 방법, a formal writing (writ) issued by authority of law; any means used by the court to acquire or to exercise its jurisdiction over a person or over specified property; usually refers to the method used to compel attendance of a defendant in court in a civil suit. *An execution is a process of the court issued to enforce the judgement of that court.*

• **substantive** : 실체적, 본질적.

→ **substantive rights** : 실체권. *Substantive rights are rights to the equal enjoyment of fundamental rights, privileges and immunities; distinguished from procedural rights.*

→ **substantive law** : 실체법, the positive law that creates, defines and regulates the rights and duties of the parties and that may give rise to a cause of action, as distinguished from adjective law that pertains to and prescribes the practice and procedure or the legal machinery by which the substantive law is determined or made effective. *The term civil procedure refers to matters of form rather than to the principles of substantive law that must be applied to determine the rights of the parties.*

• **claim** : 청구(권), 주장, 소송상의 청구, 채권, 요구, the assertion of a right to money or property; in pleading, the facts giving rise to a right enforceable in the courts, which must show the existence of a right, an injury and damages. One who makes a claim is the claimant.

• **equal protection of the laws** : 법에 의한 평등한 보호, constitutional guarantee embodied in the Fourteenth Amendment to the U.S. Constitution which states in relevant part that "No State shall … deny to any person within its jurisdiction the equal protection of the laws." The essential purpose of this constitutional doctrine is to ensure that the laws and the government treat all persons alike, unless there is some substantial reason why certain persons or classes of persons should be treated differently.

• **entitle** : 권리를 주다, 자격을 부여하다, 표제를 부치다. *He is entitled to receive pension.*

• **civil rights** : 시민적 권리, 인권, the nonpolitical rights of all citizens, especially those rights relating to personal liberty. Civil rights differ from civil liberties in that civil rights are positive in nature, and civil liberties, negative; that is, civil liberties are immunities from governmental interference or limitations on governmental action (as in the First Amendment) that have the effect of reserving rights to individuals. *A federal cause of action may be maintained against a state officer who under "color of law" deprives a person of his civil rights.*

• **freedom of speech** : 언론의 자유, the right to express one's thoughts without governmental restrictions on the contents thereof, as guaranteed by the First Amendment.

- **freedom of the press**: 출판의 자유, the right to publish and circulate one's views, as guaranteed by the First Amendment.

Brown v. Board of Education

Brown v. Board of Education, 347 U.S. 483(1954), was a landmark United States Supreme Court case in which the Court declared state laws establishing separate public schools for black and white students **unconstitutional**. The decision overturned the *Plessy v. Ferguson* decision of 1896 which allowed state-sponsored segregation. Handed down on May 17, 1954, the Warren Court's unanimous (9-0) decision stated that "separate educational facilities are inherently unequal." As a result, *de jure* racial segregation was ruled a violation of the Equal Protection Clause of the Fourteenth Amendment of the United States Constitution. This ruling paved the way for integration and civil rights movement.

This case is a **consolidation** of several different cases from Kansas, South Carolina, Virginia, and Delaware. Several black children sought admission to public schools that required or permitted segregation based on race. The **plaintiffs** alleged that segregation was unconstitutional under the Equal Protection Clause of the Fourteenth Amendment.

In all but one case, a three judge federal district court cited *Plessy v. Ferguson* in denying relief under the "separate but equal" doctrine. On **appeal** to the Supreme Court, the plaintiffs contended that segregated schools were not and could not be made equal and that they were therefore deprived of equal protection of the laws.

The issue of the case is whether the race-based segregation of children into "separate but equal" public schools is constitutional. The

justices answered with a strong "no." The race-based segregation of children into "separate but equal" public schools violates the Equal Protection Clause of the Fourteenth Amendment and is unconstitutional. The key **holding** of the Court was that, even if segregated black and white schools were of equal quality in facilities and teachers, segregation by itself was harmful to black students and unconstitutional. They found that a significant psychological and social disadvantage was given to black children from the nature of segregation itself.

Education in public schools is a right which must be made available to all on equal terms. Separating black children from others solely because of their race generates a feeling of inferiority as to their status in the community that may affect their hearts and minds in a way unlikely ever to be undone. The impact of segregation is greater when it has the **sanction** of law. A sense of inferiority affects the motivation of a child to learn. Segregation with the sanction of law tends to impede the educational and mental development of black children and deprives them of some of the benefits they would receive in an integrated school system. The separate but equal doctrine adopted in *Plessy v. Ferguson*, which applied to transportation, has no place in the field of public education. Separate educational facilities are inherently unequal. Therefore, the Court held that the plaintiffs and others similarly situated for whom the actions have been brought are, by reason of the segregation complained of, deprived of the equal protection of the laws guaranteed by the Fourteenth Amendment.

Legal Terms

• **unconstitutional** : 위헌의, 헌법에 위반하는, conflicting with some provision of the Constitution. A statute found to be unconstitutional is considered void ar as if it had never been, and consequently all rights, contracts or duties that depend on it are void. Similarly, no one can be punished for having refused obedience to the law once it is found to be unconstitutional.

• **consolidation** : 병합, 통합, 합병. *Consolidation of actions is the act or process of uniting several actions into one trial and judgement, by order of a court, where all the actions are between the same parties, pending in the same court, and involving substantially the same subject-matters, issues and defenses.*

• **plaintiff** : 원고, the one who initially brings the suit; one, who, in a personal action, seeks a remedy in a court of justices for an injury to, or a withholding of, his or her rights. *The onus of proof lies on the plaintiff.*

• **appeal** : 상소, a request to a higher court to review and reverse the decision of a lower court. On appeal, no new evidence is introduced; the higher court is limited to considering whether the lower court erred on a question of law or gave a decision plainly contrary to the evidence presented during trial. Unless special permission is granted by the higher court to hear an interlocutory appeal, an appeal cannot be made until the lower court renders a final judgement. *Each state has trial courts and at least one court to which appeals may be taken.*

• **justice** : 정의, 재판관, 판사. *Laws favor the justice and right. As a general rule, judges sitting on the highest appellate level of a jurisdiction are known as justices.*

• **holding** : 1. 보유지, 보유재산, in commercial and property law, property to which one has legal title and of which one is in possession. The term may be used to refer specially to ownership of stocks or shares of corporations. 2. 판시, in procedure, any ruling of the court, including rulings upon the admissibility of evidence or other questions presented during trial.

• **sanction** : 1. 재가(인가)하다, to approve; 2. (법률에) 제재규정을 설정하다, to reward or punish; 3. 제재, 법의 강제력, a consequence of punishment for violation of accepted norms of social conduct, which may be of two kinds: those that redress civil injuries (civil sanctions) and those that punish crimes (penal sanctions).

Miranda v. Arizona

Miranda v. Arizona, 384 U.S. 436(1966), was a landmark decision of the United States Supreme Court which was passed 5-4. The Court held that both **inculpatory** and **exculpatory** statements made in response to **interrogation** by a defendant in police **custody** will be admissible at trial only if the prosecution can show that the defendant was informed of the right to consult with an attorney before and during questioning and of the right against **self-incrimination** prior to questioning by police, and that the defendant not only understood these rights, but voluntarily waived them. This has a significant impact on law enforcement in the United States, by making what became known as the Miranda rights part of routine police procedure to ensure that suspects were informed of their rights. The Supreme Court decided *Miranda* with three other cases: *Westover v. United States, Vignera v. New York, and California v. Stewart.*

The Miranda warning (often abbreviated to "Miranda," or "Mirandizing" a suspect) is the name of the formal warning that is required to be given by police in the United States to criminal suspects in police custody (or in custodial situation) before they are interrogated, in accordance with the *Miranda* ruling. Its purpose is to ensure the accused is aware of, and reminded of, these rights under the U.S. Constitution, and that they know they can invoke them at any time during the interview.

Criminal suspects who are aware of their rights to silence and to an attorney, but choose not to "unambiguously" invoke them, may find any subsequent voluntary statements treated as an implied waiver of their rights, and which may be used in evidence.

On March 13, 1963, Ernesto Miranda was arrested based on **circumstantial evidence** linking him to the kidnapping and rape of a 17 year old woman 10 days earlier. After two hours of interrogation by police officers, Miranda signed a **confession** to the rape charge on forms that included the typed statement "I do hereby swear that I make this statement voluntarily and of my own free will, with no threats, coercion, or promises of immunity, and with full knowledge of my legal rights, understanding any statement I make may be used against me." However, at no time was Miranda told of his rights to counsel, and he was not advised of his right to remain silent or that his statements would be used against him during the interrogation before being presented with the form on which he was asked to write out the confession he had already given orally. At trial, when prosecutors offered Miranda's written confession as evidence, his court-appointed lawyer, Alvin Moore, objected that because of these facts, the confession was not truly voluntary and should be excluded. Moore's objection was overruled and based on this confession and other evidence, Miranda was convicted of rape and kidnapping and sentenced to 20 to 30 years imprisonment on each charge, with sentences to run concurrently. Moore filed Miranda's appeal to the Arizona Supreme Court claiming that Miranda's confession was not fully voluntary and should not have been admitted into the court proceedings. The Arizona Supreme Court **affirmed** the trial court's decision to admit the confession in State v. Miranda, 401 P.2d 721 (Ariz. 1965). In affirming, the Arizona Supreme Court emphasized heavily the fact that Miranda did not specifically request an attorney.

Chief Justice Earl Warren, a former prosecutor, delivered the opinion of the United States Supreme Court, ruling that due to the coercive nature of the custodial interrogation by police, no confession could be admissible under the Fifth Amendment self-incrimination clause and Sixth Amendment right to an attorney unless a suspect had been made aware of his/her rights and the suspect had then waived them: The person in custody must, prior to interrogation, be clearly informed that he has the right to remain silent, and that anything he says will be used against him in court; he must be clearly informed that he has the right to consult with a lawyer and to have the lawyer with him interrogation, and that, if he is indigent, a lawyer will be appointed to represent him.

Thus, Miranda's conviction was overturned. The Court also made clear what had to happen if the suspect chose to exercise his or her rights: If the individual indicates in any manner, at any time prior to or during questioning, that he wishes to remain silent, the interrogation must cease... If the individual states that he wants an attorney, the interrogation must cease until an attorney is present. At that time, the individual must have an opportunity to confer with the attorney and to have him present during any subsequent questioning.

However, the **dissenting** justices thought that the suggested warnings would ultimately lead to such a drastic effect—they apparently believed that once warned, suspects would always demand attorneys and deny the police the ability to seek confessions and accordingly accused the majority of overreacting to the problem of coercive interrogations.

In a separate concurrence in part, dissent in part, Justice Tom C. Clark argued that the Warren Court went "too far too fast". Instead, Justice Clark would use the "totality of the circumstances" test enunciated by Justice Goldberg in *Haynes v. Washington*. Under this test, the court would: consider in each case whether the police officer prior to custodial interrogation added the warning that the suspect might have counsel present at the interrogation and, further, that a court would appoint one at his request if he was too poor to employ counsel. In the absence of warnings, the burden would be on the State to prove that counsel was knowingly and intelligently waived or that in the totality of the circumstances, including the failure to give the necessary warnings, the confession was clearly voluntary.

In dissent, Justice Marshall Harlan II wrote that "nothing in the letter or the spirit of the Constitution or in the precedents squares with the heavy-handed and one-sided action that is so precipitously taken by the Court in the name of fulfilling its constitutional responsibilities." Harlan closed his remarks by quoting former Justice Robert H. Jackson: "This Court is forever adding new stories to the temples of constitutional law, and the temples have a way of collapsing when one story too many is added."

Justice Byron White took issue with the court announcing a new constitutional right when it had no "factual and textual bases" in the Constitution or previous opinions of the court for the rule announced in the opinion. He stated: "The proposition that the privilege against self-incrimination forbids in-custody interrogation without the warnings specified in the majority opinion and without a clear waiver of counsel has no significant support in the history of privilege or in the language of the Fifth Amendment." Nor did Justice White believe it had any basis in English common law.

White further warned of the dire consequences of the majority opinion: I have no desire whatsoever to share the responsibility for any such impact on the present criminal process. In some unknown number of cases, the Court's rule will return a killer, a rapist or other criminal to the streets and to the environment which produced him, to repeat his crime whenever it pleases him. As a consequence, there will not be a gain, but a loss, in human dignity.

Miranda was retried, and this time the prosecution did not use the confession but called witnesses and used other evidence. Miranda was convicted in 1967 and sentenced to serve 20 to 30 years. He was **paroled** in 1972. After his release, he returned to his old neighborhood and made a modest living autographing police officers' "Miranda cards" (containing the text of the warning, for reading to arrestees). He was stabbed to death during an argument in a bar on January 31, 1976.

Another three defendants whose cases had been tied in with Miranda's—an armed robber, a stick-up-man, and a bank robber—either made **plea bargains** to lesser charges or were found guilty again despite the exclusion of their confessions. Other, such as Jose Suarez, who had confessed to killing his wife and five young children, stabbing more than a hundred times, were released.

Following the *Miranda* decision, the nation's police departments were required to inform arrested persons of their rights under the ruling, termed a Miranda warning.

Legal Terms

• **inculpatory** : 죄를 지우는, 유죄로 하는, 비난할 책임 있는, tending to incriminate or bring about a criminal conviction. *While a "confession" admits commission of a crime, an "inculpatory statement" admits a fact, circumstance or involvement which tends to establish* *guilt or from which guilt may be inferred.*

• **exculpatory** : 무죄를 증명하는, 변명의, 해명적인, refers to evidence or statements that tend to justify or excuse a defendant from alleged fault or guilt. *An exculpatory clause is a clause that releases a contractual party from liability in the event of monetary or physical injury, no matter who is at default.*

• **interrogation** : 조사, 질문, 심문, the process by which suspects are rigorously questioned by police.

• **custody** : (사람의) 보호감독, (자녀 등의) 감호, 감금, 구치, (신병의) 구속보관, 1. as applied to proerty, the condition of holding a thing within one' s personal care and control; 2. as applied to persons, such control over a person as will insure his or her presence at a hearing, or the actual imprisonment of a person resulting from a criminal conviction. 3. Custody of children is legal guardianship. *The offender was led away in custody.*

• **self-incrimination** : 자기부죄

→ **privilege against self-incrimination** : 자기부죄를 강제받지 아니하는 특권, the constitutional right of a person to refuse to answer questions or otherwise give testimony against himself or herself that will create substantial likelihood of criminal incrimination. *In the law of evidence, the privilege against self-incrimination signifies the mere negation of a duty to testify.*

• **circumstantial evidence** : 정황증거, indirect evidence; secondary facts by which a principal fact may be reasonably inferred.

• **confession** : 자백, 승인, an admission of guilt or other incriminating statement by the accused; not admissible at trial unless voluntarily made. *A confession made in court is of great effect than any proof.*

• **affirm** : 상소를 기각하다, (원판결을) 유지하다, 적극적으로 사실을

주장하다, 확약하다, 추인하다, to approve or confirm; refers to an appellate court decision that a lower court judgement is correct and should stand. *The judgement was affirmed by the Supreme Court. He who affirms must prove.*

• **dissent** : 의견[결정, 학설 등]을 달리하다, 이의를 주장하다, 이의, 불찬성, (재판관의) 반대의견서, 1. to disagree; 2. a reasoned opinion that differs from that of the majority of the court.

• **parole** : 가석방, 가출옥, 집행유예, in criminal law, a conditional release from imprisonment that entitles the person receiving it to serve the remainder of his or her term outside prison if he or she complies with all the conditions connected with his or her release. The parole board is the state and federal administrative bodies empowered to decide whether inmates shall be conditionally released from prison before completion of their sentences.

cf. probation : 보호관찰, 시용기간, procedure whereby a defendant found guilty of a crime, upon a verdict or plea of guilty, is released by the court without imprisonment, subject to conditions imposed by the court, under the supervision of a probation officer.

• **plea bargaining** : 답변의 거래, the process whereby the accused and the prosecutor negotiate a mutually satisfactory disposition of the case. The defendant may plead guilty to a lesser offense or to only one or some of the counts in a multicount indictment. In return, the defendant seeks concessions on the type and length of his or her sentence or a reduction of counts against him or her.

Legal English

Ⅱ 형 법

1. 형법총론

(1) 형법의 의의

형법은 범죄와 형벌에 관하여 규정한 법이다. 형법은 일정한 행위를 범죄로 규정하고, 그 범죄에 대한 법률효과로서 어떤 형벌을 과할 것인가를 규정한 법규범이다. 좁은 의미의 형법은 형식적으로 형법이라고 불리는 형법전(1953. 9. 18 법률 제293호)을 의미하지만, 폭력행위등 처벌에 관한 법률과 같은 특별형법과 도로교통법의 벌칙 등 행정형법 등 형법전 이외에 범죄와 형벌에 관한 법조문들을 모두 포괄하여 넓은 의미의 형법이라고 할 수 있다.

형법은 국민의 생명·신체·재산 등에 대한 침해행위에 대하여 형벌을 과함으로써 이를 보호하는 보호적 기능, 국가의 국민에 대한 형벌권을 행사함에 그 한계를 규정함으로써 개인의 권리·자유를 보장하는 보장적 기능과 형벌이라는 수단에 의하여 사회질서를 침해하는 행위로부터 국가사회의 공동생활의 질서를 유지하는 사회보전적 기능을 하게 된다.

What Is Criminal Law?

Criminal law is about punishing the bad guys. To define criminal law, we need to distinguish it from other bodies of law that do something like that, and to distinguish the substantive criminal law from the process that applies it.

Suppose three teenagers (call them Tom, Dick, and Harry) go on a minor crime spree at the mall, shoplifting in some stores, writing graffiti on the walls, and rudely bumping into other customers.

Shoplifting is certainly a crime. A state statute defines theft as, roughly, taking something that doesn't belong to you. Tom, Dick, and Harry can be prosecuted for the crime. By prosecuted, we mean that a state official (commonly the district attorney) will bring a proceeding in court to have them found guilty of criminal conduct and punished for their acts, typically by being fined or sent to jail.

The criminal prosecution is not the only proceeding that can be brought, however. First, the store owner can bring a civil action because the same conduct constitutes the tort of **conversion**—taking someone else's property. In the civil action, the store owner receives money damages from the defendants—not a fine, but **compensation** for her lost property. Second, if Tom is only fourteen years old, the district attorney decide to proceed against him as a **juvenile**. A juvenile proceeding is not a criminal proceeding. It is not designed to punish Tom but to provide for the correction of his behavior; even if he is sent to reform school, the law doesn't think of that as criminal punishment. Third, and similarly, if Dick is found to be suffering from mental illness that causes him to uncontrollably assault mall patrons, a family member or the district attorney might bring an action to have him committed to a mental institution for treatment. In this action, the question is not whether Dick has committed a crime but whether he is dangerous to himself or others. Even though he may be involuntarily deprived of his liberty, he has not been found guilty of a crime. All of these are noncriminal sanctions because only—and always—criminal law involves a determination of guilt, or criminal responsibility, in a proceeding brought by the state, for which legally defined punishment may be imposed.

What if Harry receives a speeding ticket on his way to the mall? Is that a crime? Speeding is an offense for which Harry can be prosecuted, and he can receive a public punishment (a fine) for committing the offense. But we usually distinguish relative minor violations of the law, like speeding, from more serious offenses, like drunk driving, and only label the latter as crimes.

Next, suppose that Harry is prosecuted for the crime of battery for rudely bumping into Jill, a mall patron, and knocking her to the ground. At trial, Jill testifies that although she didn't know Harry she really didn't mind being knocked down, she wasn't hurt too badly, and she thought teenagers ought to be able to have some fun. Does that get Harry off the hook? No; he still can be convicted. Harry's behavior, like all crimes, is criminal not because it is a wrong against another person but because it is a wrong against the public good. The state has determined what behavior is wrongful, and the state can punish that behavior even if the victim doesn't care.

Now suppose that the district attorney decides to prosecute Tom, the fourteen-year-old, as an adult for shoplifting. At trial the store's video security camera tape reveals that Tom didn't actually mean to steal the iPod that he is accused of taking. Instead, he bumped into a store counter and, without his knowing it, the iPod fell into a bag he was carrying. Tom would be **acquitted**—found not to have committed a crime. In really every case, criminal law has a **culpability** requirement: Someone must intend to commit a crime or at least be very careless (as in running someone over when driving drunk). One of the distinctive features of criminal law is that it embodies an idea of **blameworthiness**. Someone must have done something wrong, something that deserves moral condemnation, before a criminal sanction may be imposed. To deserve condemnation, it's not enough that someone commit a bad act; he or she also must have done so with a bad state of mind.

When we put all of these hypotheticals together, we see that it is actually harder to define the scope of criminal law in a systematic way than it first appears. Violations of criminal law are prosecuted by the government, but the government brings other types of actions as well. Violations result in negative sanctions, and administrative proceedings, and not all negative sanctions in criminal cases are that harmful to the recipients.

The core of criminal law, then, is moral condemnation and punishment based on blameworthiness. A crime is a wrong that deserves punishment because the criminal has violated public standards of morality. Even this definition is not perfect, but it captures the essence of what distinguishes criminal law from other bodies of law.

There is one other essential distinction between substantive criminal law and **criminal procedure**. Criminal law states general principles of criminal **liability** and defines what behavior is criminal. It helps answer questions such as, what's the difference between **murder** and **manslaughter**, and what constitutes legal **insanity**? Criminal procedure concerns the process by which criminal behavior is investigated and **adjudicated**. When must the police read a suspect his Miranda rights? What does it mean to have a fair trial?

The substantive criminal law often is divided into two parts: general principles of criminal liability and definition of specific crimes. The general principles of criminal liability cut across all of the definitions of specific crimes. First, if criminal law prohibits wrongful acts of various kinds, what do we mean by an "act"? Specific crimes prohibit specific acts (such as taking someone else's property), but what are the basic requirements for the kind of conduct that is criminal? Second, because criminal acts are culpable only when accompanied by a blameworthy mental state, how do we define the mental states that will lead to criminal liability? The law defines a range of relevant mental states, and the courts apply those definitions in interpreting criminal statutes. Third, when is someone is justified or excused in doing an act that otherwise would be criminal? A criminal act might be justified if doing the act avoids some greater harm. **Self-defense**, for example, is a principle of justification. Similarly, an act is excused when for some reason the actor is blameless in performing it. A person suffering from a mental disease or defect may intend to kill someone else but still lack the blameworthiness necessary to declare his behavior criminal. Fourth, when may someone be liable for acts that are preliminary to a crime, or further a crime, but may not fit the elements of a specific offenses? One who attempts to commit a crime but fails is generally liable for the attempt, but how close does she have to come before she has committed a crime? Similarly, if a group of criminals participate in a conspiracy to rob a bank and one of them shoots a guard during the robbery, are all of the others liable for murder?

The definition of specific criminal offenses obviously concerns what acts and accompanying mental states are necessary to convict a person of a crime. For example, what are the differences among murder, **voluntary manslaughter**, and **involuntary manslaughter**?

Legal Terms

• **conversion** : 횡령, a tort consisting of deprivation of another's property without authorization and without justification. *The con-*

version is the wrongful taking, using, or retaining possession of personal property that belongs to another.

• **compensation** : (토지수용 등에 대한) 보상, 금전배상, 형사보상, 보수, payment for work done or for an injury. *Whenever there has been a breach of contract, the injured party is entitled to receive money damages as compensation for the losses he has sustained.*

• **juvenile** : 소년의, 청소년의, 미숙한. *The juvenile courts are tribunals first established in the United States in the late 1800s and designed to treat youthful offenders separately from adult persons accused.*

• **acquit** : 1. 무죄를 선고하다, to set free from an accusation of quilt by a verdict of not guilty; 2. (채무, 의무를) 면제하다, in older contract terminology, to release from a debt or other obligation. *A verdict of "not guilty" acquits the defendant and prevents his retrial under the principle of double jeopardy.*

• **culpability** : 유책성, 범죄성, blameworthiness; requires showing that a person acted purposely, knowingly, recklessly, or negligently. *Exemplary damages are awarded only in cases of extreme culpability and are limited to the plaintiff's demonstrable litigation expenses.*

• **blameworthiness** : 비난받을 만함.

• **criminal procedure** : 형사절차(법). *Constitutional limitations on criminal procedure to protect the rights of defendants are found in state and federal guarantees such as the ban on unreasonable searches and seizures, and the privilege against self-incrimination.*

• **liability** : 부담, 의무, 책임, 채무, an obligation to do or refrain from doing something; a duty that eventually must be performed; an obligation to pay money; money owed, as opposed to an asset; responsibility for one's conduct, such as contractual liability, tort liability, criminal liability, etc.. *Liability is any actual or potential legal* *obligation, duty, debt, or responsibility.*

• **murder** : 살인, 모살, unlawful killing of another human being with premeditated intent or malice aforethought. *At common law murder was subdivided; but in most American jurisdictions statutes have created first-degree murder and second-degree murder, the former referring to more reprehensible forms of murder.*

• **manslaughter** : 고살, (계획성이 없는)비모살, unlawful killing of another person without malice aforethought; distinguished from murder with possible attendant death penalty; an explainable, less extreme homicide. Most jurisdictions distinguish between voluntary and involuntary manslaughter. **Voluntary manslaughter** is intentional killing committed under circumstances that, although they do not justify the homicide, reduce its evil intent. A charge of manslaughter is appropriate where the defendant killed the victim in rage, terror or desperation. **Involuntary manslaughter** consists of a homicide resulting from criminal negligence or recklessness. *Unlawful act manslaughter occurs when someone dies as the result of the defendant's doing of an unlawful act, usually a misdemeanor.*

cf. **homicide** : 살인, any killing of a human being by the act, agency, procurement, or culpable omission of another. An unlawful homicide, or one resulting from an unlawful act, may constitute murder or manslaughter. Justifiable homicide is the killing of a human being by commandment of the law, in the execution of public justice, in self-defence, in defense of habitation, property or person. *Criminal homicide constitutes negligent homicide when it is committed negligently.*

• **insanity** : 정신이상, 심신상실, 정신장애, mental illness. The term may be used to signify lack of criminal responsibility, need for commitment to a mental institution, inability to transact business, inability to stand trial (i.e., to assist in one's own defense). *The court should not instruct the jury to weigh carefully the evidence of insanity, lest an ingenious counterfeit of the disease furnish protection to guilt.*

cf. **incompetency** : 무능력, 무자격, inability, disqualification, incapacity. 1. lack of legal qualifications or fitness to discharge a required duty; 2. lack of physical, intellectual or moral fitness. When a person is adjudicated incompedent, a guardian is appointed to mamage the incompetent' s affairs, unless the incompetent recovers competency to the satisfaction of the court. An adjudicated incompetent lacks capacity to contract and his contracts are void. *The ward was adjudicated an incompetent.*

• **adjudicate** : 재판하다, 사법적 판단을 내리다. *A conflict of interest made him ineligible to adjudicate in the case.*

• **self-defense** : 자기방위, 정당방위, 자기변호, the self-protection of one's person, or preservation of members of one's family, and, to a less extent, one's property, from harm by an aggressor, in a way and under circumstances that the law recognizes as justifying the protective measures. It is valid defense to a criminal charge or to tort liability. *The self-defense means the legally recognized privilege to protect one's self or property against injury by another.*

• **voluntary manslaughter** : 고의에 의한 고살.

→ manslaughter

• **involuntary manslaughter** : 비고의살인. *Involuntary manslaughter consists of "criminally-negligent homicide" and "unlawful-act manslaughter."*

→ manslaughter

Why Do We Need Criminal Law?

The first purpose criminal law serves is to define what behavior society regards as wrongful. It is wrong to murder your neighbor, set fire to her house, or steal her lawnmower. The acts defined as criminal often have the most serious consequences for others; murder and arson are very harmful, but stealing your neighbor's lawnmower probably is less of a social evil than manufacturing lawnmowers without adequate safety devices, which is only a civil wrong. What distinguishes criminal offenses from other wrongful acts is that, as a class, they are particularly worthy of social condemnation. Just because an act is not a criminal does not mean that it is not wrongful; we condemn other behavior in other ways, such as through the imposition of tort liability or simple social disapproval.

Condemnation of wrongful behavior isn't enough for the criminal law. Criminal acts are so wrongful that when someone commits a criminal act as distinguished from some other types of wrong, she is not just made to pay damages or be snubbed at the country club; she is punished. So in considering why we have criminal law, the real question is why we have criminal punishment. Answering this question is supremely important for criminal law; figuring our why we punish will also tell us who we should punish and how, and to what degree.

Criminal law theorists offer two kinds of justification for punishing criminals, called the utilitarian and retributivist positions. Utilitarians view criminal law as useful, in that punishing criminals benefits society. Retributivists see the primary role of criminal law as **retribution**; in other words, criminals are punished because they deserve it.

Utilitarianism is the theory that society ought to be organized to promote the greatest good for the greatest number of people. Criminal law, in view of the utilitarian, serves the social good primarily by preventing crime. Punishing criminals may prevent crime in several ways. Imprisoning a criminal prevents him from committing another crime while he is incarcerated; executing a criminal prevents him from ever committing another crime. This is commonly called **restraint** or **incapacitation**. Individual **deterrence** or specific deterrence assumes that once someone has been punished for a crime, he or she may be less likely to commit another crime. The threat of punishment in general—general deterrence—discourages people from committing crimes. Placing criminals in a restrictive environment where they can receive treatment, counseling, and education may lead them away from a life of crime, or it may **rehabilitate** them. And public knowledge of criminal punishments reinforces people's sense of the importance of the standards of behavior of the criminal law, by **denunciation**.

The other important element, which has gained increasing support in recent decades, is a retributivist approach. Retributivists argue that retribution through the criminal law is not vengeance but justice. Someone has committed a wrong, and wrongs should be punished. A famous hypothetical was posed by the philosopher Immanuel Kant. Imagine an island society which was about to disband, with all the inhabitants departing for other places. Someone who commits a murder on the eve of departure still ought to be punished. There is no utilitarian justification for punishment; the islanders never will see each other again, so punishment will not prevent a future crime. But justice demands that the society redress the wrong by punishing the murderer.

Retributivist theory requires that we know which acts are wrong. In many cases we are confident about this; an intentional killing without justification or excuse is always wrong. Retribution also requires us to grade wrongs, so that a crime is punished in accordance with its severity, and that can be more complicated. Which is worse, arson or armed robbery? Prostitution or drunk driving?

The deterrent approach to utilitarianism and the retributivist approach interact at this point. Deterrence is a basis for criminalizing behavior to prevent crime, but retributivist principles require deterrence that is just. Imposing a long prison term for failing to yield to a pedestrian may deter bad driving, but it is unjust on a retributivist basis, in that it is out of proportion to the harm sought to be prevented. Similarly, it would certainly deter crime if punishment were imposed not only on the criminal but also on all members of his or her family, but that would violate a basic retributivist principle. Just as criminal liability is imposed if someone has violated the law, liability may not be imposed unless he person to be punished has violated the law. The retributivist check on deterrence may also enhance respect for the law and encourage law-abiding behavior; a law that is seen to be just is more likely to be obeyed than one that is unjust.

Legal Terms

- **retribution :** 응보, 보복. The theory that a wrongdoer should pay for his or her crime: getting even with the criminal. Many people find this idea barbaric; however, it seems to be one of the major factors in determining punishment, as seen in the sayings "the criminal owes a debt to society," "make the punishment fit the crime," and "an eye for an eye." *In criminal law, retribution is punishment based on the theory which bears its name and based strictly on the fact that every crime demands payment in the form of punishment.*
- **utilitarianism :** 공리주의. *Utilitarianism means an approach to*

ethical reasoning in which ethically correct behavior is not related to any absolute ethical or moral values but to an evaluation of the consequences of a given action on those will be affected by it. In utilitarian reasoning, a "good" decision is one that results in the greatest good for the greatest number of people affected by the decision.

• **restraint** : 억제, 제한, 구속, 장해. The need to keep criminals "off the streets" (i.e., imprisoned) so lawabiding citizens are free from potential harm. While this is not as noble a concept as reformation, the idea of protecting citizens is important. The question becomes, however, whether restraint works unless it is permanent or combined with some form of rehabilitation. *A defendant is not accused until charged with the offense or until he becomes subject to actual restraint by arrest.*

• **incapacitation** : 능력제한, 자격박탈, 실격. *civil incapacitation*

• **deterrence** : 억제. There are two types. 1. Individual: The aim is to keep a particular individual from committing another crime. If he or she is punished for a wrongdoing, perhaps it will help to keep him or her from committing another offense. 2. General: The basis here is that punishing one person for a crime will keep others from committing the same crime. The question is whether people are aware of the sentences that are imposed on criminals. Of course, proponents of the deterrence theory believe that punishment does, at least to some extent, deter crime. *Without adequate deterrence nothing will change.*

• **rehabilitate** : 복원하다, 복권시키다, 회복시키다.

→ **rehabilitation** : 갱생, 사회복귀, restoration of good repute; reformation. The term has many specific connotations. In the context of a witness it means restoring a witness's credibility after cross-examination has successfully impeached it. In bankruptcy it means the reorganization of a business or an arrangement with creditors that will restore solvency to the corporation. In matrimonial actions, the term rehabilitative alimony refers to temporary spousal support necessary to train a divorced person in useful skills so he or she will become employed and self-supporting and not be dependent upon society for financial survival. In criminal contexts, the term refers to efforts to become drug- or alcohol-free, to perform community service, to obtain educational or vocational training, or to otherwise demonstrate that the circumstances that were underlying the criminal behavior are not likely to recur and the person having bettered his or her situation can now be a productive member of society. Judges and parole boards look at rehabilitative efforts in sentencing and paroling criminals. *He demonstrated by his plea that he is ready and willing to admit his crime and to enter the correctional system in a frame of mind that affords for hope for success in rehabilitation.*

- **denunciation** : (공연한) 비난, 탄핵, (범죄의) 적발, 고발. *In the civil law, denunciation is the act by which an individual informs a public officer, whose duty is to prosecute offenders, that a crime has been committed.*

(2) 범죄론

1) 구성요건해당성

범죄는 죄형법정주의에 의해 법률로 규정된다. 법률로 범죄를 정하는 방법은 구체적으로 개개의 죄를 하나하나 법률에 정하는 것이다. 개개의 범죄에 대하여 행위유형을 법률로 규정하는데, 개개의 조문으로 규정되어 정해진 행위유형을 구성요건이라고 한다. 구성요건이란 형벌을 과하는 근거가 되는 행위유형을 추상적으로 기술한 것이다. 구체적인 인간의 행위가 범죄로 되기 위하여 먼저 그것이 형벌법규에서 규정하는 어떠한 구성요건에 해당하는 것이 필요하다. 즉 범죄는 형법의 각 본조 기타의 형벌법규에 규정되어 있는 구성요건에 해당하는 행위이다. 설령 반도덕적·반사회적인 행위라 하더라도 법률이 정하는 구성요건에 해당하지 아니하는 한 범죄로는 되지 않는다.

2) 위법성

일정한 행위는 구성요건에 해당하는 것만으로써는 아직 범죄로 되지 아니하고 위법인 행위라야 한다. 위법이란 형식적으로는 법규위반을 말하고, 실질적으로 사회상규에 위배하는 것을 말한다.

구성요건은 원래 위법행위를 유형적으로 규정하는 것이므로 이에 해당하는 행위는 일단 위법이라고 추정할 수 있다. 그러나 구체적인 행위가 실질적으로 사회상규에 위배되지 아니하는 경우에는 설령 형식적으로 구성요건에 해당하더라도 그것은 위법으로 되지 아니하고(위법성조각) 범죄는 성립하지 아니한다. 일정한 행위가 구성요건에 해당함으로써 생기는 위법성의 추정을 깨고 그 행위의 위법성을 배재하는 예외적인 특별사유를 위법성조각사유라고 한다.

현행 형법은 위법성조각사유로서 정당행위(형법 제20조), 정당방위(형법 제21조), 긴급피난(형법 제22조), 자구행위(형법 제23조) 및 피해자의 승낙에 의한 행위(형법 제24조)를 규정하고 있다.

3) 책　임

범죄가 성립하기 위하여 일정한 행위가 구성요건에 해당하는 위법인 행위일 뿐만 아니라 행위자에게 책임 있는 행위라야 한다. 책임이란 당해 행위를 한 주체인 행위자에 대한 비난가능성을 말한다. 즉, 책임능력자의 고의 또는 과실 있는 행위가 책임 있는 행위이다. 그러므로 구성요건에 해당하는 위법인 행위라도, 예컨대 14세 미만의 자(형법 제9조), 심신장애자(형법 제10조)와 같이 책임능력이 없는 자의 행위 또는 고의·과실 없는 불가항력인 행위는 책임이 없어 범죄로 되지 아니한다.

What Is a Crime?

There are three essential elements in all crimes: a state of mind (***mens rea***, intent, replaced by culpability in some states under the Model Penal Code(MPC)), a criminal act (***actus reus*** [the act—a wrongdoing that can be an act or an omission]), and **causation**. Many **jurists** would also include concurrence [both the *mens rea* and *actus reus* must be connected]. In other words, the prosecution [attorney representing the state, also commonly referred to as the prosecuting attorney, district attorney, or DA] has to prove that these elements were present before he or she can obtain a conviction.

The primary standard of proof in a criminal trial is that the prosecution must prove all elements of an offense "beyond a reasonable doubt"—the facts as proven establish guilt. Public policy requires that the burden on the prosecution be a heavy one because in the U.S. system every person must be considered innocent until proven guilty. Determining which standard is appropriate is a legal decision based on case and statutory law.

*Otto hired Watts to kill Allor, a police captain. Otto paid 250 dollars to Watts and agreed to pay an additional 750 dollars after Allor was killed. Unbeknownst to Otto, Watts was an undercover police officer. Watts did nothing to carry out the crime but instead arrested Otto. The court held that criminal intent alone cannot be the basis for a conviction. Some actual step toward the commission of the intended crime must be taken before an "**attempt**" exists. Although Otto had paid Watts 250 dollars, this action was solely a preparatory procedure, not an actual step toward the commission of the crime.*

Mens rea

Mens rea or the intent is often the most difficult aspect of the crime to prove. If the required mental state for the offense is lacking, no crime has been committed. The mental state required to commit a crime varies with the crime. In *Commonwealth of Massachusetts v. Louise Woodward*, 7 Mass. L. Rptr. 449(1997) (the trial of a British au pair accused of killing an infant in her care), for example, the state of Massachusetts charged Woodward with second-degree murder. In Massachusetts, that charge requires "**malice**," which has been interpreted to mean an intentional act that creates a substantial risk of death. Woodward was convicted of second-degree murder by a jury, a verdict that was later reduced to involuntary manslaughter by Judge Zoebel. (A reduction of a jury verdict is possible in a limited number of states and is an extraordinarily rare use of power by a judge.) Judge Zoebel did not find that the circumstances surrounding the case supported a finding of the intent required to commit second-degree murder.

The test for malice (in the circumstances here) is whether, under the circumstances known to Defendant, a reasonable person would have known that her intentional act created a substantial risk of death to Matthew Eappen....

Viewing the evidence broadly, as I am permitted to do, I believe that the circumstances in which Defendant acted were characterized by confusion, inexperience, frustration, immaturity, and some anger, but not malice (in the legal sense) supporting a conviction for second degree murder....

This sad scenario is, in my judgement after having heard all the evidence and considered the interests of justice, most fairly characterized as manslaughter, not mandatory-life-sentence murder. I view the evidence as disclosing confusion, fright, and bad judgement, rather than rage or malice,....

For the prosecution to prove intent in a personal property theft case, he or she must prove that the defendant knew that the property belonged to someone else and that the defendant intended to deprive the owner of rightful use of the property (in other words, the defendant knew it didn't belong to him or her and meant to steal it).

The Model Penal Code §2.02(2) divides intent into four categories. Purposefully means conscious desire to engage in the conduct or desire to cause the result. Knowingly means that a person is aware of his or her conduct and is aware that his or her conduct is practically certain to cause the result that it did. Recklessly means the a person must be aware of a substantial and unjustifiable risk that he or she consciously disregards. Negligently means that a person should be aware of a substantial and unjustifiable risk that a reasonable person would have perceived in the circumstances.

With those definitions, the MPC can avoid the distinction between general and specific intent, which has been subject to some controversy. However, the distinction hasn't disappeared, and in some jurisdictions intent is still divided into three categories: **general intent, specific intent, strict liability.**

General intent commonly means that the prosecution is not required to prove the intent to cause the specific result. In the *Woodward* case, the prosecution, to prove second-degree murder, had to prove only a general intent to commit an act [in this case, rough handling]. It was not required to prove a specific intent to harm baby, Mathew Eappen. Judge Zoebel stated: "The only intent the government need prove is the intent to perform that act, not any particular intent as to the act's consequences." The rough handling demonstrated a disregard for the well-being of the baby but no specific intent to actually harm him. Specific intent concentrates on the actual thoughts of the defendant at the time of the offense. The defendant must have intended to do the particular act that is prohibited. Kidnapping is an example of a crime requiring a specific intent. Crimes involving

strict liability require no intent. A person is guilty by having committed the act. Examples include statutory rape [having sex with a person who is by statute defined as underage] and crimes against the public welfare, such as selling altered food and drug products.

Actus reus

Perhaps the easiest of the elements to understand is the *actus reus* or the "wrongful deed." It is simply the act that the defendant has committed that has caused harm. Normally the act involves the commission [doing something] of an act. Sometimes not performing an act, an omission, such as failure to pay your income tax, can also be the act or *actus reus* element of the offense. One of the **premises** of criminal law is that harm has been done to society, hence the requirement of an act. Thinking about robbing a bank is not normally a crime, but actually robbing the bank is. In the latter, harm has been to society; in the former, no harm has been done.

Causation

Causation is also an element of every offense. It becomes part of the *actus reus* whenever the crime requires a result, such as shoplifting. A prosecutor has two steps to prove causation. First, he or she must show causation in fact—the defendant's conduct was the cause of the incident. This test is usually phrased as a question: Would this have happened if the defendant had not acted? Second, **proximate cause** must be shown. Proximate cause is sometimes referred to as the "but for" test. That is, it must be shown that the defendant acted in a continuous sequence of events, unbroken by any intervening cause [any other action], that harm resulted, and that without the action by the defendant ("but for"), the result would not have occurred.

Concurrence

Concurrence [the union of the mental state and the act] simply means that the *actus reus* and *mens rea* must be connected. The results of a crime can occur later. Concurrence doesn't require simultaneous action and intent, but the two must be connected. That is, you can commit murder even though your victim dies a month later. Courts have created the doctrine of transferred intent to handle cases in which intent is present and an act occurs; however, the harm hurts a person other than the intented victim. For example, if Cristo shoots at Mustafa and misses him but hits and kills Thierry, he can still be found guilty of murder. Cristo has used unlawful force against a person, so the courts hold that his unlawful intent (to kill Mustafa) is transferred to his act against a third party (killing Thierry) even though he did not intent to harm the third party.

Legal Terms

• *mens rea :* 범의, (형법상의)고의과실, 범죄의 주관적 요건, a guilty state of mind. The mental state accompanying a forbidden act. Criminal offenses are usually defined with reference to one of four recognized criminal states of mind: (1) intent; (2) knowledge; (3) recklessness; (4) gross (criminal) negligence. *In criminal law, diminished capacity is the inability to have the mens rea required for the commission of a crime.*

• ***actus reus :*** (형법상의) 악한 행위, 범죄행위, the criminal act. More properly, the physical act that had been declared a crime. In murder, the *actus reus* is homicide; in burglary, it is breaking into other's home at night; in check forgery, it is presenting the forged check for payment. *Actus reus is the element of conduct in a crime that must be proved to secure a conviction, as opposed to the mental state of the accused (i.e., the mens rea).*

• **causation :** 인과관계, 인과율, 원인이 되는 작용. *The causation is an important doctrine in fields of negligence and criminal law.*

• **jurist :** 법학자, 법률가, 재판관, 1. a legal scholar; one versed in law, particularly the civil law or the law of nations; 2. a judge. *For jurist, law teacher, and judge, comparative law is becoming more than a part of his general culture.*

• **attempt :** 미수(죄), 시도, an overt act, beyond mere preparation, moving directly toward the actual commission of a criminal offense. The attempt to accomplish a criminal act is often made a crime itself, separate and distinct from the crime that is attempted. *An attempt ordinarily means an intent combined with an act falling short of the thing intented.*

• **malice :** 범의, 해의, 악의, the state of mind that accompanies the intentional doing of a wrongful act without justification and in wanton or willful disregard of the plain likelihood that harm will result. With respect to slander and libel, malice is the mental state that accompanies a false statement when the maker knows it to be false or when the maker recklessly disregards the truth or falsity of it. *The legal meaning of malice is confusing to nonlawyer because an individual may act with good reason or from humanitarian motives but, as a matter of legal terminology, he has acted with malice if his act is against the* *law.*

• **general intent** : 일반적 의사. *General intent is intent which must exist in all crimes.*

• **specific intent** : 특별한 의사. *Specific intent is intent which is essential to certain crimes and which, as an essential element of the crime, must be proved beyond a reasonable doubt.*

• **strict liability** : 엄격책임, 무과실책임, in tort and criminal law, liability without a showing of fault, or the need to show fault. *In tort law, strict liability may be imposed on defendants in cases involving abnormally dangerous activities, dangerous animals, or defective products.*

• **premise** : 전제, 근거, in logic, the propositions upon which a conclusion is based.

cf. **premises** : (회사 · 상점 등의)건물의 부지, 구내, 임대건물, land and its appurtenances; land or a portion thereof and the structures thereon. For purposes of insurance on a building, or in defining the crime of burglary, or with respect to the scope of a search warrant, the range of the term may vary.

• **proximate cause** : 주원인, that which in natural and continuous sequence, unbroken by any new independent cause, produces an event, and without which the injury would not have occurred.

Defenses to Crimes

If the prosecutor establishes a ***prima facie*** case [provides enough proof on the elements of the crime for the case to be sent to a jury for deliberations] of wrongdoing, then the defendant may offer a defense to the crime, such as self-defense or insanity, that would relieve the defendant of legal responsibility for the crime with which he or she has been charged even if the defendant actually committed the act.

Self-defense and its related defenses (e.g., defense of others or defense of property) are only applicable when crimes against persons are involved (murder, kidnapping, robbery, etc.). In general, a person may use whatever reasonable force is necessary to protect him- or herself, short of deadly force. Deadly force that likely to kill or cause serious bodily injury may generally only be used where it appears to be reasonably necessary in three instances: 1. to prevent immediate death or serious injury; 2. to prevent the commission of a **felony**; or 3. to catch a felon.

The "**retreat rule**" of the MPC has been adopted by a number of states and says that if it is possible to run away safely, that should be done rather than using deadly force. The police justification is that it makes more sense to run rather than to take a life. There are, of course, limitations to the necessity to retreat. 1. A person only has to retreat if he or she would otherwise to be forced to use deadly force. 2. The person must know that he or she can retreat safely. 3. It doesn't normally apply to the defense of one's own home.

There are other defenses that are applicable to all crimes, including insanity, **necessity**, **duress**, and **entrapment**. A defendant may be found not guilty of a crime if at the time the defendant committed the crime he or she was insane. In all criminal trials, there is a general **presumption** of sanity; however, a defendant may raise the defense if appropriate. States differ as to procedural requirements for standards and burden of proof at trial. Some states require that the prosecution prove sanity of the defendant beyond a reasonable doubt, whereas others requires that the defendant convince the jury that he or she was insane by a **preponderance of the evidence**. There are also differing methods for determining insanity that vary from state to state.

The three major attempts to define insanity are the M'Naghten test, the irresistible impulse test, and the Durham test. The traditional method is the M'Naghten test, which requires that the accused must show that due to his or her mental illness the defendant either 1. did not know the nature and quality of the act, or 2. did not know whether the act was right or wrong. Courts have not always defined the word *know* for juries but have simply left it to the jury to decide what *know* means. This test has been criticized in modern times because someone who is mentally ill might know that what he or she is doing is wrong but may not be resist the act. This led to the irresistible impulse test.

The focus with the irresistible impulse test is not the defendant's knowledge of whether an act is right or wrong but whether the defendant can maintain self-control. States that permit the use of this test use both the irresistible impulse and M'Naghten test when instructing the jury on the insanity defense. Any of the three factors is a complete defense (the perpetrator cannot be convicted of the crime) to the commission of the crime for which the defendant has been charged.

The final major attempt at defining insanity was the Durham or product test, which was first used by a court in *Durham v. United States*, 94 U.S.App.D.C. 228, 214 F.2d 862 (1954) and has since been abandoned as being too broad. It rejected both the M'Naghten test and the irresistible impulse tests as too narrow and restrictive. A defendant could be acquitted by reason of insanity if the defendant could show that the crime was the product of a mental illness.

If an act is committed that is illegal because it is necessary to prevent a greater harm, then the defense of necessity is applicable. For instance, if you tie your boat to a dock in a storm in order to prevent loss of life or property, you might be guilty of the offense of **trespass**. However, your defense to a trespass action is necessity. It was necessary for you to dock there in order to prevent a greater harm (the loss of human life or property) from occurring.

Duress is a similar to the defense of necessity except it does not involve an act of nature but an act of a person. If you are threatened and forced by another person to commit a crime (the *actus reus* only), then you cannot be held criminally liable for the commission of the crime. Although there is not much case law in this area, courts have held the person under duress must believe that death or great bodily harm is imminent and the submission to coercion must be reasonable. Courts have generally held that the defense of duress does not apply to intentional killings.

Entrapment involves public officers inducing someone to commit a crime that the person would not normally have considered committing with the intent of later prosecuting the person for that crime. The policy behind the use of entrapment as a defense is to keep government officials from inventing crimes. There are two approaches to the entrapment defense. The first is the traditional (subjective) approach, which examines the defendant's character and predisposition to commit the crime. This approach is still followed in the majority of states. The modern (objective) approach examines the behavior of the police rather than the predisposition of the defendant. The modern approach finds that entrapment occurs when the police activity was reasonably likely to have convinced a reasonable but unpredisposed person to commit the crime.

Legal Terms

• ***prima facie*** **:** 일견의, 일응의, at first view, on its face. Not requiring further support to establish existence, validity, credibility. *A prima facie case is a case in which the plaintiff has produced sufficient evidence of his or her conclusion that the case can go to a jury.*

• **felony** : 중죄(살인, 강도, 방화 등), generic term employed to distinguish certain high crimes from minor offenses known as misdemeanors; crimes declared to be such by statute or to be "true crimes" by the common law. Statutes often define felony as an offense punishable by imprisonment for more than one year or by death or imprisonment generally. The original common law felonies were felonious homicide, mayhem, arson, rape, robbery, burglary, larceny, prison breach (escape) and rescue of a felon. *At common law kidnapping was a misdemeanor, but under modern statutes such crime is felony.*

• **retreat rule**

→ **duty to retreat** : 퇴거의무, a duty found in some jurisdictions obligating a person to retreat from a dangerous situation rather than employ self-defense and injure another. However, one is not usually required to retreat when attacked in one's own home. In tort law, the failure to exercise one's duty to retreat may create liability in the party who could have retreated. In criminal law, the failure to retreat except from one's home or from a robber will foreclose the defense of self-defense in a minority of states.

• **necessity** : 긴급피난, 부득이한 사정, 필연성. *The defense of necessity in criminal and tort law excuses the defendant from liability for an otherwise criminal or tortious act when he has unavoidably been forced to make a "choice of evils." Necessity [Need] has (or know)* *no law.*

• **duress** : 강박, 구속, 속박, 감금, refers to conduct that has the effect of compelling another person to do what he need not otherwise do. It is a recognized defense to any act, such as a crime, contractual breach or tort, all of which must be voluntary to create liability. *Duress of imprisonment is the wrongful imprisonment of a person, or the illegal restraint of his liberty, in order to compel him to do some act. Where the act consists of a tortious seizure or detention of property from the person entitled to it, and requires some act as a condition for its surrender, the act is "duress of goods." The duress per minas [duress by threats] is the use of threats and menaces to compel a person, by the fear of death, or grievous bodily harm, as mayhem or loss of limb, to do some lawful act, or to commit a misdemeanor.*

• **entrapment** : 올가미, 함정수사(sting operation), in criminal law, an affirmative defense created either by statute or by court decision in the given jurisdiction that excuses a defendant from criminal liability for crimes induced by trickery on the part of law enforcement officers or other agents of the government. To sustain the defense, the defendant must demonstrate that but for the objectionable police conduct, he or she would not have committed the crime, or that an ordinary, law-abiding citizen would have been persuaded, under the same circumstances, to commit the crime. *An entrapment is the act of officers or agents of the government in inducing a person to commit a crime not contemplated by him, for the purpose of instituting a criminal prosecution against him.*

• **presumption** : 가정, 전제, 추정, an assumption of fact resulting from a rule of law that requires such fact to be assumed from another fact or set of facts. The term indicates that the law accords to a given evidentiary fact heavy enough weight to require the production of contrary evidence to overcome the assumption thereby established. This rule of evidence thus has the effect of shifting either the burden of proof or the burden of producing evidence. *Conclusive [Non-rebuttable] presumption is one which no evidence, however strong, no argument, or consideration, will be permitted to overcome. A rebuttable presumption is a presumption that can be overturned upon the showing of sufficient proof. In criminal law, the presumption of innocence is the principle that a person is innocent of a crime until he is proven guilty.*

• **preponderance of the evidence** : 증거의 우월, general standard of proof in civil cases. The phrase refers to the degree of proof that will lead the trier of fact to find that the existence of the fact in issue is more probable than not. *As standard of proof in civil cases, preponderance of evidence is evidence which is of greater weight or more convincing than the evidence which is offered in opposition to it.*

• **trespass** : (권리 등에의) 불법침해, (토지 등에의) 불법침입, (불법) 침해소송, 1. in common law, a form of action instituted to recover damages for any unlawful injury to the plaintiff's person, property or rights, involving immediate force or violence; 2. the violent act that causes such injury; 3. most often connotes a wrongful interference with the possession of property and is applied to personal property (personalty) as well as to realty. *Trespass on the case, or simply "case," afforded remedy against injury to person or property indirectly resulting from the conduct of the defendant. Continuing trespass is one which is in its nature a permanent invasion of the rights of another; as where a person builds on his own land so that a part of the building overhangs his neighbor's land or dumps rubbish on the land of another.*

2. 범죄의 종류

(1) 국가적 법익에 관한 죄

1) 국가의 존립에 대한 죄

내란죄(형법 제87조 이하), 외환의 죄(형법 제92조 이하), 국교에 관한 죄(형법 제107조 이하) 등이 있다.

2) 국가의 권위와 기능에 대한 죄

국기에 관한 죄(형법 제105조), 공무원의 직무에 관한 죄(형법 제122조 이하), 공무방해에 관한 죄(형법 제136조 이하), 도주와 범인은닉의 죄(형법 제145조 이하), 위증과 증거인멸죄(형법 제152조 이하), 무고죄(형법 제156조) 등이 있다.

(2) 사회적 법익에 관한 죄

1) 사회의 평온에 대한 죄

공안을 해하는 죄(형법 제114조 이하), 폭발물에 관한 죄(형법 제119조 이하), 방화와 실화의 죄(형법 제164조 이하), 일수와 수리에 관한 죄(형법 제177조 이하), 교통방해의 죄(형법 제185조 이하) 등이 있다.

2) 공공의 신용에 대한 죄

통화에 관한 죄(형법 제207조 이하), 유가증권·우표와 인지에 관한 죄(형법 제214조 이하), 문서에 관한 죄(형법 제225조 이하), 인장에 관한 죄(형법 제238조 이하), 아편에 관한 죄(형법 제198조 이하) 등이 있다.

3) 공중의 위생에 대한 죄

음료수에 관한 죄(형법 제192조 이하), 아편에 관한 죄(형법 제198조 이하) 등이 있다.

4) 사회도덕에 대한 죄

풍속을 해하는 죄(형법 제241조 이하), 도박과 복표에 관한 죄(형법 제246조 이하), 신앙에 관한 죄(형법 제158조 이하) 등이 있다.

(3) 개인적 법익에 관한 죄

1) 생명과 신체에 대한 죄

살인의 죄(형법 제250조 이하), 상해와 폭행의 죄(형법 제257조 이하), 과실치사상의 죄(형법 제266조 이하), 낙태의 죄(형법 제269조 이하), 유기의 죄(형법 제271조 이하) 등이 있다.

2) 자유와 안전에 대한 죄

체포와 감금의 죄(형법 제276조 이하), 협박의 죄(형법 제283조 이하), 약취와 유인의 죄(형법 제287조 이하), 정조에 관한 죄(형법 제297조 이하) 등이 있다.

3) 평온생활에 관한 죄

주거침입의 죄(형법 제319조 이하), 비밀침해의 죄(형법 제316조 이하)등이 있다.

4) 명예 · 신용 · 업무 · 경매에 관한 죄

명예에 관한 죄(형법 제307조 이하), 신용 · 업무와 경매에 관한 죄(형법 제313조 이하) 등이 있다.

5) 권리의 행사를 방해하는 죄

권리행사방해죄(형법 제323조) 등이 있다.

6) 재산에 대한 죄

절도의 죄(형법 제329조 이하), 강도의 죄(형법 제333조 이하), 사기의 죄(형법 제347조 이하), 공갈의 죄(형법 제350조 이하), 횡령과 배임의 죄(형법 제355조 이하), 장물에 관한 죄(형법 제362조 이하), 손괴의 죄(형법 제366조 이하) 등이 있다.

Classification of Offenses

Because not all crimes are equal, punishments vary; the degree of the seriousness of a crime determines its category, which in turn determines the punishment that can be imposed.

Misdemeanors constitute a minor class of offenses that are punishable by a fine of imprisonment for up to one year. Examples of misdemeanors are disturbing the peace (an act that interrupts the peace of an area) or reckless driving (poor driving that endangers others). Some states further divide misdemeanors into classes (A, B, etc.) based on the level of punishment imposed for the offense.

Petty offenses are often considered a subset of misdemeanors and are the lowest classification of crimes. Examples include parking tickets of violations of building codes. Depending on the state law, punishment can be a fine (monetary payment), imprisonment in the country jail (local jail for minor offenders or for holding convicted felons, people who have been found guilty of a more serious crime, prior to transport to another prison) or both, depending upon state law.

A felony is any crime that is punishable by death of imprisonment in a state of federal penitentiary (prison for felons) for more than one year. Each state and the federal government further classify felonies into various degrees of harm. Virginia, for example, has six degrees of felony, classified according to the punishment for each class of felony.

Class 1—death or life imprisonment

Class 2—life imprisonment or a sentence of more than 20 years

Class 3—imprisonment between 5 and 20 years

Class 4—imprisonment between 2 and 10 years

Class 5—imprisonment for 1-10 years or less in the **discretion** of the court

Class 6—imprisonment for 1-5 years or less in the discretion of the court

Whether crimes are first-, second-, third-, or even sixth-degree felonies depends on the circumstances of each case. Factors that raise or lower the degree of felony are given in the statutes. For example, kidnapping under the MPC is a felony in the first degree unless the kidnapper voluntarily releases the victim unharmed in a safe location. If those conditions are met, then kidnapping becomes a felony in the second degree.

Legal Terms

• **misdemeanor** : 경죄, 경범죄, a class of criminal offenses less serious than felonies and sanctioned by less severe penalties. In a jurisdiction where there are no felonies, the more serious misdemeanors are called high misdemeanors. *At common law kidnapping was a misdemeanor, but under modern statutes such crime is a felony.*

• **petty offense** : 경범죄. *In criminal law, the petty offense is the least serious kind of criminal offense, such a traffic or building-code violation.*

• **discretion** : 재량, 자유재량, 사려분별, the freedom of a public officer to make choices, within the limits of his or her authority, among course of action. Judicial discretion is the reasonable use of judicial power, i.e., the court's freedom to decide within the bounds of law and fact. *Discretion consists in knowing what is just in law.*

Crimes against Persons

Criminal law is further divided into broad categories, each having specific crimes associated with the categories: crimes against persons, crimes against property, and **inchoate** (attempted) crimes. Each specific crime, such as theft, has additional elements that must be proven before a defendant can be found guilty.

Assault and Battery

Assault at common law was actually two different crimes: (1) attempt to commit a battery (unlawful use of force) or (2) intent to frighten. Some jurisdictions have now combined the crimes of assault and battery, so a person who commits an assault can also be tried for battery. The Model Penal Code defines assault and battery in §211.1 as follows.

(1) Simple Assault. A person is guilty of assault if he:

(a) attempts to cause or purposely, knowingly, or recklessly causes bodily injury to another; or

(b) negligently causes bodily injury to another with a deadly weapon; or

(c) attempts by physical menace to put another in fear of imminent serious bodily injury....

(2) **Aggravated Assault.** A person is guilty of aggravated assault if he:

(a) attempts to cause serious bodily injury to another, or causes such injury purposely, knowingly or recklessly under circumstances manifesting extreme indifference to the value of human life; or

(b) attempts to cause of purposely of knowingly causes bodily injury to another with a deadly weapon....

Although the MPC combines assault and battery, at common law and in some states battery is still a separate crime that simply takes assault a step further and generally requires an intentional bodily injury or an offensive touching of another. A barroom brawl involves a battery as does fondling a woman (or man) who does not want to be touched.

Kidnapping

Model Penal Code §212.1 defines kidnapping as follows.

A person is guilty of kidnapping if he unlawfully removes another from *his* place of residence or business, or a substantial distance from the vicinity where he is found, or if he unlawfully confines another for a substantial period in a place of isolation, with any of the following purposes:

(a) to hold for ransom or reward, or as a shield or hostage; or

(b) to facilitate commission of any felony or flight thereafter; or

(c) to inflict bodily injury on or to terrorize the victim or another; or

(d) to interfere with the performance of any governmental or political function.

Closely related to the crime of kidnapping are the crimes of false imprisonment [interfering with the liberty of another] and interference with custody [child custody questions]. The *interference with custody* statutes are relatively recent innovations in response to problems that arise in custody hearings. Some state legislatures have thought it best to enact specific child custody provisions rather than rely on kidnapping statutes that may be inappropriate or inadequate.

Legal Terms

• **inchoate** : 불완전한, 미종결의, not yet completed. In inchoate offenses, something remains to be done before the crime can be accomplished as contemplated. *An inchoate crime is an incipient crime* *which generally leads to another crime. Traditionally, inchoate crimes have always been considered misdemeanors, but over the years they have been merged into felonies as society has put more power in the hands of law enforcement and prosecutors to deal with recalcitrant problems such organized crime, white collar crime, and drug crime.*

• **aggravated assault** : 가중폭행, an assault where serious bodily injury is inflicted on the person assaulted; an assault with dangerous or deadly weapon. *Aggravated assault is one committed with the intention of committing some additional crime.*

Homicide

Current homicide law differs greatly from the common law offense of murder because at earliest common law, no degrees of murder were recognized and all murders were punishable by death. Now, however, all states recognize different categories of homicide ranging from the most heinous, murder, to the lesser crime of manslaughter. Murder has further been divided into degrees by state legislatures (first- or second-degree murder), and manslaughter has been divided into voluntary and involuntary manslaughter. Additionally, some state legislatures have created new categories, such as negligent or **vehicular homicide**.

The most important thing to remember is that homicide is now a statutory offense; therefore there will be differences from state to state. What is second-degree murder in Massachusetts may be voluntary manslaughter in Tennessee. Again, the MPC provides draft statutes for the states to use when promulgating legislation, but there are differences between the states reflecting state legislative policy.

Murder

A legal term of art (term with a specific legal meaning) is used to distinguish between murder and manslaughter: *malice aforethought*. You must remember, however, that it is a legal term of art and cannot be explained by use of ordinary dictionary definitions. For example, a woman who kills her terminally ill husband because she cannot bear to see him suffer is guilty of murder, even though it is obvious that no "malice" was intended in the killing. The four states of mind that are said to make up malice aforethought are

1. intent to kill;
2. intent to inflict great bodily injury;
3. intent to commit a felony; or
4. awareness of a high risk of death or serious bodily injury.

So the woman in the above example had an "intent to kill" and is therefore guilty of at least second-degree murder. In the ordinary meaning of the words, she did not act "maliciously," but in the legal sense she exhibited "malice aforethought." Second-degree murder is any homicide with "malice aforethought" that is not specifically first-degree murder.

First-degree murder is considered a more heinous crime than second-degree murder; therefore, an additional element indicating such heinousness is required. Degrees of murder are statutory, and there are substantial differences between states. However, in many states, first-degree murder includes malice aforethought and the additional element of one of the following: (a) **deliberation** and **premeditation** (after reflection); (b) a killing committed during the ***res gestae*** of a felony (the *res gestae* includes all acts in the immediate preparation, actual commission, and immediate escape); or (c) murder by poison, lying in wait, or torture.

Differences in state law include differences in interpretation of premeditation. In some states, no appreciable amount of time is needed for reflection; it can be a matter of minutes. In other states, evidence of reasonably calm consideration is required. In *State v. Bingham*, 40 Wash.App. 553, 699 P.2d 262 (1985), the court refused to accept the inference of premeditation from the fact that it took several minutes to strangle the victim to death. The dissent, however, stated that the defendant, during the minutes it took for death to occur, had ample time to deliberate of what he intended to accomplish.

On the other hand, the Court of Appeals for the District of Columbia in *Bostic v. United states*, 68 App.D.C. 167, 94 F.2d 636 (1937), cert. denied, 303 U.S 635, 58 S. Ct. 523, 82 L.Ed 1095 (1938) stated that the government is not required to show "a lapse of days or hours, or even minutes." The jury must decide if there has been sufficient time for deliberation.

In 1987, the Washington Supreme Court reviewed an appeal by the state of Washington [*State v. Ollens*, 107 Wash. 2d 848, 733 P.2d 984 (1987)] of a pretrial review (review of legal issue prior to trial) to determine whether the jury should be allowed to consider whether premeditation was present or not. When the trial court refused to allow the jury to decide on the issue of premeditation, the state appealed.

Manslaughter

Most states distinguish between voluntary and involuntary manslaughter. Others add additional degrees of manslaughter such as negligent or vehicular manslaughter. A homicide that would otherwise be second-degree murder may be reduced to voluntary manslaughter if it was committed in response to adequate provocation, sometimes referred to as killing in the "heat of passion." In general, four requirements must be met.

1. The provocation must be reasonable (judged by the standard of the reaction of any objective, reasonable person, not a subjective standard that relates to the actor).

2. The provocation must be what actually caused the actor to kill.

3. The interval between the provocation and the killing must be short (a reasonable person would not have had time to "cool off").

4. There must have been no actual cooling off between the provocation and the killing.

Legal Terms

• **vehicular homicide** : 교통수단에 의한 살인. *A conviction of vehicular homicide requires, as a matter of law, a finding that the defendant has either driven recklessly or driven while under the influence of alcohol.*

• **deliberation** : 숙려, 숙고, 평의, 심의, the process by which the reasons for and against a verdict are weighted by jurors. *While such verdict should be the consensus of the judgments of each juror, the purpose of deliberation is to allow opinions to be changed by conference in the jury room.*

• **premeditation** : 예모, forethought. As one of the elements of first-degree murder, the term is often equated with intent and deliberateness. *Premeditation is one of elements of first degree murder, and in this context, means that defendant acts with either the intention or the knowledge that he will kill another human being when such intention or knowledge precedes the killing by a length of time to permit reflection.*

• ***res gestae***: 동시적 발언, 이미 행한 행위, 이미 일어난 일, the thing

done. Spontaneous exclamations or statements so clearly connected to an occurrence they are considered part of that occurrence. Declarations that are subject to the hearsay rule may be admissible if they qualify as *res gestae*; i.e., if they constitute a part of the thing done under a recognized exception to the hearsay rule. *Res gestae is rule that covers spoken words that are so closely connected to an occurrence that the words are considered part of occurrence.*

Crimes against Property

Common property crimes include **larceny** [taking of property of another with intent to permanently deprive the person of the property], **embezzlement** [fraudulent conversion of the property of another—an accountant takes money belonging to his or her employer for his or her own use], robbery [which is larceny with two additional elements—the property must be taken from the victim's person or presence and the taking must be by violence or intimidation], arson ([malicious burning of the dwelling of another—many modern statutes define arson as including nonresidential buildings], and burglary.

Burglary

At common law, burglary was defined as the breaking and entering of a dwelling at night for the purpose of committing a felony. The "breaking" element included entry through use of force, fraud, or threat of force in addition to actually opening a door or window: The "entry" element was defined as the entry of any part of the body or an instrument that was to be used to commit the felony, for example, hanger to reach a purse on a chair in the house. Even though only the thief's hand and the coat hanger "entered" the room, it was still an entry. Modern statutes have eliminated several of the elements needed at common law.

1. No breaking is required, simple entry is enough.
2. Any time of day suffices.
3. Structures other than dwellings are included.

Model Penal Code §221.1 defines burglary as follows.

(1) … A person is guilty of burglary if he enters a building or occupied structure, or separately secured or occupied portion thereof, with purpose to commit a crime therein, unless the premises are at the time open to the public or the actor is licensed or privileged to enter. It is an affirmative defense to prosecution for burglary that the building or structure was abandoned.

Legal Terms

• **larceny** : 절도(죄), the felonious taking and carrying away of the personal property of another, without his or her consent, by a person not entitled to possession, with intent to deprive the owner of the property and to convert it to the use of the taker or another person other than the owner. Larceny is sometimes classified as either grand larceny or petit larceny, according to the value of the property taken or the method employed.

• **embezzlement** : 횡령, 착복, 유용, fraudulent appropriation for one's own use of property lawfully in his possession, a type of larceny that did not exist in common law because it does not involve a trespassory taking; thus it is a crime created by statute. Embezzlement is often associated with bank employees, public officials or officers of organizations, who may in the course of their lawful activities come into possession of property, such as money, actually owned by others.

Embezzlement is the fraudulent appropriation of money or other property by a person to whom the money or property has been entrusted.

Inchoate Crimes

Black's Law Dictionary 686 (5th ed. 1979) defines inchoate crimes as an incipient crime which generally leads to another crime. An assault has been referred to an inchoate battery, though the assault is a crime in and of itself. The Model Penal Code classifies attempts, **solicitation** and **conspiracy** as such. §§5.01-5.03

Attempt

The policy behind the punishment of attempted crimes is to correct or reform persons who represent a danger to society. In other words, it is better to punish someone (with a lighter sentence) who has exhibited criminal intent rather than allow the person to go free and actually succeed in the commission of a crime on a second or their attempt. Four elements are necessary to be convicted of an attempt:

1. an act in furtherance of a criminal intent to commit a crime that remains uncompleted;
2. intent to commit the crime;
3. apparent ability to commit the crime; and
4. the legal possibility to commit the crime.

Both *mens rea* and *actus reus* are required for conviction of an attempted crime. The state of mind requirement has been stated to be that the defendant must have the specific intent to commit the intended crime. For example, to be convicted of attempted burglary, the defendant must have intended to commit burglary or the *mens rea* element is missing. The *actus reus* element must be satisfied by showing that the defendant has taken a "substantial step" toward completion of the crime that he or she intended to commit.

Solicitation

As with attempt, the specific crime (such as burglary) does not have to be completed to convict a party of solicitation. Solicitation in and of itself is a crime.

Solicitation is the act of convincing another person to commit a crime. The persuader doesn't have to take part in the crime to be guilty of solicitation. A common example might be the hiring of a thief to steal business records from a competitor. If Bill solicits James to break into Bauxite Corporation and steal the latest profit reports, and James reports the conversation to the police, Bill cannot be charged with burglary, but he can be charged with solicitation. Under the MPC, the solicitor of a crime can also be charged at the same level as the person actually committing the crime if the crime is successful. In the above example, if James had stolen the records, both James and Bill could have been charged with burglary.

Conspiracy

Like solicitation, conspiracy is a crime in itself. At common law, conspiracy required an agreement between at least two people to commit an unlawful act. However, the MPC changes the definition somewhat so that one person agreeing with another who is simply pretending to agree to commit the unlawful act (such as an informer or undercover law enforcement officer) is also an conspiracy. The agreement is the *actus reus* of the crime.

Of course, only the person who intended to commit the crime can be convicted of conspiracy because it is a specific intent crime. There has to be more involved than mere knowledge that a crime is going to be committed. If Veronika hears her next door neighbors talking about committing a bank robbery, but Veronika is not involved, she can't be convicted of conspiracy because she had no intent (*mens rea*) to commit a bank robbery.

Legal Terms

- **solicitation :** 교사, 권유, 호객, 간청, an offense developed by later common law courts to reach conduct whereby one incited another to commit a felony or cretain misdemeanors injurious to public welfare. If the actor agrees to join the other in an offense, conspiracy can be established.
- **conspiracy :** 공동모의, 공모, 음모, a combination of two or more persons to commit an unlawful act, or to commit a lawful act by unlawful means. A conspiracy to injure another is an actionable tort; it may also be a criminal offense.

Legal English

III 민 법

1. 민 법

민법은 시민사회에 있어서의 시민 상호간의 일상생활관계를 일반적으로 규율하는 일반사법이다. 민법은 모든 사법관계를 규율하는 것이 아니고, 개인간의 보통의 사법관계를 규율한다. 여러 가지 특수한 사법관계를 규율하는 상법, 어음법, 수표법 등은 특별사법이라 한다.

일반인들의 사생활은 대부분이 민법에 의하여 규율되지만, 민법의 규정을 수정하거나 보충하는 법률, 예컨대 이자제한법, 유실물법, 부동산등기법 등이 있으며, 관습법 가운데도 민법에 속하는 것이 있다.

우리나라 민법은 1958년 2월 22일에 법률 제471호로 공포되고 1960년 1월 1일부터 시행되어 온 것으로 전문 1118조와 부칙으로 구성되어 있다. 전문은 총칙, 물권, 채권, 친족, 상속의 5편으로 나누어져 있다. 총칙은 각칙에서 공통되는 내용을 요약하여 규율하고 있으나, 대부분 재산법상의 총칙으로 기능하고 친족·상속법에의 적용에는 거리가 있다. 물권편은 재화에 대한 사람의 지배관계를 규율하고 있고, 채권편은 사람들 사이에서만 존재하는 법률관계를 규율하고 있다.

봉건사회의 재산 및 신분상의 특권과 불평등을 타파하고 성립한 근대사회는 사회생활관계에서 모든 사람을 평등하게 다루고, 자유로운 활동을 보장하는 것을 그 지도원리로 하여 출발하였다. 그 결과 근대사회 시민생활의 기초법으로서의 근대민법은 개인의 자유와 평등을 강조하여 소유권절대의 원칙, 계약자유의 원칙, 과실책임의 원칙이라는 3대원칙을 토대로 하고 있었다. 계약의 자유는 계약체결여부의 자유, 계약상대방선택의 자유, 계약내용결정의 자유, 계약방식을 요하지 않는 자유를 포함한다.

그러나 20세기에 이르러 자본주의사회의 발달로부터 오는 사회·경제적 모순과 폐해를 극복하고 사회구성원리인 실질적 평등을 보장하기 위하여 근대민법의 기본원리는 수정을 받게 되었다. 종래의 자유본위의 개인주의적 법사상으로부터 탈피하여 사회본위의 단체주의적 법사상이 대두하여 추상적·형식적인 개인의 자유와 평등을 지양하고 구체적·실질적인 자유와 평등의 보장을 요청하였다. 이에 따라 근대민법의 소유권절대의 원칙은 공공복리의 원칙, 권리남용금지의 원칙에 의해 제한되고 소유권 행사시 법률의 범위 내에서 허용되는 소유권공공의 원칙으로 수정되었다. 또한 계약자유의 원칙은 신의성실의 원칙과 공서양속의 범위 내에서 제한을 받게 되었다. 그리고 과실책임의 원칙은 사회정책적인 견지에서 결과책임주의인 무과실책임론이 대두되었다.

2. 계　약

계약이라 함은 일정한 채권관계의 발생을 목적으로, 청약과 승낙이라는 서로 대립하는 두 개 이상의 의사표시의 합치로써 성립하는 일종의 법률행위를 말한다.

(1) 계약의 성립

계약은 당사자 사이의 합의에 의해 체결된다. 합의는 청약과 승낙으로 구성되는 쌍방적 의사표시이다.

청약은 합의라는 법률행위를 구성하는 하나의 의사표시이다. 청약은 상대방에 대하여 그에 응하는 승낙이 있으면 바로 계약을 체결시키겠다는 확정적 의사를 표시하는 것이다. 청약은 상대방의 승낙으로 곧 계약이 체결될 수 있도록 합의를 요하는 계약내용이 명확히 표시되어야 한다. 그러나 계약내용이 반드시 청약에 명시되어야만 하는 것은 아니고, 의사표시의 해석에 의하여 확정될 수 있으면 된다.

이러한 청약의 의사표시는 의사표시 일반원칙에 따라 상대방에게 도달한 때로부터 효력이 발생된다(민법 제111조). 청약자가 청약 후 사망하거나 행위능력을 상실하여도 의사표시의 효력에 영향을 미치지 않는다. 청약이 일단 효력을 발생한 후에는 청약자가 이를 철회하지 못한다(민법 제527조). 청약의 철회는 청약수령자의 지위를 불안하게 함으로써 신뢰에 기초한 거래풍토를 위협하기 때문이다.

청약의 수령자는 청약자에 대하여 그 청약내용을 모두 수락하고 계약을 체결하겠다는 의사를 표시함으로써 합의를 완성시킨다. 승낙의 의사표시는 반드시 명시적으로 할 필요는 없고, 묵시적으로 하여도 된다. 이 의사표시는 반드시 청약자에 대하여 하여야 하고, 청약과 승낙이 서로 내용상 합치되어야 한다. 만약 청약의 일부내용을 변경하였거나 청약에 새로운 조건을 붙여서 승낙의 통지를 한 경우에는 그것은 승낙이 되지 않고, 청약의 거절과 동시에 새로운 청약으로 보게 된다(민법 제534조).

원래 상대방 있는 의사표시는 그 표시가 상대방에게 도달한 때부터 효력이 생기는 것이 원칙이지만(민법 제111조 제1항), 격지자간의 계약체결에 관해서는 승낙의 통지를 발송한 때에 계약이 성립한다(민법 제531조).

(2) 계약의 효력

계약은 법률행위이므로 법률행위의 성립요건을 충족해야한다. 각 성립요건에 따른 효력요건이 충족되면, 행위능력자인 당사자 사이의 계약이 그 효력을 발생시키기 위해서는 능력자가 확정되고, 가능하며, 적법 그리고 사회적으로 타당하며 공정한 내용의 계약을 체결하여야 하며, 법률행위 자유의 원칙에 따라 당사자가 표시한 의사표시의 내용대로 법적 구속력이 발생한다.

(3) 계약의 해제와 해지

계약의 해제는 유효하게 성립한 계약관계를 당사자의 일방적인 의사표시로 소급적으로 소멸하게 하여 계약이 처음부터 성립하지 않은 것과 같은 상태로 복귀시키는 것을 말한다. 원칙적으로 계약이 일단 성립한 후에는 구속력이 발생하여 당사자가 이를 마음대로 해제하지 못하고, 계약을 해제할 수 있는 것은 당사자가 해제권을 가지는 경우에 한한다. 해제권은 법률의 규정에 의하여 발생하는 법정해제권과 당사자 사이의 특약으로 유보된 약정해제권이 있다.

임대차, 고용 등과 같이 계약의 내용인 급부가 일정한 시점에 행하여지는 것이 아니라 어떤 기간 동안 계속해서 행해지는 계속적 계약관계에서 당사자의 일방적 의사표시에 의하여 장래에 대하여 계약관계를 소멸시키는 것을 해지라 한다. 즉, 계약이 해지되면 그 계약은 장래에 향하여 효력을 잃는다. 해지는 소급효가 없다는 점에서 해제와 다르다. 해제권과 마찬가지로 법률의 규정에 의하여 발생하는 법정해지권과 당사자의 특약에 의하여 발생하는 약정해지권이 있다. 민법은 각종의 계약에 관하여 개별적으로 법정해지권의 발생원인을 규정하고 있는데, 명문규정이 없더라도 채무불이행이 있으면 해지권이 발생한다고 보아야 할 것이다. 그러나 노동법의 적용을 받는 근로관계나 주택임대차보호법의 적용을 받는 임대차관계에서는 해지의 자유가 제한된다.

What Is Contract Law?

Contract law concerns all aspects of the making, keeping, and breaking of promises and agreements. People make promises and agreements all the time. Dana asks Brian over to her apartment for dinner Saturday night; he says he will come and bring the wine. A consumer accepts a junk mail solicitation for a Visa card by signing a form with paragraphs of fine print terms on the back. A worker takes a new job, with or without a written employment contract. A construction company contracts with a land developer for the erection of a large office building.

These promises and agreements, and the millions more that people make every day, are vastly different from each other. Agreeing to come to dinner is different from agreeing to build an office building. Agreeing to come to dinner on a typical Saturday night is even different from agreeing to go to the once-in-a-lifetime Senior Prom. Taking a part-time job flipping burgers at the local McDonald's is different from signing an employment contract to become president of McDonald's Corporation. Despite the differences, contract law deals with all of these events. If Brian stands up Dana, can she sue him for the money spent on food and a new dress? Is the Visa customer bound by all the fine print he didn't read and wouldn't understand anyway? If the office building takes months longer to build and comes in far over budget, who is responsible, the developer or the construction company? Contract law provides the answers, or at least the vehicle through which we can argue about what the answers should be.

Contract law governs different types of agreements without regard for who made them or what their subject matter is, but some types of agreements are excluded from its scope. For example, contract law governs the employment contract between the president of General Motors and the company, but a specialized body of law, known as labor law, governs the collective bargaining agreement between GM and the United Auto Workers, the union that represents GM's factory workers. The agreement among the partners in a law firm is a contract, but **partnership** law, rather than general contract law, controls the agreement. The rules and principles of contract law underlie labor law and partnership law, but they have been adapted to meet the needs of the specialized subject matter. In this way, contract law is residual—it deals with all those agreements that are left over after certain types of contracts are dealt with by other, more specialized areas of law.

Contract law's focus of promises and agreements distinguishes it from the two other major areas of private law: **property** law and tort law. Promises and agreements look to the future—the date on Saturday night or the building of an office building over a period of years. Contract law, therefore, is concerned with what *will be*. When someone makes a promise and fails to keep it, contract law makes her pay because she has failed to bring about a future state of affairs to which her promise committed her. Property law, on the other hand, deals with what *is*. When a trespasser enters someone's property without permission, the trespasser is liable for interfering with an existing state of affairs—the owner's right to use the property and to exclude others from using it. Tort law looks to what *was*-the past state of affairs before harm occurred. A driver who negligently injures a pedestrian is liable because he has made the pedestrian worse off than he was before by taking away something the pedestrian had before the accident, such and his health or earning capacity.

Legal Terms

• **partnership** : (민법상의) 조합, 합명회사, 1. a contract of two or more persons to place their money, effects, labor and skill, or some or all of them, in lawful business, and to divide the profit and bear the loss in certain proportions; 2. an association of two or more persons to carry on as co-owners a business for profit. Partners are individually liable for the debts of the partnership, and assets individually owned will be subject to execution to satisfy any such debt when partnership assets are insufficient. A partnership is not subject to tax; rather the income is divided and taxed as personal income to the individual partners, unlike profits in corporations. The decision whether to form a partnership or to incorporate is generally controlled by the tax consequences. *A limited partnership generally is an entity in which one or more persons, with unlimited liability (called general partners) manage the partnership, while one or more other persons only contribute capital.*

• **property** : 재산, 재산권, 소유권, (P～) 물권법, every species of valuable right or interest that is subject to ownership, has an exchangeable value or adds to one's wealth or estate. Property describes one's exclusive right to possess, use and dispose of a thing, as well as the object, benefit or prerogative that constitutes the subject matter of that right. *Property has its duties as well as its rights. Intangible property is property that does not have value in itself, but that simply represents value, such stock certificates, bonds, promissory notes, franchises(contracts giving right to manufacture certain items). Personal property includes money, goods, chattels, things in action, and evidences of debt.*

Why Do We Need Contract Law?

From the lawyer's perspective, contracts are the mechanism by which society works and contract law is the lubricant that makes the mechanism work better. In a market economy, work is done, goods are distributed, and specialization of labor and production is coordinated through contracts. People want a means of transportation, and General Motors makes it available to them by offering for sale cheap subcompacts and large Cadillacs. If the cars are attractive and the price competitive, people will contract to buy the. GM meets consumer demand by hiring workers, buying raw steel and finished tires, advertising the cars on television, franchising local dealers to sell its cars, and entering into a thousand other contracts. This complex system of production and distribution is not dictated by a Central Commissar of Automobile Production, as it might have been in the former Soviet Union; instead, it is organized through the interaction of many contracts. These contracts benefit the participants: GM makes a profit, its workers get paid, Goodyear sells tires at a profit to GM, and the car buyer gets a usable car at an attractive price. Economic theory asserts that everyone benefits from a contract-based market system because people get what they want and resources are used most effectively. If drivers want fuel-efficient cars that are easy to park, GM will produce and sell more sub-compacts; if they want big luxury cars, GM will provide Cadillacs. If GM guesses wrong about what consumers want, Ford or Toyota will get their business instead. All of these economic effects are achieved by the coordination of individual choices through contracts.

The contract process provides more than products. People can fulfill their desires and achieve what they want in life through the agreements they make. Going to college, choosing one job over another, building a home, collecting art, and joining health clubs are all accomplished through contracts. Seen broadly, the contracting process is about the freedom and autonomy of each individual. In our kind of open, democratic society, according to this view, individuals are free to the extent that they can make choices.

Contracts, therefore, define what we mean by a society based on market and individual choice. Contract law has two special functions in marketing this kind of society possible. It provides a dispute resolution mechanism for exchanges, and it demonstrates society's commitment to freedom and autonomy.

If the performance of both parties to an agreement could occur at the moment the contract is made, contract law would be unnecessary. Immediate, simultaneous performance is seldom the case, however. An agreement to buy a house must be made weeks or months before the deal closes to allow time for the buyer to obtain a mortgage and for the seller to prepare to move. Therefore, contract law provides security for exchanges that are projected into the future. Between the time of agreement and the time for final performance, many things can happen that may upset the relationship. One party may get a better offer or just have a change of heart and refuse to go through with the deal. The buyer may find a better house or be unable to get a mortgage. By providing and enforcement mechanism for agreements that are to be performed in the future, contract law assures contracting parties that they can make plans or investments in reliance on the promises others have made to them. The home seller can get ready to move, knowing that contract law deters the buyer from changing his mind and gives the seller a remedy if the buyer does try to back out.

Contract law also offers a mechanism for working out problems that arise during or after performance. The home seller and buyer may not have stated in their sales contract what happens if the house burn down before the time of closing, but the law will deal with that problem if it arises.

The second and more general function of contract law is to honor individual freedom and autonomy. Contract law demonstrates the law's respect for these values by enforcing the agreements people make and by imposing obligations on people only when and to the extent that they consent to assume those obligations. This is what we mean by **freedom of contract**. Freedom of contract encompasses freedom to contract and freedom from contract. Freedom *to* contract is the ability to enter into any kind of agreement that you want—to buy a car, a house, or a Stealth bomber. In theory, your ability to enter into contracts is unrestrained by contract law. Freedom *from* contract is your ability not to enter into an agreement unless you choose to do so. If you don't want to buy a Cadillac, GM cannot get a court to order you to do so.

For more than a century, freedom of contract has been both the central organizing principle of contract law and a rallying cry for an individualist philosophy of social organization. But freedom of contract is ones of those great slogans in law and politics that captures an idea by ignoring any of the subtlety that implementation of the idea requires. Actually, freedom of contract reflects an important aspect of the idea of choice or consent that underlies contract law, but the principle can be misleading if not applied carefully.

To see some of the subtleties and weaknesses in freedom of contract, think about a classic case, *Hurley v. Eddingfield*, from the Indiana Supreme Court in 1901. George Eddingfield, a physician in the small town of Mace, Indiana, was the family doctor for Charlotte Burk and her family attended Burk during her pregnancy. When Burk went into labor she became seriously ill. Her family sent for Eddingfield, but he refused to come. Several times a messenger went to Eddingfield, told him that Burk and her unborn child were in danger and that no other doctor was available, and tendered payment of his fee. Nevertheless, Eddingfield refused to come to her aid "without any reason whatever," as the court said. Burk and her baby died because of the lack of medical treatment, and her heirs sued Eddingfield.

The Indiana Supreme Court held that Eddingfield had no duty as a licensed physician to come to Burk's aid. And the court did not even consider the idea that Eddingfield, as Burk's family doctor, had a duty as a matter of contract law to come to the aid of his patient. The principle of freedom from contract speaks directly to this issue. Because contract law is based on consent, no one can be compelled to enter into a contract against his will, not even the only physician available to treat a dying patient whom he had treated previously.

Hurley v. Eddingfield illustrates some difficulties of freedom of contract and of the idea of choice or consent that underlies contract law. First, freedom from contract is not an absolute principle. It is not at all farfetched to imagine that the law might require a physician to treat a patient even if he didn't want to. In fact, because our sentiments have changed since 1901, federal law today requires hospitals to treat patients in certain circumstances. Many other laws also require people to enter into contracts whether they want to or not, thereby limiting their freedom from contract. A prejudiced employer might not want to hire blacks, Muslims, or women, but the civil rights laws require him to do so. A driver has to contract with an insurance company to obtain state-mandated auto insurance as a condition of driving a car.

Second, even when freedom of contract does apply, a person's freedom to contract is powerfully influenced by the practical circumstances of the situation. In *Hurley*, for example, the patient's choice of a physician is controlled by the system for the delivery of medical care. By the beginning of the twentieth century physicians had established themselves as a licensed profession, begun to severely limit entry into the profession, and engaged in a campaign to eliminate other types of health care practitioners. All of this may have left Burk with no source of medical care other than the single doctor in a small Indiana town. Her family's choices would have been very different if more doctors had been available or if medical care had been regarded as a public resource that was available to every one through a government program.

We can see similar influences in many contemporary settings. Advertising shapes consumer preferences. Many communities have no adequate public transportation systems, so people need to buy cars. In a down sizing economy workers often have to take whatever jobs they can get on whatever terms are available. Thus the ideal of freedom of contract is always put into practice against a background of social factors and economic constraints. When the law defines the contours of freedom of contract, it has to decide the extent to which we want to consider that background.

Third, contract law is only partly about choice. Suppose that, because Eddingfield repeatedly treated Burk and her family, over time they began to think of each other as "my doctor" and "my patient." Then we could assume that there was a relationship of family doctor and patient here. Can we infer from this that Eddingfield has agreed to come when called in emergencies? If so, we are moving away from consent as the basis of contract. The parties to a contract may be bound to a particular term—providing service in an emergency—even if they did not actually agree to it or never thought specifically about it. We could say that the patient has a right to expect that her doctor would treat her in an emergency because of the usual terms of the doctor-patient relationship. If that is so, then the basis of contractual liability is protecting the patient's expectation raised by the promise of being a family doctor, rather than the intent behind it. But even that is not quite right. Just as Eddingfield may not have intended to provide emergency service, Burk may not have thought about the issue in advance, either. In that case, she had no real expectations to protect. When the emergency does arise, though, we could still hold the doctor liable for failing to respond. The basis of liability in that case flows from our sense of the relationship itself. And, taking one more step away from consent, our sense of what those obligations are is not derived from some simple empirical survey about what doctors and patients think and how they ordinarily act. Each of us determines what we think the right answer should be based on evidence about the typical doctor-patient relationship, our own experience with doctors, and our sense of what kinds of duties people should owe to each other.

This decision about the extent of legal obligation in a case like *Hurley v. Eddingfield*, as in any other contract case, is a decision about what is the best social policy. The consent of the parties does not determine the scope of freedom to contract and freedom from contract; the legal system necessarily makes this judgment. When we (or a court) say that a doctor does or does not have to treat a patient in an emergency, we are making the same kind of judgment that the legislature makes when it says, for example, that an automobile driver must carry insurance or and employer cannot discriminate on the bassis of race. Each of these rules rests on a decision about what is best for the interest of society as a whole. Thus, choice in a contractual setting always operates against a background of legal policymaking.

Legal Terms

- ***freedom of contract*:** 계약자유의 원칙, the liberty or ability to enter into agreements with others, which is a fundamental right reserved to citizens by the United States Constitution.

How Do You Make a Contract? - Law of Contract Formation

The purpose of a contract is to establish the conditions to which the parties agree to and their rights and duties under those conditions. A contract is not merely a promise. It is a promise that one gives voluntarily and with the intent that the contract be enforceable at law. The contract creates legal obligations for both parties. Thus, there is a relationship between the rights and the duties of the contracting parties. A contract gives each individual a legal duty to the other parties, but each individual also has a right to seek a **remedy** for breach of contract. A valid contract must be enforced by the courts according to its terms. Very generally speaking, to be enforceable a contract must have

1. **competent** parties;
2. legal subject matter;
3. legal **consideration**;
4. mutuality of agreement; and
5. mutuality of obligation.

Additionally, a contract must be in writing if a written document is required under the **Statute of Frauds**, as for an example, contract involving the sale of land and **real estate**. The absence of any of these elements may render a contract unenforceable.

Joe verbally agrees with Sam to buy his house for 85,000 dollars and gave him 15,000 dollars as a down payment. While waiting for Sam to move out, Joe learned that Sam has signed a written contract with Patricia to sell the house for 90,000 dollars. Joe sued Sam to make him honor his oral contract. A court cannot enforce their agreement because a contract to buy real estate must be in writing in virtually every state. Therefore it is a void contract. A void contract is neither valid nor enforceable. No legal rights, duties, or obligations are imposed upon either party by it. Since they did not comply with the law, neither Joe nor Sam can have the court enforce the contract against the other. Sam can be made to return Joe's 15,000 dollars, however.

Competent Parties

In order to demonstrate the competence necessary to render a contract enforceable, all parties to a contract must have the ability to understand and agree to the terms of the contract. Understanding the contract refers only to the person's innate ability to understand that a contract has been formed, not to his or her misunderstanding, foolishness, or lack of care. Clearly, mental incompetents fall under the protection of this requirement; however, defining just who is mentally incompetent can be challenging. In a similar manner, minors are often not considered "competent." For example, a young man, technically a minor, bought a car. However, he then decided that he didn't like the car and tried to take it back to the dealer. The dealer wouldn't take the car back and refund the young man's money so the young man sued for **rescission**. The young man won, and the dealer had to give him back his money because a contract with a minor isn't valid. Additionally, in some cases, one of the parties' inability to read or write the language of the contract may be important in determining if the party is competent or not.

Subject Matter

The subject matter of a contract must be legal. Thus, one cannot form a legal contract in the United States to have a third party killed; in other words, hit men (and hit women)—professional killers—cannot

not be sued if they miss their targets.

Legal Consideration

Consideration is the inducement to enter a contract. Although the consideration for entering a contract is often reduced to an amount of money, it can also be a right, **tangible property**, benefit, or some other interest. Consideration must, however, be legal; those things that are considered "illegal" or "immoral" are not legal consideration.

Mutuality of Agreement

Mutuality of agreement is a meeting of the minds of all parties to a contract. The phrase "meeting of the minds" as it is used here means that the parties understand and share the common purpose that certain property, rights, or benefits will be transferred and a mutual obligation incurred.

Mutuality of Obligation

Mutuality of obligation is especially important when it comes to a question of action for breach of contract, for unless both parties to a contract are bound, neither is bound. The parties must both incur legal duties before a contract is enforceable.

Legal Terms

• **remedy** : 구제, 구제수단, 구제방법, the means employed to enforce or redress an injury. the most common remedy at law consists of money damages. *In a similar case the remedy should be similar.*

• **competent** : 권한 있는, 능력 있는, 자격 있는, 증언능력 있는, (증거가) 허용할 수 있는, properly or legally qualified; able; capable of understanding or of acting reasonably. *Competence evidence is both* *relevant and proper to the issue being litigated. A competent court has proper jurisdiction over the person or property at issue. A criminal defendant is competent to stand trial if he or she is able to consult with his or her lawyer with a reasonable degree of rational understanding and has a rational as well as a factual understanding of the proceedings against him or her. An individual is competent to make a will if he or she understands the extent of his or her property, the identity of the natural objects of his or her bounty, and the consequences of making a will.*

• **consideration** : 약인, 대가, 대금, 고려, 숙려, something of value given in return for performance or promises of performance for the purpose of forming a contract; generally required to make a promise binding and to make agreement of the parties enforceable as a contract. Consideration distinguishes a contract from a gift. *Executed considerations are acts done or values given before or at the time of making the contract. Executory considerations are promises to give or do something in future.*

• **Statute of Frauds** : 사기방지법, statutory requirement that certain kinds of contracts be in writing to be enforceable. Contracts to answer to a creditor for the debt of another, contracts made in consideration of marriage, contracts for the sale of land or affecting any interest in land and contracts not to be performed within one year from their making normally must be evidenced by a written memorandum and be signed by the party sought to be bound by the contract.

• **real estate** : 부동산, 부동산에 대한 물권적 권리, 물적 권리, 물적 재산, every possible interest in land, except for a mere chattel interest. *Real estate includes land, and such property permanently affixed to it, such as a building. Real-estate agent in person whose business is to sell, or offer for sale, real estates for others, or rent houses, stores,* *or buildings, or real estate, or to collect rent for others. Real estate broker refers to persons who procure the purchase or sale of land, acting as intermediary between vendor and purchaser, and who negotiate loans on real-estate security, manage and lease estates, etc.*

• **rescission :** 취소, 합의해제, cancellation of a contract and the return of the parties to the positions they would have occupied if the contract had not been made. Grounds for rescission may include original invalidity of the agreement, fraud, failure of consideration, or material breaches or default. Rescission may be bought about by the mutual consent of the parties, by the conduct of the parties or by a decree by a court of equity. *For instance, there is a recession of contract if both parties expressly or by their actions implicitly agree not to go through with the contract before their positions have been altered by the performance of their duties under contract. Rescission upon new information are supportable upon the well-established legal principle that a mistake of fact or law upon which an agreement was premised may warrant rescission of an agreement.*

• **tangible property :** 유체재산, property, either real or personal, capable of being possessed. Tangible property is capable of being perceived by the senses, as distinguished from intangible property or incorporated rights in property, such as franchises, copyrights, easements. For taxation purposes, tangible property generally refers to (personal property) personalty, and is that movable property that has a value of its own, rather than merely the evidence or representation of value. *Tangible property is property that has physical existence and can be distinguished by the sense of touch, sight, and so on.*

Offer

Before an contract can be formed, there must be both an **offer** and an **acceptance** of that offer. The elements of an offer at common law are intent, identified offeree, clear and definite terms, and specified duration for acceptance of the offer.

Intent

Intent, in the legal sense, is not to be confused with motivation. Motive prompts a person to act or results in his or her failure to act. Intent, on the other hand, refers only to the state of mind with which the act is done or omitted. In the context of contracts, legal intent must be a statement that the offeree can reasonably rely on and respond to. In formal legal English, intent is present: when one exhibits willingness to enter into a bargain in such a manner that the other party is justified in relying on the fact that his or her assent to that bargain not only is invited but also, if given, will seal the bargain.

Intent is more than a simple statement made in jest. For example, if you are very hungry, you might say in English: "I would give a million dollars for a pizza!" This statement does not show legal intent since no reasonable person would be justified in relying on the fact that the person uttering that statement would actually give a million dollars for a pizza no matter how hungry the person was. However, sometimes it is hard to determine intent.

Identified Offeree

Normally, an offeree must be specifically identified; he or she cannot be vague or ambiguous. However, the offeree is not always so clear.

For example, in many cases, advertisements (often including catalogs from department stores) are not offers but are simply devices to begin negotiations because there is no definite offeree.

In an advertisement (called ad) most people would think of the ad's audience [the readers] as the offeree. In legal terms, however, the people who read the ad often become the offerors when they "offer" to buy whatever the ad is selling. Thus, when the buyer contracts the seller, both parties (the advertiser/offeree and the buyer/offeror) are finally clearly identified.

Clear and Definite Terms

The terms of an offer must be clear and definite. For example, Mr. Saidulla (the seller) promises to sell fifty bales of cotton to Mr. Bobur (the buyer), whom he has just met. Mr. Bobur agrees to the sale and promises to pay Mr. Saidulla cost plus "a good profit." There is no contract because Mr. Saidulla and Mr. Bobur could each have a different idea of what a good profit is: the terms are not clear and definite. All parties must be certain what is intended and what action is to be taken once they execute [sign] the contract. In general, the more specific the terms of any document are, the more likely one could claim that an offer was made.

For sale of goods, reasonable market practices (sometimes known as standard business practices) may be acceptable in leau of [in place of] specificity. Let's change the facts of the case with Mr. Saidulla and Mr. Bobur. Let's assume that they have been doing business together for several years. Each year Mr. Bobur has paid Mr. Saidulla cost plus 10 percent. Their business history establishes a reasonable market practice between Mr. Bobur and Mr. Saidulla. Now in their sixth year of doing business, they could state "cost plus a good profit" and each could probably make a good case in court regarding the meaning; however, it would still be much safer for them to state explicitly the definition of "good profit," in this case, 10 percent.

Reasonable market practices do not always require a course of dealing between the parties to be considered binding on them. In the Bobur/Saidulla case, if the standard practice in the cotton industry were to pay a 10 percent profit after cost, then, just as in the situation above, a strong argument could be made that the parties were aware of what "good profit" meant and could be held to a 10 percent profit.

Specified Duration for Acceptance of the Offer

An offer is not valid forever but only for a specified period of times. Normally, an offeror should state the specific time frame for acceptance by the offeree. If no time period for acceptance is specified in the offer, there will be an assumption of a reasonable time. What constitutes a "reasonable time" is a question of fact that depends on the circumstances of each case. For example, advertisements for sales tell the reader how long the sale will continue. Thus, if Ted Vision tries to buy a television from Mark's Emporium for sale price two days after the sale ends (the time specified in the advertisement), the offer has expired and Mark may choose not to honor the terms of the ad. Of Course, Mark may choose to honor the ad's price just to make a sale if he wishes to.

If an offer is not accepted within the specified or reasonable time period, the offer expires. The next attempt to accept the now-expired offer becomes a **counteroffer**. A counteroffer is also a termination of the original offer and not an acceptance of it.

Offers can be terminated or revoked prior to acceptance by the offeree. A **termination** is caused by factors normally outside the control of the offeror. A **revocation**, on the other hand, is a statement by the offeror that he or she is withdrawing the offer. Consider that Ivan offers to sell his car to Maija. She wants a few days to think it over. In the meantime, a fire destroys Ivan's car before Maija has accepted or declined the offer. In this case, the offer terminates. Other factors that may cause termination are death of the offeror, rejection by the offeree, or a counteroffer by the offeree. On the other hand, if Ivan simply changes his mind and decides not to sell his car, his notice to Maija serves as a revocation of his offer.

Legal Terms

• **offer** : 청약, 신청, 제안, 1. a manifestation of willingness to enter into a bargain, so made as to justify another person in understanding that his or her assent to that bargain is invited and will establish a contract. 2. a promise, a commitment to do or refrain from doing some specified thing in the future. 3. In the securities trade, an offer indicates price and volume available from open market sellers of stocks and bonds. 4. an underwriting in which a broker offers a large quantity of a specific issue at a fixed price, called an offering. *An offer is an expression of willingness to be bound by contract to the person to whom the offer is made, if he accepts the offer unconditionally and within a reasonable time.*

• **acceptance** : 승낙, 수령, 인수, 수용, the voluntary act receiving something or of agreeing to certain terms. 1. In contract law, acceptance is consent to the terms of an offer, creating a binding contract. 2. In real proerty law, acceptance is essential to completion of a gift inter vivos. 3. "Acceptance" by bank of a check or other negotiable instrument is a formal procedure whereby the bank on which the check is drawn promises to honor the draft by paying the payee named on the check. *Acceptance must be communicated to offeror after a reasonable amount of time.*

• **counteroffer** : 반대청약, an offeree's response to an offer in which the offeree rejects the original offer and at the same time makes a new offer.

• **termination** : (기간의) 만료, (계약의) 종료, (권리의)소멸, 폐지, (조합 등의) 해산, legally ending a contract without its being broken by either side under the Uniform Commercial Code.

• **revocation** : 폐지, 철회, 취소, 1. recall of authority conferred; 2. cancellation of an instrument previously made; 3. cancellation of an offer by the offeror, which, if effective, terminates the offeree's power of acceptance.

Acceptance

Before a contract can exist, there must be an acceptance of the offer by the offeree. The essential elements of an acceptance are that the recipient must know of the offer; the recipient must show an intention to accept; the acceptance must be unconditional; and the acceptance must be made according to the terms of the offer.

Acceptance is a communication of agreement to the terms of the offer by words or conduct. Joseph sees a copy machine in a catalog that he would like to buy. Joseph, a clever law student, realizes that the catalog is just an invitation for offers. Joseph "offers" to buy the copy machine; in other words, he completes and sends in the catalog order form. In this case when the copy machine is delivered the following week, the delivery of the copy machine is seen as the acceptance of Joseph's offer.

On the other hand, many states have laws that make ads more like offers. Stores often advertise sale items without noting the quantity they have to sell. Then if people want to buy more of the item than the store has, the store must issue a rain check that allows the customer to buy the item at the sale price when the item is back in stock even though the sale period has ended.

Acceptance must mirror the terms of the most recent offer. A response that looks like an acceptance but alters significant terms is not acceptance but a counteroffer. Joseph orders a Lee 6XY model copy machine. However, the Lee 6XY is out of stock, and the company's telephone sales representative suggests that he take a Lee 7XY instead. The sales representative has not accepted Joseph's offer but has made a counteroffer that Joseph can accept or decline. Joseph, of course, can make a counteroffer to the counteroffer and offer to buy the Lee 7XY, a newer, more expensive model, for the price of the older Lee 6XY.

In many countries, this informal bargaining is common for most transactions. However, in the United States, few commonplace transactions permit bargaining. Instead, a price is clearly posted and is never debated orally. On the other hand, stores often have written "offers" such as "buy three for the price of two" or "thirteenth pair of shoes free" posted through out the store.

Standardized Forms

Many businesses use standardized form for repetitive transactions. These forms are called **boilerplate** forms. In the past, the use of these often preprinted documents presented problems with both offer and acceptance since they frequently did not mirror every single term and detail. However, for the sale of goods, this issue has been addressed in Section 2-207 of the Uniform Commercial Code (U.C.C.).

U.C.C.§2-207.Additional Terms in Acceptance or Confirmation

(1) A definite and seasonable expression of acceptance or a written confirmation which is sent within a reasonable time operates as an acceptance even though it states terms additional to or different from those offered or agreed upon, unless acceptance is expressly made conditional on assent to the additional or different terms.

(2) The additional terms are to be construed as proposals for addition to the contract. Between merchants such terms become part of the contract unless:

(a) the offer expressly limits acceptance to the terms of the offer;

(b) they materially alter it; or

(c) notification of objection to them has already been given or is given within a reasonable time after notice of them is received.

(3) Conduct by both parties which recognizes the existence of a contract is sufficient to establish a contract for sale although the writings of the parties do not otherwise establish a contract. In such case the terms of the particular contract consist of those terms on which the writings of the parties agree, together with any supplementary terms incorporated under any other provisions of this Act.

Silence

Silence is not normally considered as acceptance, although there are exceptions to that rule (e.g., market place). If Janny sends Pavel a letter offering to buy Pavel's beautiful three-bedroom house for $100, Pavel does not have to answer Janny's letter to reject Janny's offer.

Mailbox Rule

A contract is considered formed at the moment of posting of the acceptance. In common law this rule is known as the **mailbox rule** and is binding [a contract has been formed]. Ivana offers to sell Marek a horse. If Marek mails Ivana an acceptance of her offer but Ivana tries to revoke her offer before the mail is delivered, Marek's acceptance is still valid and a legally binding contract has been formed between Marek and Ivana. Of course, modern communication means, such as e-mail (electronic mail) and faxes, have complicated this issue considerably. For example, is a signature on a fax considered an original? How can we be sure who really sent us an e-mail?

There are two traditional exception to the mailbox rule. The first exception is an offer that specifically states that an acceptance is not effective until the acceptance is received by the offeror. In this case, Ivana could revoke her offer to Marek before the mail is delivered because she would not have received his acceptance. The second exception is an **option contract** that states that the acceptance must be received before the option expires. In an option contract, a buyer is normally purchasing a window of time in which he or she can decide to buy. In other words, he or she has a specified amount of time to decide if he or she wants to exercise the option or not. If Marek mails his acceptance of Ivana's offer within the option time, but Ivana receives the acceptance after the option has expired, the mailbox rule does not apply.

Legal Terms

• **boilerplate** : 판(틀)에 박힌 문구, 진부한 문장, 1. any standardized or preprinted form for agreements. 2. also, standardized language, as on a printed form containing the terms of a lease or sales contract, often phrased to the advantage of the party furnishing the form, with the expectation that the contract will be signed withong being carefully examined. *In contract law, a person often binds himself to boilerplate language that he has not even read merely by signing the contract.*

• **mailbox rule** : 투함주의, a rule that an acceptance made in response to an offer is valid and forms a binding contract at the time of dispatch of the acceptance, as when it is placed in the mailbox, if that method of accepting is a reasonable response to the offer.

• **option** : 선택권, 옵션, a contract that gives the holder a right or option to buy or sell specified property, such as stock or real estate, at a fixed price for a limited period.

• **option contract** : 옵션 부여계약, 선택권부 부여계약, a binding promise in which the owner of property agrees that another shall have privilege of buying the property at a fixed price within a stated period of time. It is the offeror's acceptance of consideration in exchange for his or her promise to keep the offer open for a designated period of time that renders the offer irrevocable. An option must be supported by consideration, often the payment of a small sum of money that may be, though need not be, applied as a down payment if the option holder alone has the right to determine whether he or she shall require the performance called for by the option. If the agreement states that the option may be exercised only with the consent of the other party, it is not an option even though so-called by the agreement. Some types of option contracts are formed without consideration such as an offer that the offeror should reasonably expect to induce action or forbearance of a substantial character on the part of the offeree before acceptance and that does not induce such action or forbearance. Such action of forbearance is binding as an option contract to the extent necessary to avoid injustice. Under the Uniform Commercial Code a seller can offer a buyer an option contract without consideration by making an irrevocable offer and complying with other statutory requirements.

Consideration

Consideration is a bargained-for exchange of legal value given in return for a performance or promise of performance so that a contract can be formed. A valid contract requires consideration by both parties. Consideration is most often monetary in nature, but it does not have to be. Consideration can also be a promise to act or not to act.

Consideration must be distinguished from a gift where consideration is provided by only one party. Each party must promise to do something he or she is not obligated to do or promise to refrain from exercising a legal right.

An uncle told his nephew that if he would refrain from drinking, smoking, and gambling until he became 21, he would pay him 8,000 dollars. The nephew fulfilled his part of the agreement, having refrained for six years, and wrote to his uncle informing him of this fact. When the uncle replied that he had deposited the money in the bank for him, the nephew agreed to his arrangement.

Twelve years later the uncle died, without having paid any money to his nephew. The nephew presented his claim to the ***executor*** *of his uncle's estate, who refused to pay. The nephew sued for 8,000 dollars plus interest, contending that he had fully performed a* ***unilateral contract*** *with his uncle. The executor contended that there was no enforceable contract, because there was no consideration for uncle's promise.*

The court found that the contract was enforceable. A forbearance, ***legal detriment****, loss, or responsibility given or undertaken by the* *promises is sufficient consideration for promise.*

In this case, the nephew gave up his legal right to smoke, drink, and gamble. This constituted a legal detriment, which was bargained for, and thus the nephew was entitled to the money promised by his uncle [Hamer v. Sidway, 124 N.Y.538, 27N.E.256 (1891)].

Legal Terms

• **executor** : 유언집행자, a person appointed by a testator to see that his or her will is administered appropriately. *The writ may be used to enforce the personal liability of an executor or administrator, where a devastavit has been committed.*

• **unilateral contract** : 일방적 계약, 편무계약, agreement whereby one makes a promise to do, or refrain from doing, something in return for an actual performance by the other, rather than a mere promise of performance.

• **legal detriment** : 법적 불이익, giving up something a person was privileged to retain, or doing or refraining from doing something that a person was privileged not to do, or not to refrain from doing. Where a person changes his or her legal position, or assumes duties or liabilities not therefore imposed, that change of position constitutes the consideration necessary to form a contract and therefore imposes duties on the person benefiting from the detriment.

Detrimental Reliance(Promissory Estoppel)

Often promises are broken. Usually, the results of a broken promise are not that important. If, however, you rely on a promise and do something or don't do something and then that promise is not fulfilled and you are injured as a result, you may be able to claim relief under the doctrine of **detrimental reliance** (sometimes referred to as **promissory estoppel**). For example, if your brother-in-law invites you for a visit in May and then has to cancel the invitation, that is generally not a problem. What if he knows, however, that you plan on buying nonrefundable plane tickets for your family and doesn't let you know that he is likely to cancel the invitation because that is the busy time of year in the alterations business? Even though it is unlikely that you would sue your brother-in-law, it is possible that the court would find detrimental reliance. In other words, there is no contractual basis for a suit, but under the equitable doctrine of detrimental reliance, your brother-in-law might be responsible for your "losses."

Under the doctrine of promissory estoppel, a person who has reasonably relied on the promise of another can often hope to obtain some measure of recovery. For the doctrine of promissory estoppel to be applied, a number of elements are required:

① There must be a promise.

② The promise must be justifiably rely on the promise.

③ The reliance normally must be of a substantial and definite character.

④ Justice will be better served by the enforcement of the promise.

The following case illustrates a situation in which, because of the plaintiff's detrimental reliance on the defendant's promise, the court held that the plaintiffs were entitled to recover damages.

Laid-off AT&T workers were given repeated assurances from AT&T management that they would be rehired. In reliance, the workers did not pursue other employment opportunities. AT&T did not rehire the workers and they sued for damages. The appellate court held that AT&T's promises of future employment did not constitute an enforceable contract. But, it awarded damages to the workers based on promissory estoppel.

Consider some other examples. Your uncle tells you. "I'll pay you 150 dollars a week so you won't have to work anymore." You quit your job, but your uncle refuses to pay you. Under the doctrine of promissory estoppel, you may be able to enforce such a promise. Now your uncle makes a promise to give you 10,000 dollars with which to buy a car. If you buy the car and he doesn't pay you, you may once again be able to enforce the promise under this doctrine. The promisor(the offeror) is estopped(barred) from revoking the promise.

Legal Terms

• **detrimental reliance :** 불이익적 신뢰, reliance by one party on the acts, representations, or promises of another, which causes the first party to allow or to effect a worsening change in his position. *Detrimental reliance is response by promisee by way of act to offer of promisor in a unilateral contract.*

• **reliance :** 신뢰, 의존, dependence, confidence, repose of mind upon what is deemed sufficient authority. *In promissory estoppel, the plaintiff is required to prove that he relied on promise of defendant to his damage, which is called reliance on promise.*

• **promissory estoppel :** 약속에 의한 금반언, an equitable doctrine that declares that if injustice can be avoided only by enforcement of a promise, the pledge is binding, though there is no consideration for the promise and it cannot therefore be enforced as a contract. The promisor, having induced in the promisee reliance on the promise for certain action of forbearance, is said to be estopped to deny the existence of a contract, though in fact one has not been made.

What If a Contract is Breached?

If one of the parties does not fulfill his or her promise in the contract, that failure of performance is called a breach of contract. The legal actions an injured party can take depend on both the specific clauses of each contract and the facts. For example, in *Stambovsky v. Ackley*, 169 A.D.2d 254, 572 N.Y.S.2d 672 (1991), the plaintiff, Mr Stambovsky, sued for breach of contract because the house he bought was not vacant when he moved in although the contract had specified the house would be. Although Mr. Stambovsky did eventually win his case, the first court **dismissed** the case when the plaintiff maintained that the unwanted inhabitants of the house were poltergeists, a kind of ghost.

Damages

The most common remedy for nonfulfillment of the contract is expectation or "benefit of the bargain" damages based on how much the injured person might have gained if the other person had fulfilled his or her promise. Monetary damages compensate an injured party for the loss of any benefits that he or she would have received if the contract had been performed. Of course, it is time consuming and expensive to go through the court process to determine damages. Instead, contracting parties often write contracts that contain **liquidated** or **stipulated damages** clauses specifying a monetary amount or a formula for computing damages in the event of a breach of contract by either party. The amount of liquidated damages specified in the provision must be based on a reasonable estimate of what the loss would be in the event of a breach of contract. If the amount specified in the contract is not based on a reasonable estimate, it is possible that the court will find the clause to be invalid.

Specific Performance

Unlike other remedies, **specific performance** is a remedy that does not rely on monetary damages for compensation. Instead, the breaching party [the party who breaks the contract] is required by the courts to fulfill his or her part of the bargain to avoid irremediable damages [damages that no monetary award can repair] to the nonbreaching party. This remedy, which was originally only heard in **courts of equity** [an older form of courts now rarely found as separate courts in the United States], is available only if the following criteria are met.

1. Monetary damages will not sufficiently reimburse the nonbreaching party;
2. The contract was for personal services unobtainable elsewhere (you cannot force someone to perform but can obtain an **injunction** to keep him or her from performing similar services elsewhere—common in sports contracts), or
3. The property/service is rare or unique;
4. The balance of the hardships to both parties has been considered.

Since specific performance has its roots in equity, a court will always attempt to balance the hardship of performance for the breaching party against the benefit of performance to the nonbreaching party.

Albert and Mae Madariaga, manufacturers of "Albert's Famous Mexican Hot Sauce," leased their business to James Morris and his parter. Both parties agreed that after a payment of $54,000 over a period of ten years, plus royalties [a share of the profits given because one party allows another to use his property] for sale of the hot sauce,

Morris would own the business if he exercised the option for ***conveyance*** *[transfer] of the business at a cost of $1,000.00. However, at the end of the ten years, the Madariagas refused to transfer the business to Morris unless Morris promised to pay royalties to them on each bottle of their secret hot sauce in perpetuity. When Morris sued the Madariagas for breach of contract, the courts forced them to convey their business to Morris in specific performance since no amount of money could resolve the issue fairly [Madariaga v. Morris, 639 S.W.2d 709 (Tex. Ct.App., 1982)].*

Legal Terms

• **dismiss** : (소송을) 각하하다, 면직하다, 추방하다, 방면하다, to terminate a case or some part of it. Before or during the trial of a civil action, the suit may be dismissed voluntarily by the plaintiff, or involuntarily by the court upon defendant's motion to dismiss te complaint or any court thereof. *A phrase dismissed for want of equity is used to indicate a decision on the merits, as distinguished from one based upon some formal defect.*

• **liquidated damages** : 확정손해배상액, 손해배상액의 예정, a stipulated contractual amount that the parties agree is a reasonable estimation of the damages owing to one in the event of a breach by the other.

• **stipulated damages** : 약정손해배상액, 손해배상액의 예정, a demand amount of which has been ascertained or settled by agreement of the parties, or otherwise.

• **specific performance** : 특정이행, an equitable remedy available to an aggrieved party when remedy at law is inadequate. A decree of specific performance requires the party guilty of breach of contract to complete performance of his or her obligations under the contract on pain of punishment for contempt. Money damages, in contrast, are enforceable only by a judgment against property. Specific performance is available only where the subject matter of the contract is unique such as a particular parcel of real property or a rare painting, or in other unusual circumstances.

• **courts of equity** : 형평법원, a court having jurisdiction in cases where an adequate and complete remedy cannot be had at law. Courts of equity in common law developed their own principles and unique remedies (e.g., injunction, specific performance). Actions were brought either equitably in chancery or legally at law. Today, courts that are guided primarily by equitable doctrine are still said to be courts of equity. Thus, a bankruptcy court is a court of equity. Courts of equity, which arose independent of courts of law in England, have merged with the latter in most jurisdictions of the United States.

• **injunction** : 금지명령, 유지명령, 억제명령, a judicial remedy awarded to restrain a particular activity; first used by courts of equity to prevent conduct contrary to equity and good conscience. The injunction is a preventive measure to guard against future injuries, rather than one that affords a remedy for past injuries.

• **conveyance** : 재산(권)이전, 부동산(권)양도(문서), 수송, 운반, 수송기관. *The conveyance is the transfer of a title to land from one person to another by deed.*

→ **convey** : 운반하다, 부동산재산권을 설정 · 양도하다, 전달하다, (지식을) 전하다, in real property law, to transfer property from one to another, by means of a written instrument and other formalities. *No one can grant or convey what he does not own.*

3. 불법행위

불법행위란 고의 또는 과실로 타인에게 손해를 가하여 법질서에 반하는 위법 행위를 말한다. 불법행위는 손해배상청구권을 발생시키는 법정채권 발생원인이다. 불법행위 및 그에 따른 손해배상책임의 목적은 개인의 위법한 행위에 대한 응보를 1차적 목적으로 하는 형사책임에서와 달리, 사회생활에서 생기는 손해를 적정하게 배분함에 있다. 따라서 불법행위에서는 사회적 판단에 의한 가해행위의 부당성과 배상책임의 정당성이 중요하다.

불법행위는 당사자의 의사에 기한 것이 아닌 점에서 계약 기타의 법률행위와 다르고, 사람의 행위인 점에서 사건인 부당이득과 다르며, 전혀 특별한 관계가 없는 사람 사이의 위법행위인 점에서 채권・채무 관계에 있는 사람 사이의 위법행위인 채무불이행과 다르다.

불법행위는 일반적 불법행위(민법 제750조)와 특수한 불법행위(민법 제755조~제761조 등)로 분류된다. 일반적 불법행위란 성립요건으로서 고의 또는 과실이 요구되고, 그 입증책임이 전환되지 않는 불법행위이다. 특수한 불법행위란 성립요건으로서 고의 또는 과실이 요구되지 않고, 또는 요구되고 있어도 그 입증책임이 피해자에서 가해자로 전환되고 있는 불법행위 및 공동불법행위이다. 특수한 불법행위에는 민법상의 특수한 불법행위와 특별법상의 불법행위가 있다. 민법상의 특수한 불법행위에는 감독자책임, 사용자책임, 토지공작물점유자・소유자책임, 동물점유자・보관자책임 및 공동불법행위자책임이 있다. 특별법상의 불법행위에는 자동차운행공용자책임, 국가배상책임, 원자력배상책임, 대기오염・수질오탁배상책임, 선박소유자책임, 환경사업자책임, 독점사업자책임 등이 있다.

(1) 일반적 불법행위의 성립요건

일반적 불법행위가 성립하기 위해서는 고의・과실, 위법성, 손해의 발생, 인과관계 및 책임능력이 필요하고, 입증책임은 피해자(원고)에게 있다.

고의란 가해자가 자기의 행위에 의하여 일정한 결과가 발생할 것을 예견하면서 감히 이를 실현하는 것을 말한다. 과실이란 타인의 권리・이익을 침해하는 것을 인식(예견)할 수 있었음에도 불구하고 부주의로 이를 인식

(예견)하지 못하고 행위하는 심리상태, 혹은 권리·이익의 침해라는 결과를 예견 혹은 회피해야 할 주의의무의 위반(일반인·통상인으로서 할 수 있는 주의를 태만히 한 경우)을 말한다.

타인에 대한 가해가 사회생활상 허용되는지 여부가 위법성의 문제이다. 어떤 행위가 위법한지 여부는 당해 행위에 의하여 침해된 법익의 성질에 의하여 또는 그와 그 침해행위의 모습 사이의 상관적 관계에 의하여 개별적으로 결정된다.

법적 의미에서의 손해란 손해를 입은 자의 현재 법익상태로부터 그러한 손해의 결과가 없었다면 나타났을 법익과의 비교에서 나온다. 현실적으로 손해가 발생하였는지의 여부는 사회통념에 비추어 객관적이고 합리적으로 판단하여야 한다.

가해행위와 손해 사이의 인과관계는 가해자의 가해행위가 없었다면 피해자에게 손해가 발생하지 않았으리라고 인정되는 관계를 말한다.

(2) 불법행위의 효과

불법행위가 행하여졌을 때의 민사책임은 가해자에 대한 개인적 책임을 묻는 사법적(私法的) 제도로서 손해의 전보가 그 목적이므로, 주관적 사정을 중시하지 않고 고의·과실을 불문하고 손해를 배상하여야 한다.

손해배상의 방법은 원칙적으로 금전배상이다(민법 제394조). 원상회복은 예외이고, 명예훼손의 경우만 적당한 명예회복처분이 인정된다(민법 제764조).

손해배상청구권자는 피해자 본인이다. 법인과 태아도 청구권자가 될 수 있다. 생명침해 또는 이에 버금가는 신체상해의 경우는 피해자 본인 이외에 피해자의 근친자(부모·배우자·자 등)도 청구권자가 된다. 피해자 사망의 경우에 근친자는 피해자의 청구권을 상속법의 규정에 따라서 상속한다.

손해배상의 범위는 가해행위와 발생한 손해 사이에 상당한 인과관계가 있는 범위의 모든 손해를 배상하여야 한다. 따라서 재산적 손해인 적극적 손해(치료비 등)와 소극적 손해(일실수익), 그리고 정신적 손해(위자료)를 포함한다.

배상해야 할 손해의 범위가 결정된 후에 손해배상액이 산정된다. 피해자가 피해를 받았던 그 불법행위에 의하여 이익을 받은 경우에는 그 이익을 공제하고 손해배상액이 산정된다(손익상계). 또 피해자에게 과실이 있는 경우 통상 이를 참작하고 피해자의 과실분을 제하고(과실상계) 손해액이 산정된다(민법 제763조). 또한 중간이자가 발생하는 경우에는 이를 공제한다.

불법행위로 인한 손해배상청구권은 피해자나 그 법정대리인이 그 손해 및 가해자를 안 날로부터 3년, 불법행위가 있은 날로부터 10년을 경과하면 청구하지 못한다.

What Is Tort Law?

Tort law is easy to describe at a general level and hard to define more precisely. *Tort* comes from a Latin word meaning "twisted" or "turned aside," so a tort is an act that is turned aside from the standard of proper conduct—a wrongful act. If you punch your neighbor in the nose, run over a pedestrian by driving carelessly, or injure a customer by serving burning hot coffee, you have committed a tort. (Some torts, not discussed here, involve only economic harm and not physical injury, such as falsely accusing someone of being a crook or using fraud to induce them to enter into a financial transaction.) All of these are wrongful acts for which the victim can receive an award of money damages.

We can get a good sense of what tort law is about from these typical cases. Notice, however, that the descriptions are basically empty because they do not answer the fundamental question about tort law:

If tort law sanctions wrongful conduct, how do we tell what conduct is wrongful? Does your neighbor commit a tort when he punches you in the nose? Does McDonald's commit a tort when it serves coffee that is hot enough to scald a customer? How about a driver who is going under the speed limit but arguably driving too fast for the weather conditions?

Questions like these suggest two important features of tort law. First, some cases are easy to decide and some cases are hard. Judges, lawyers, and tort scholars use the easy cases to develop policies and principles that help them analyze the hard cases. (Sometimes it works in reverse as well; thinking about the hard cases provokes insights that make use rethink our answers to the easy cases.) Second, tort law is as much a process as it is a body of rules. An essential element of tort law is the application of very general principles—such as "everyone must use reasonable care not to injure someone else"—to particular cases, like an auto accident that occurs on rainy night. The institutional structure through which the rules are applied—the **litigation** system in which responsibility is shared by courts and juries—is as important in tort law as the content of the rules themselves.

For a long time, the tort litigation system almost uniformly involved cases brought by an individual plaintiff against an individual defendant arising out of a single event. At most, small groups would be on one side of the litigation or the other; the driver and three passengers in a car would sue the driver of the other car who caused the accident, or a patient injured during an operation would sue the surgeon, the anesthesiologist, and the hospital. Those types of cases still dominate tort litigation, but in recent decades, cases involving many people injured by the same conduct, known as *mass torts*, have become more important. Some mass torts involve multiple injuries produced by a single accident, such as an explosion, or a single source, such as pollution from a chemical plant. Others involve multiple injuries produced by the same kind of conduct repeated over time, such as the use of asbestos or the sale of a dangerous drug. The results, of either kind, are dramatic: 6,000 victims of the September 11 tragedy, 20,000 breast implant cases, more than 800,000 asbestos cases, and at least 600,000 plaintiffs claiming injury from the diet drug fen-phen (with the potential of another 5 million).

Mass torts present several challenges to the system. One challenge is dealing with the sheer number of cases, which can move through the tort system like a pig through a python, creating a bulge of litigation that threatens to overwhelm the courts and delay the adjudication of other cases. Another problem is parceling out justice to victims with different injuries who sue at different times. Many defendants in mass tort cases resort to bankruptcy to escape the burden of liability, and the courts must then determine who gets what; if early plaintiffs are fully compensated, there may be nothing left for those whose injuries manifest later. And toxic torts—mass torts arising from exposure to dangerous chemicals, drugs, or other substances—pose unusual causation problems, because it may be difficult to tie the risk posed to particular injuries, which may have complex origins and which may arise long after exposure. In responding to the question, What is tort law?, however, the presence of mass torts means that the answer includes both a process for the adjudication of individual disputes and a system for addressing spectacularly large numbers of injuries as well.

Legal Terms

• **litigation** : 소송, 기소, a judicial contest aiming to determine and enforce legal rights. *Litigation is the process of resolving a dispute* *through the court system. There ought to be an end of a litigation. It is the duty of a good judge to prevent litigations, that suit may not grow out of suit, and it concerns the welfare of a state that an end be put to litigation.*

Why Do We Need Tort Law?

Injuries occur every day. A driver falls asleep at the wheel and crashes into a tree. Someone trips down the steps. Operations are not always successful.

Very often, though, people are injured when someone else is responsible. A homeowner fails to repair cracks in his sidewalk and a passerby trips and falls. Physicians misdiagnose and mistreat patients. Passengers are killed in an apparently minor car crash because the gas tank ruptures and explodes. Shipyard workers who use asbestos contract lung disease. Or to take some of the bizarre fact patterns that are the favorites of torts teachers: A train conductor pushes a passenger, causing him to drop a package; fireworks in the package explode, knocking over scales which fall on another passenger waiting on the platform. A ship tears loose from its moorings, floats downstream, and crashes into another ship, causing the second ship to tear loose from its moorings; both ships continue downstream and crash into a bridge, forming a dam that causes ice and water to back up, flooding property upstream.

What if we had no legal system to deal with injuries like these? First, people would have less incentive to avoid injuring other people. Sometimes injuries would occur intentionally; more often, the injuries would be accidental, because people would have less incentive to be careful. An auto manufacturer would have an incentive to cut back on safety measures if it knew it would not be liable for injuries that were caused by defective cars. Drivers might be less careful, and property owners might be less inclined to repair their sidewalks. Conversely, businesses and individuals who did act safely would be penalized for their good behavior because it is often more expensive to act carefully with no corresponding reduction in liability.

Second, the victims of accidents would be left to their own resources to pay for medical expenses, lost wages, property damage, and other consequences of injuries they suffer. For most victims the cost would be significant; for the unlucky few, the cost would be catastrophic. Stella Liebeck's misadventure with hot coffee, for example, would cost her tens of thousand of dollars in hospitalization and doctor bills.

Third, it just would not seem fair that people could freely inflict harm on other people, either intentionally or carelessly. The careless driver would get away with acting wrongfully if he did not have to pay for his actions, and the innocent victim would have to suffer the consequences.

We could take care of these problems in several ways other than a tort system. Wrongful behavior could be prosecuted criminally. Beefed-up enforcement of the traffic laws could make sure people drove carefully. Government bureaucracies could regulate in detail how cars and other products are manufactured, how people have to maintain their property, and what temperature coffee can be served in fast-food restaurants, and so on. The market and general reputation would help, too; consumers might only buy products that they knew to be safe, and people would not want to be thought of as careless. Victims of accidents could purchase their own insurance. If they could not afford to do so, they could be taken care of by public welfare or private charities.

In fact, we do use mechanisms other than tort law to take care of the problems that arise from injuries. The threat of criminal prosecutions discourages people from punching each other, and the federal government requires that cars have air bags, seat belts, and other safety devices. Someone who is injured in a traffic accident may have medical insurance to pay for his treatment and disability insurance to make up for his lost income; if he doesn't, Medicaid, Social Security, and welfare payments may fill the gap. Some areas have been removed from the tort system, substantially or altogether. Workers compensation is the largest; in every state, workers who are injured in the course of their employment cannot sue their employers (with limited exceptions), but are instead covered by a state-run insurance program. Children who suffer adverse reactions to childhood vaccines can seek compensation from a federal trust fund instead of suing the manufacturer. After the September 11 disaster, Congress established an administrative procedure to compensate victims and their families as an alternative to suing the airlines and airports, and 97% of the potential claimants were granted compensation.

Nevertheless, over several hundred years we also have developed a system of tort law to address injuries and wrongdoing. Tort law provides incentives for good conduct and disincentives for bad conduct, requires that wrongdoers compensate their victims, and serves our sense of justice. These are the three commonly stated purposes of tort law: deterrence or incentives, compensation, and fairness. As a system for serving these objectives and dealing with the problem of injury, the tort system has three advantages over other mechanisms.

First, tort law permits private persons to take the lead in implementing its policies. All torts cases are brought by private individuals or businesses, not by the government acting as the prosecutor. (Sometimes the government is a party to tort cases, but then it is in the same position as any other plaintiff or defendant.) The federal and state governments establish court systems to referee disputes, but private parties drive the tort system by their complaints and defenses. Moreover, the system is self-financing. Plaintiffs lawyers take cases on a ***contingent fee*** basis, under which they advance the costs of the litigation, their clients pay no fees up front, and they take a portion of the recovery if they win and nothing if they lose. Thus, the tort system does not require a large prosecutor's office or administrative bureaucracy to formulate rules, investigate wrongdoing, and pursue complaints. Instead, pursuing the public purposes of tort law is left in the hand of private persons. Stella Liebeck and McDonald's, for example, not the Food and Drug Administration or the Consumer Products Safety Commission, drive the debate about how hot is too hot for coffee.

Second, most of tort law is made up of relatively general rules, such as a rule that an auto manufacturer has to make a car in such a way that it does not contain a defect rendering it unreasonably dangerous. What that means is fleshed out in the context of individual cases and can be hotly contested, but it does not require the law to specify in advance, in tedious detail, how a car must be built and what safety devices it must contain. Regulatory agencies like the National Highway Traffic Safety Administration do some of this now, but without tort law they would have to do much more. Indeed, because of the infinite ways in which accidents can occur, it would be impossible to lay out prospectively how someone must behave in every conceivable circumstance, and the generality of tort law enables us to evaluate behavior without having to do so.

Third, tort law links the deterrence and compensation policies to the objective of fairness by requiring that the compensation to the victim come from the wrongdoer. Once an injury has occurred, it seems right that the wrongdoer should be punished and the victim should be compensated. There is a neat symmetry to the mechanism that accomplishes both objectives at the same time. If the wrongdoer is criminally prosecuted, the victim still bears her loss; if the victim has her bills paid by insurance, her loss is compensated but the wrongdoer gets away without taking responsibility.

Legal Terms

- **contingent fee**: 성공보수, a charge made by an attorney for services rendered to his or her client, recovery of which depends upon a successful outcome of the case. The amount is often agreed to be a percentage of the client's recovery. Such fee arrangements are often used in negligence cases, but it is unethical for an attorney to charge a criminal defendant a fee contingent upon the result. *The attorney represented his clients on a contingent-fee basis.*

Intentional Tort

Tort law has developed over the centuries and lacks statutory organization; consequently, it is helpful to discuss torts by categorizing them in terms of the degree of fault inherent in the tortious conduct/liability.

1. Intentional torts require fault in the form of intent; it must be shown that the actor knew that there was a substantial certainty of harm.

2. Negligent torts require that the act create an unreasonable risk of harm.

3. Strict liability requires that no showing of intent/negligence or fault by the actor. The doctrine was developed to cover situations in which a party was engaged in ultrahazardous situations, such as use of explosives or dealing with wild animals.

Proof of an intentional tort requires showing that a protected right has been intentionally breached. Obviously, the difficulty here lies in proving another's state of mind, since for obvious reasons the statements of the defendant regarding his or her own intent are questionable. Therefore, intent is most often proved through circumstantial evidence: the defendant's conduct, in the context of his or her surroundings and what he or she presumably knew and perceived. The law makes presumptions regarding the defendant's intent in light of these considerations, assuming that the defendant intends the natural and probable consequences of his or her acts.

Intentional torts include actions that the layperson often associates with criminal law but are actually also covered by tort law. Two major types of intentional torts are

1. personal torts such as assault, battery, and **false imprisonment** and

2. property torts such as trespass to land and trespass to **chattels**.

False Imprisonment

The tort of false imprisonment involves cases in which the plaintiff has allegedly been unlawfully confined by the defendant. For false imprisonment to be proven, these elements must be present:

1. intent to confine a person within a certain area;

2. actual confinement;

3. awareness of plaintiff of the confinement or injury to plaintiff due to confinement; and

4. prevention of exit or no safe exit possible by plaintiff.

Consider the case of Big town Nursing Home, Inc. v. Newman, 461 S.W.2d 195 (Tex. Civ. App. 1970). The plaintiff, Newman, was confined in a nursing home without a ***commitment*** *order [court order requiring placement in an institution] after his nephew took him to the nursing home and paid for a one-month stay. Newman has health problem, including Parkinson's disease and alcoholism. Shortly after his placement in the home, Newman tried to leave; however, he was stopped by employees of the nursing home, who placed him in the section of the nursing home reserved for senile patients. Apprehended several times during several escape attempts, Newman was taped to a chair to prevent his further escape attempts. Approximately seven weeks after being placed in the home, Newman successfully escaped. He then sued the nursing home for false imprisonment and won* ***actual (compensatory)*** *and* ***exemplary (punitive) damages.*** *Although the nursing home appealed the case, the trial court' s decision was upheld on appeal; the appellate court held that a nursing home cannot force a patient to stay when there is no legal justification.*

If the plaintiff agrees to the **detention**, obviously there is no false imprisonment. What happens, however, if the plaintiff has no knowledge of the confinement at all? The majority of the jurisdictions hold that the plaintiff must have been aware of the confinement in order for there to have been a false imprisonment. In the Newman's case, he was obviously aware of the confinement despite his illness, so the argument (lack of awareness) could not be raised by the nursing home.

Trespass

Trespass, the most familiar of the property torts, prohibits the unauthorized entry of a person or thing onto the property of another. The right to exclusive possession of the land is the basis for this tort, a right that had its origin in feudal times and was most fiercely defended. Unlike in other countries where citizens may have the right to temporary access to all undeveloped lands, U.S. law allows landowners to close off land completely to others.

A *prima facie* [basics that must be proven] case of trespass must include an act, coupled with the intent to cause entry by the defendant, and an invasion of the plaintiff's land. In other words, the person must have intended to enter another's land.

Damages are not required to be proven for intentional trespass. Only when the entry onto another's land is negligent (and then falls under negligent torts) is there any requirement for showing actual damages.

The intent to cause entry does not mean that the defendant must have knowledge that the land he or she enters belongs to another but only he or she intends the act that would effect an entry. In most U.S. jurisdictions it does not matter whether a defendant's presence on another's land is mistake, caused by ignorance of the ownership or the boundaries, or even that the trespass may have benefited the land. In all cases, it has been held to be trespass. For example, if Jan builds a small lake to attract migrating ducks and the pond extends over onto Alfred's property, Jan has trespassed even though Alfred has a benefit because he can use the lake water to irrigate one of his fields. It's of no matter that Jan thought he was building the lake only on his own property; Jan has committed trespass.

Property interests are such that failure to remove something from the land can be considered a trespass. If, for example, you had been given permission to leave your car parked on your neighbor's property for six months and you didn't remove it at the end of six months, that could be considered a trespass. Trespass can even be remaining on another's land after a privilege (either the owner's consent or a legal privilege irrespective of consent) expires; for example, because generally the privilege to be on the campus in a classroom building expires when the university closes for the night, it might be possible in some states to charge a student who is studying in an otherwise empty classroom building with trespass. Causing another to enter plaintiff's land may also be held a trespass. It is also interesting to note that the rights inherent in the possession of land extent above and below the surface.

Legal Terms

• **false imprisonment** : 불법감금, as a tort, the intentional, unjustified detention or confinement of a person. Where the restraint is imposed by virtue of one claiming legal authority to do so and an arrest occurs, it will be a false arrest as well as a false imprisonment.

• **chattel** : 동산, 인적재산, 개인소유물, any tangible, movable thing; personal property as opposed to real property; goods. *Chattel is all forms of personal property. Chattels personal may be consumerable or non-consumerable, tangible or intangible.*

• **commitment** : 수행, (구속적) 확약, 1. a judge's order directing that a person be taken to prison or jail, either to await trial or following an imprisonment of sentence; 2. an order mandating a person to confinement in a medical institution. *The broad rule generally prevails that a valid proceeding to commit a person to an insane asylum requires an opportunity for the incompetent to be heard before the* *order of commitment is issued.*

• **actual(compensatory) damages** : 전보손해배상, losses directly referable to the breach or tortious act; losses that can readily be proven to have been sustained, and for which the injured party should be compensated as a matter of right. *Compensatory damages are such as will compensate the injured party for the injury sustained, and nothing more.*

• **exemplary(punitive) damages** : 징벌적 손해배상, compensation in excess of actual damages that is a form of punishment to the wrongdoer and reparation to the injured. Exemplary damages are awarded only in rare instances of malicious and willful misconduct. *In those states where exemplary damages are never allowed, such damages may be refused in an action on a foreign wrong, whatever the law of the place of wrong, on the ground that they are penal.*

• **detention** : (타인의 물건의) 유치, 억류, 청소년구류소에서의 구치, holding of a person charged with crime following the person's arrest on that charge. *There is no theft where the foundation of the detention is based upon ownership of the thing. A youth detention center, also known as Juvenile Hall, is a prison for people under the age of 18. Detention hearing is judicial or quasi judicial proceeding used to determine the propriety of detaining a person on bail or a juvenile in a shelter facility.*

Negligence

The central factor in **negligence** is determining what the standard of care imposed upon the public should be: as a general rule, all persons are under a duty to conduct themselves in such a manner as not to create unreasonable risks of physical harm to others. During a trial, the conduct of the defendant is reviewed to determine if he or she has met the reasonable person standard: that is, would a reasonable person have acted similarly under circumstances? For the court to impose liability for negligence, the following of elements must be proven:

1. that the defendant had a duty of care;

2. that there was a breach of that duty by negligent conduct (act or omission);

3. that the act or omission is not subject to the defenses of assumption of the risk or **contributory negligence**.

Although the elements are isolated for discussion, they are interrelated to the extent that it is almost misleading to speak of them separately.

Standard of Care

The standard of care that must be exercised is that which a reasonable person would use under similar circumstances. It is important to note that this standard is an external, objective one, in which all people are deemed to use certain minimal levels of care in all of their activities. Being a fool is not an excuse from that standard of care.

Proximate Cause

Proximate cause is one of the most difficult and elusive of concepts associated with tort law. Proximate cause is related to the concept of duty. If the defendant is found to have had a duty to protect the plaintiff from the consequences of the harmful act, and breached that duty, then there is proximate cause. Determinations of proximate cause by courts are true exercises in the use of precedent and legal reasoning; case law, public policy arguments, and common sense all play in the court's decision.

However, a person does not have the same duty of care to all persons. Basically, a person only has a duty of care to someone with whom that person logically would be likely to interact. In other words, we are obligated only to those people or that property that foreseeably our actions or inactions would have an effect on. This issue of foreseeability is enormously complex since the courts have held that the duty of care is owed only to a plaintiff who is reasonably foreseeable. A landmark case on foreseeability is *Palsgraf v. Long Island R.R.*, 248 N.Y. 339, 162 N.E. 99 (1928).

Plaintiff was standing on a platform of defendant's railroad after buying a ticket to go to Rockaway Beach. A train stopped at the station, bound for another place. Two men ran forward to catch it. One of the men reached the platform of the car without mishap, though the train was already moving. The other man, carrying a package, jumped aboard the car but seemed unsteady as if about to fall. A guard on the car, who had held the door open, reached forward to help him in, and another guard on the platform pushed him from behind. In this act, the package was dislodged, and fell upon the rails. It was a package of small size, about fifteen inches long, and was covered by a newspaper. In fact it contained fireworks, but there was nothing in its appearance to give notice of its contents. The fireworks when they fell exploded. The shock of the explosion threw down some scales at the other end of the platform many feet away. The scales struck the plaintiff, causing injuries for which she [Palsgraf] sues.

Chief Justice of Cardozo resolved this issue of foreseeability as follows. The conduct of the defendant's guard, if a wrong in its relation to the holder of the package, was not a wrong in its relation to the plaintiff, standing far away. Relatively to her it was not negligence at all. Nothing in this situation gave notice that the falling package had in it the potency of peril to persons thus removed. Negligence is not actionable unless it involves the invasion of a legally protected interest, the violation of a right. In simple terms since the plaintiff was not foreseeable, the railroad owed her no duty and therefore did not act negligently.

Another area that causes problems in determining proximate cause is the issue of intervening causes. The courts have to determine if another act, either by a person or a natural force, comes between the tortious act committed by the defendant and the plaintiff. Foreseeability is also an issue in making this determination. If the defendant should have foreseen the intervening act, then lack of foreseeability is not a defense. For example, Tracy lights a campfire in windy weather in the Sierra Nevada mountains, after a four-month dry shell. She leaves the fire burning and goes off to take a short hike. The wind spreads the fire, and Martina's house is destroyed by the resulting forest fire. Tracy will not be allowed to rely on intervening forces (the strong wind and dry conditions) as a defense, because it was foreseeable that strong winds in dry woods could cause a forest fire. She was negligent in leaving the fire burning when she left the campsite.

Defenses to Negligent Conduct

There are two distinct defenses to negligence—contributory or **comparative negligence** and assumption of the risk. Contributory negligence has its origin in common law and, simply speaking, bars a plaintiff from recovery [winning the case and receiving an award] if his or her own acts or omissions contribute to the injury. The all-or-nothing-at-all nature of this defense led many to question whether such a defense was actually fair. As a result of such discussion, contributory negligence was deleted as defense from the vast majority of statutes and replaced with comparative negligence.

The more equitable doctrine of comparative negligence does not automatically preclude the plaintiff's recovery if the plaintiff is guilty of some degree of negligence. Under comparative negligence, we compare the percentage of the negligence of the plaintiff and the defendant and reduce the plaintiff's damages by the percentage of fault. Many automobile accidents have comparative fault elements attributable to the plaintiff. For example, Randy is tailgating Rachel along Bamboo grove Drive, traveling at 45 mph instead of the posted 35 mph. Rachel, the driver of the first car, slams on her brakes to miss a cat running across the road and is rear-ended by Randy, who then sues her. Her defense to his suit could be based on comparative negligence; he was following to closely and was also speeding; therefore, he was also negligent and must share the blame and the damages.

There are two types of comparative negligence; pure and partial. Pure comparative negligence simply means that if plaintiff is 90 percent at fault, he or she can still recover 10 percent. Another name for partial comparative negligence is the 50 percent rule, which means that if the plaintiff is more than 50 percent at fault, he or she cannot recover. Let's compare two different situations. In the first situation Randy sues Rachel for $100,000, and the court finds Randy 65 percent at fault for the accident. Then, Randy would get $35,000 for his recovery in pure comparative negligence state, and nothing in partial comparative state. In the second situation, Randy is found 45 percent at fault. Then, Randy would get $55,000 for his recovery in both pure and partial comparative states.

Assumption of the risk, the second defense to negligence, releases the defendant from a duty for the plaintiff's safety. The plaintiff's own actions trigger this defense, which is the plaintiff's knowing and voluntary consent to encountering a known danger, a subjective test. Thus, the difference between these two defense is that in comparative negligence it is unreasonable conduct that precludes the plaintiff from recovery, while in assumption of the risk, there is a voluntary consent to the risk by the plaintiff.

Legal Terms

- **negligence :** (사법상의) 과실, 과실이라는 불법행위, failure to exercise a degree of care that a person of ordinary prudence (a reasonable person) would exercise under the same circumstances. The term refers to conduct that falls below the standard established by law for the protection of others against unreasonable risk of harm. *Concurrent negligence is the wrongful acts or omissions of two or more persons acting independently but causing the same injury.*
- **contributory negligence :** 기여과실, 조성과실, conduct on the part of the plaintiff that falls below the standard to which he or she should conform for his or her own protection, and that is legally contributing cause cooperating with the negligence of the defendant in bringing about the plaintiff's harm. In common law, the plaintiff's contributory negligence precludes his or her right to recover from the defendant. *Contributory negligence arises when a plaintiff fails to exercise due care, while assumption of risk arises regardless of the care used and is based fundamentally on consent.*
- **proximate cause :** 주원인, cause existed when the connection between an act and an injury is strong enough to justify imposing

liability. *Not the remote but the proximate cause is regarded.*

• comparative negligence : 과실상계, 비교과실, the proportionate sharing between plaintiff and defendant of responsibility for injure to the plaintiff based on the relative negligence of the two. It results in a reduction of the damages recoverable by the negligent plaintiff in proportion to his fault.

Strict Liability

Strict liability is liability without fault—it is based on the policy of law that under certain circumstances, a plaintiff may be allowed recovery even though there is no fault on the part of the defendant. It should be noted here that a finding of no legal fault is not the same as a finding of no moral blame. You can be legally innocent but morally guilty. Legal fault stems from a deviation from a standard of conduct needed to protect society and its citizens. Historically, a strict liability covered situations in which activities—blasting, storing inherently dangerous substances, keeping wild animals—were abnormally dangerous ones. These activities were and are still allowable as long as no harm occurs; in other words, the activities may be carried on but only if the actor is willing to insure the public against harm.

Sellers and manufacturers can be held responsible under strict liability even if the seller or manufacturers exercised all reasonable care in production and sale of the product and even if there is no **privity of contract**. In the following case, the court sets out the reasons for applying tort law in which consumers are injured by defective products.

The plaintiff, Greenman, purchased a power tool that could be used as a saw, drill and wood lathe. His head was seriously injured when a piece of wood flew from the lathe attachment while he was using it. Both the retailer and manufacturer were sued for breach of warranties and negligence and the court held for the plaintiff. Greenman had successfully proved that the design and construction of the tools were defective, that statements in the manufacturer's brochure were untrue, and that the plaintiff's injuries were caused by their breach. The court stated that "a manufacturer is strictly liable in tort when an article he places on the market, knowing that it is to be used without inspection for defects, proved to have a defect that caused injury to a human being."

In any action against a manufacturer or seller, the plaintiff does not have to show why or in what manner the product became defective. The plaintiff does, however, have to show that at the time the injury was sustained, the condition of the product was essentially the same as it was when it left the hands of the defendant manufacturer or seller.

Legal Terms

• **strict liability** : 엄격책임, 무과실책임, in tort and criminal law, liability without a showing of fault, or the need to show fault. *In tort law, strict liability may be imposed on defendants in cases involving abnormally dangerous activities, dangerous animals, or defective products.*

• **privity** : (주로 재산)관계, (직접의) 계약관계, 당사자관계, a relationship between parties out of which arises mutuality of interest.

• **privity of contract** : 직접의 계약관계, the relationship between two or more contracting parties. To maintain an action on any contract, there must be a privity between the plaintiff and defendant in respect to the matter sued on. *The privity of contract is the relationship that* *exists between the promisor and the promisee of a contract.*

Defamation

Humans are community animals and within those communities a good reputation is an important possession. **Defamation** law addresses interference with the possession of good name and reputation. Defamation is an untrue communication about a person that injures his good name or reputation so that he is subjected to hatred, abuse, contempt, or ridicule of others. Obviously, defamatory information must be communicated to a third person, and it is the means of that communication that differentiates the two torts encompassed by defamation law; in short, **slander** is oral, while **libel** is written.

Slander is an oral defamation that is spoken and heard. For example, the owner of the store next to yours tells his customers that you are a crook, or someone makes an untrue statement to a third party that you embezzled from your employer.

Libel is an untrue defamatory statement in a physical form, such as in a letter, newspaper, cartoon, or film. If a newspaper unjustly accused you of offering bribes to a local politician, you could sue the newspaper for libel.

The law governing the tort of defamation is complicated. In fact, some would even despair of ever understanding the intricacies of the law surrounding it.

Plaintiff Carol Burnett, the famous comedienne, believed that she was libeled and sued the defendant, The National Enquire, after it published a story that the celebrity had been intoxicated and involved in a "row" with Henry Kissinger in a Washington, D.C. restaurant.

The court held in favor of Burnett stating that she proved malice and the magazine was not protected by privilege. The court did rule, however, that the trial award of 1.6 million dollars was excessive and thus reduced the award to 800,000 dollars. It was later reduced to 200,000 dollars.

Truth is normally an absolute defense against a defamation charge. In order to prove malice, a plaintiff must show that the defendant acted with either knowledge of falsity or a reckless disregard of the truth. The balance between free speech and the torts of slander and libel is delicate. The above case illustrates a libel case involving a public figure and the extent of liability that exists when malice is proved.

Legal Terms

- **defamation :** 명예훼손, 비방, the publication of anything injurious to the reputation of another. *Defamation per quod includes a statement that is still defamatory on its fact or statement that is defamatory after considering additional facts extrinsic to the statement of itself. A claim of defamation per quod requires the plaintiff to plead special damages. As a claim for defamation per se rather than per qoud, the statement must be "obviously and materially harmful" on its face without resorting to extrinsic facts.*
- **slander :** 구두에 의한 명예훼손, 구두비방, to engage in defamation orally; spoken words that tend to damage another's reputation. If defamatory meaning is apparent on the face of the statement, it is said to be slanderous per se. If the defamatory meaning is not self-evident, but arises only from extrinsic facts, the statement is slanderous per quod. The truth is no slander.
- **libel :** 문서비방, 명예훼손, a tort consisting of a false, malicious, unprivileged publication aiming to defame a living person or to mar

the memory of one dead. Printed or written material, signs or pictures that tend to expose a person to public scorn, hatred, contempt or ridicule may be considered libelous. *The great the truth, the greater the libel.*

부록

Ⅰ. THE CONSTITUTION OF THE REPUBLIC OF KOREA

Ⅱ. THE CONSTITUTION OF THE UNITED STATES

Legal English

I THE CONSTITUTION OF THE REPUBLIC OF KOREA

[Enforcement Date 25. Feb, 1988] [No.10, 29. Oct, 1987]

CHAPTER Ⅰ GENERAL PROVISIONS

Article 1 (1) The Republic of Korea shall be a democratic republic.

(2) The sovereignty of the Republic of Korea shall reside in the people and all state

Article 2 (1) Nationality of the people of the Republic of Korea shall be prescribed by Act.

(2) It shall be the duty of the State to protect citizens residing abroad as prescribed by Act.

Article 3 The territory of the Republic of Korea shall consist of the Korean peninsula and its adjacent islands.

Article 4 The Republic of Korea shall seek unification and shall formulate and carry out a policy of peaceful unification based on the principles of freedom and democracy.

Article 5 (1) The Republic of Korea shall endeavor to maintain international peace and shall renounce all aggressive wars.

(2) The Armed Forces shall be charged with the sacred mission of national security and defense of the land and their political neutrality shall be maintained.

Article 6 (1) Treaties duly concluded and promulgated under the Constitution and the generally recognized rules of international law shall have the same effect as the domestic laws of the Republic of Korea.

(2) The status of aliens shall be guaranteed as prescribed by international law and treaties.

Article 7 (1) All public officials shall be servants of the people and shall be responsible to the people.

(2) The status and political impartiality of public officials shall be guaranteed as prescribed by Act.

Article 8 (1) The establishment of political parties shall be free and the plural party system shall be guaranteed.

(2) Political parties shall be democratic in their objectives, organization, and activities and shall have the necessary organizational arrangements for the people to participate in the formation of the political will.

(3) Political parties shall enjoy the protection of the State and may be provided with operational funds by the State under the conditions as prescribed by Act.

(4) If the purposes or activities of a political party are contrary to the fundamental democratic order, the Government may bring an action against it in the Constitutional Court for its dissolution, and the political party shall be dissolved in accordance with the decision of the Constitutional Court.

Article 9 The State shall strive to sustain and develop its cultural heritage and to enhance its national culture.

CHAPTER II RIGHTS AND DUTIES OF CITIZENS

Article 10 All citizens shall be assured of their human worth and dignity and shall have the right to pursue happiness. It shall be the duty of the State to confirm and guarantee the fundamental and inviolable human rights of individuals.

Article 11 (1) All citizens shall be equal before the law and there shall be no discrimination in political, economic, social, or cultural life on account of sex, religion, or social status.

(2) No privileged caste shall be recognized nor established in any form.

(3) The awarding of decorations or distinctions of honor in any form shall be effective only for recipients and no privileges shall ensue therefrom.

Article 12 (1) All citizens shall enjoy personal liberty. No person shall be arrested, detained, searched, seized, or interrogated except as provided by Act. No person shall be punished, placed under preventive restrictions or be subjected to involuntary labor except as provided by Act and through lawful procedures.

(2) No citizen shall be tortured or be compelled to testify against himself in criminal cases.

(3) Warrants issued by a judge through due procedures upon the request of a prosecutor shall be presented in case of arrest, detention, seizure or search. Provided, that in a case where a criminal suspect is apprehended while in the very act of committing an offense or where there is danger that a person suspected of committing a crime punishable by

imprisonment of three years or more may escape or destroy evidence, then investigative authorities may request an ex post facto warrant.

(4) Any person who is arrested or detained shall have the right to prompt assistance of counsel. When a criminal defendant is unable to secure counsel by his own efforts, the State shall assign counsel for the defendant as prescribed by Act.

(5) No person shall be arrested or detained without being informed of the reason thereof and of his right to assistance of counsel. The family, etc., as designated by Act, of a person arrested or detained shall be notified without delay of the reason for and the time and place of the arrest or detention.

(6) Any person who is arrested or detained shall have the right to request the court to review the legality of the arrest or detention.

(7) In a case where a confession is deemed to have been made against the will of a defendant due to torture, violence, intimidation, unduly prolonged arrest, deceit or in a case where a confession is the only evidence against a defendant in a formal trial, such a confession shall not be admitted as evidence of guilt, nor shall a defendant be punished by reason of such a confession.

Article 13 (1) No citizen shall be prosecuted for an act which does not constitute a crime under an Act in force at the time it was committed, nor shall he be placed in double jeopardy.

(2) No restriction shall be imposed upon the political rights of any citizen, nor shall any person be deprived of property rights by means of retroactive legislation. (3)No citizen shall suffer unfavorable treatment on account of an act not of his own doing but committed by a relative.

Article 14 All citizens shall enjoy freedom of residence and the right to move at will.

Article 15 All citizens shall enjoy freedom of occupation.

Article 16 All citizens shall be free from intrusion into their place of residence. In case of search or seizure in a residence, a warrant issued by a judge upon request of a prosecutor shall be presented.

Article 17 The right to privacy of all citizens shall not be infringed.

Article 18 The privacy of correspondence of all citizens shall not be infringed.

Article 19 All citizens shall enjoy freedom of conscience.

Article 20 (1) All citizens shall enjoy freedom of religion.

(2) No state religion shall be recognized and there should be a separation of the state and of religion.

Article 21 (1) All citizens shall enjoy the freedom of speech and of the press and the freedom of assembly and of association.

(2) Licensing or censorship of speech and the press and licensing of assembly and association shall not be recognized.

(3) The standards of news service and broadcast facilities and

matters necessary to ensure the functions of newspapers shall be determined by Act.

(4) Neither speech nor the press shall violate the honor or rights of other persons nor undermine public morals or social ethics. Should speech or the press violate the honor or rights of other persons, claims may be made for the damage resulting therefrom.

Article 22 (1) All citizens shall enjoy the freedom of learning and the arts.

(2) The rights of authors, inventors, scientists, engineers, and artists shall be protected by Act.

Article 23 (1) The right of property of all citizens shall be guaranteed. The contents and limitations thereof shall be determined by Act.

(2) The exercise of property rights shall conform to the public welfare.

(3) Expropriation, use or restriction of private property from public necessity and compensation there for shall be governed by Act. Provided, that in such a case, just compensation shall be paid.

Article 24 All citizens shall have the right to vote under the conditions as prescribed by Act.

Article 25 All citizens shall have the right to hold public office under the conditions as prescribed by Act.

Article 26 (1) All citizens shall have the right to petition in writing to any governmental agency under the conditions as prescribed by Act.

(2) The State shall be obligated to examine all such petitions.

Article 27 (1) All citizens shall have the right to be tried in conformity with the Act by judges qualified under the Constitution and the Act.

(2) Citizens who are not on active military service or who are not employees of the military forces shall not be tried by a court martial within the territory of the Republic of Korea, except in case of crimes as prescribed by Act involving important classified military information, sentinels, sentry posts, the supply of harmful food and beverages, prisoners of war and military Articles and facilities and in the case of a proclamation of extraordinary martial law.

(3) All citizens shall have the right to a speedy trial. The accused shall have the right to a public trial without delay in the absence of justifiable reasons to the contrary.

(4) The accused shall be presumed innocent until a judgment of guilt has been pronounced.

(5) A victim of a crime shall be entitled to make a statement during the proceedings of the trial of the case involved as under the conditions prescribed by Act.

Article 28 In a case where a criminal suspect or an accused person who has been placed under detention is not indicted as provided by Act or is acquitted by a court, he shall be entitled to claim just compensation from the State under the conditions as prescribed by Act.

Article 29 (1) In case a person has sustained damages by an unlawful act committed by a public official in the course of official duties, he may claim just compensation from the State or public organization under the conditions as prescribed by Act. In this case, the public official concerned shall not be immune from liabilities.

(2) In case a person on active military service, an employee of the military forces, a police official, or others as prescribed by Act sustains damages in connection with the performance of official duties such as combat action, drill and so forth, he shall not be entitled to a claim against the State or public organization on the ground of unlawful acts committed by public officials in the course of official duties, but shall be entitled only to compensations as prescribed by Act.

Article 30 Citizens who have suffered bodily injury or death due to criminal acts of others may receive aid from the State under the conditions as prescribed by Act.

Article 31 (1) All citizens shall have an equal right to receive an education corresponding to their abilities.

(2) All citizens who have children to support shall be responsible at least for their elementary education and other education as provided by Act.

(3) Compulsory education shall be free of charge.

(4) Independence, professionalism, and political impartiality of education and the autonomy of institutions of higher learning shall be guaranteed under the conditions as prescribed by Act.

(5) The State shall promote lifelong education.

(6) Fundamental matters pertaining to the educational system, including in-school and lifelong education, administration, finance, and the status of teachers shall be determined by Act.

Article 32 (1) All citizens shall have the right to work. The State shall endeavor to promote the employment of workers and to guarantee optimum wages through social and economic means and shall enforce a minimum wage system under the conditions as prescribed by Act.

(2) All citizens shall have the duty to work. The State shall prescribe by Act the extent and conditions of the duty to work in conformity with democratic principles.

(3) Standards of working conditions shall be determined by Act in such a way as to guarantee human dignity.

(4) Special protection shall be accorded to working women and they shall not be subjected to unjust discrimination in terms of employment, wages, and working conditions.

(5) Special protection shall be accorded to working children.

(6) The opportunity to work shall be accorded preferentially, under the conditions as prescribed by Act, to those who have given distinguished service to the State, wounded veterans and policemen, and members of the bereaved families of military servicemen and policemen killed in action.

Article 33 (1) To enhance working conditions, workers shall have the right to independent association, collective bargaining, and collective action.

(2) Only those public officials, who are designated by Act,

shall have the right to association, collective bargaining, and collective action.

(3) The right to collective action of workers employed by important defense industries may be either restricted or denied under the conditions as prescribed by Act.

Article 34 (1) All citizens shall be entitled to a life worthy of human beings.

(2) The State shall have the duty to endeavor to promote social security and welfare.

(3) The State shall endeavor to promote the welfare and rights of women.

(4) The State shall have the duty to implement policies for enhancing the welfare of senior citizens and the minors.

(5) Citizens who are incapable of earning a livelihood due to a physical disability, disease, old age, or other reasons shall be protected by the State under the conditions as prescribed by Act.

(6) The State shall endeavor to prevent disasters and to protect citizens from harm therefrom.

Article 35 (1) All citizens shall have the right to a healthy and pleasant environment. The State and all citizens shall endeavor to protect the environment.

(2) The substance of the environmental right shall be determined by Act. (3)The State shall endeavor to ensure comfortable housing for all citizens through housing development policies and the like.

Article 36 (1) Marriage and family life shall be entered into and sustained on the basis of individual dignity and equality of the sexes, and the State shall do everything in its power to achieve that goal.

(2) The State shall endeavor to protect mothers.

(3) The health of all citizens shall be protected by the State.

Article 37 (1) Freedoms and rights of citizens shall not be neglected on the ground that they are not enumerated in the Constitution.

(2) The freedoms and rights of citizens may be restricted by Act only when necessary for national security, the maintenance of law and order, or for public welfare. Even when such restriction is imposed, no essential aspect of the freedom or right shall be violated.

Article 38 All citizens shall have the duty to pay taxes under the conditions as prescribed by Act.

Article 39 (1) All citizens shall have the duty of national defense under the conditions as prescribed by Act.

(2) No citizen shall be treated unfavorably on account of the fulfillment of his obligation of military service.

CHAPTER Ⅲ THE NATIONAL ASSEMBLY

Article 40 The legislative power shall be vested in the National Assembly.

Article 41 (1) The National Assembly shall be composed of members elected by universal, equal, direct, and secret ballot by the citizens.

(2) The number of members of the National Assembly shall be determined by Act, but the number shall not be less than 200.

(3) The constituencies of members of the National Assembly, proportional representation, and other matters pertaining to National Assembly elections shall be determined by Act.

Article 42 The term of office of members of the National Assembly shall be four years.

Article 43 Members of the National Assembly shall not concurrently hold any other office prescribed by Act.

Article 44 (1) During the sessions of the National Assembly, no member of the National Assembly shall be arrested or detained without the consent of the National Assembly except in case the member is in the very act of committing an offense.

(2) In case of apprehension or detention of a member of the National Assembly prior to the opening of a session, such member shall be released during the session upon the request of the National Assembly, except when the member is apprehended and detained while in the very act of committing an offense.

Article 45 No member of the National Assembly shall be held responsible outside the National Assembly for opinions officially expressed or votes cast in the Assembly.

Article 46 (1) Members of the National Assembly shall have the duty to maintain high standards of integrity.

(2) Members of the National Assembly shall give preference to national interests and shall perform their duties in accordance with their conscience.

(3) Members of the National Assembly shall not acquire, through abuse of their positions, rights, and interests in property or positions, or assist other persons to acquire the same, by means of contracts with or dispositions by the State, public organizations, or industries.

Article 47 (1) A regular session of the National Assembly shall be convened once every year under the conditions as prescribed by Act and extraordinary sessions of the National Assembly shall be convened upon the request of the President or one fourth or more of the total members.

(2) The period of regular sessions shall not exceed a hundred days, and that of extraordinary sessions, thirty days.

(3) If the President requests the convening of an extraordinary session, the period of the session and the reasons for the request shall be clearly specified.

Article 48 The National Assembly shall elect one Speaker and two Vice-Speakers.

Article 49 Except as otherwise provided for in the Constitution or in Act, the attendance of a majority of the total members, and the concurrent vote of a majority of the members present, shall be necessary for decisions of the National Assembly. In case of a tie vote, the matter shall be regarded as rejected.

Article 50 (1) Sessions of the National Assembly shall be open to the public. Provided, that when it is decided so by a majority of the members present or when the Speaker deems it necessary to do so for the sake of national security, they may be closed to the public.

(2) The public disclosure of the proceedings of sessions which were not open to the public shall be determined by Act.

Article 51 Bills and other matters submitted to the National Assembly for deliberation shall not be abandoned on the ground that they were not acted upon during the session in which they were introduced, except in a case where the term of the members of the National Assembly has expired.

Article 52 Bills may be introduced by members of the National Assembly or by the Executive.

Article 53 (1) Each bill passed by the National Assembly shall be sent to the Executive, and the President shall promulgate it within fifteen days.

(2) In case of objection to a bill, the President may, within the period referred to in paragraph (1), return it to the National Assembly with written explanation of his objection, and request it be reconsidered. The President may do the same during adjournment of the National Assembly.

(3) The President shall not request the National Assembly to reconsider a bill in part, or with proposed amendments.

(4) In case there is a request for reconsideration of a bill, the National Assembly shall reconsider it, and if the National Assembly again passes the bill in the original form

with the attendance of more than one half of the total members, and with a concurrent vote of two thirds or more of the members present, it shall become Act.

(5) If the President does not promulgate a bill, or does not request the National Assembly to reconsider it within the period referred to in paragraph (1), it shall become Act.

(6) The President shall promulgate without delay an Act as finalized under paragraphs (4) and (5). If the President does not promulgate an Act within five days after it has become Act under paragraph (5), or after it has been returned to the Executive under paragraph (4), the Speaker shall promulgate it.

(7) Except as provided otherwise, an Act shall take effect twenty days after the date of promulgation.

Article 54 (1) The National Assembly shall deliberate and decide upon the national budget bill.

(2) The Executive shall formulate the budget bill for each fiscal year and submit it to the National Assembly within ninety days before the beginning of a fiscal year. The National Assembly shall decide upon it within thirty days before the beginning of the fiscal year.

(3) If the budget bill is not passed by the beginning of the fiscal year, the Executive may, in conformity with the budget of the previous fiscal year, disburse funds for the following purposes until the budget bill is passed by the National Assembly:

1. The maintenance and operation of agencies and facilities established by the Constitution or by Act;

2. Execution of the obligatory expenditures as prescribed by Act; and

3. Continuation of projects previously approved in the budget.

Article 55 (1) In a case where it is necessary to make continuing disbursements for a period longer than one fiscal year, the Executive shall obtain the approval of the National Assembly for a specified period of time.

(2) A reserve fund shall be approved by the National Assembly in its totality. The disbursement of the reserve fund shall be approved during the next session of the National Assembly.

Article 56 When it is necessary to amend the budget, the Executive may formulate a supplementary revised budget bill and submit it to the National Assembly.

Article 57 The National Assembly shall not, without the consent of the Executive, increase the sum of any item of expenditure or create any new items of expenditure in the budget submitted by the Executive.

Article 58 When the Executive plans to issue national bonds or to conclude contracts which may incur financial obligations on the State outside the budget, it shall have the prior concurrence of the National Assembly.

Article 59 Types and rates of taxes shall be determined by Act.

Article 60 (1) The National Assembly shall have the right to consent to the conclusion and ratification of treaties pertaining to mutual assistance or mutual security; treaties concerning important international organizations; treaties of friendship, trade, and navigation; treaties pertaining to any restriction in sovereignty; peace treaties; treaties which will burden the State or people with an important financial obligation; or treaties related to legislative matters.

(2) The National Assembly shall also have the right to consent to the declaration of war, the dispatch of armed forces to foreign states, or the stationing of alien forces in the territory of the Republic of Korea.

Article 61 (1) The National Assembly may inspect affairs of the state or investigate specific matters of state affairs and may demand the production of documents directly related thereto, the appearance of a witness in person, and the furnishing of testimony or statements of opinion.

(2) The procedures and other necessary matters concerning the inspection and investigation of state administration shall be determined by Act.

Article 62 (1) The Prime Minister, members of the State Council, or government delegates may attend meetings of the National Assembly or its committees and report on the state administration or deliver opinions and answer questions.

(2) When requested by the National Assembly or its committees, the Prime Minister, members of the State Council or government delegates shall attend any meeting of the National Assembly and answer questions. If the Prime Minister or State Council members are requested to attend, the Prime Minister or State Council members may have

State Council members or government delegates attend any meeting of the National Assembly and answer questions.

Article 63 (1) The National Assembly may pass a recommendation for the removal of the Prime Minister or a State Council member from office.

(2) A recommendation for removal as referred to in paragraph (1) may be introduced by one third or more of the total members of the National Assembly, and shall be passed with the concurrent vote of a majority of the total members of the National Assembly.

Article 64 (1) The National Assembly may establish the rules of its proceedings and internal regulations. Provided, that they are not in conflict with an Act.

(2) The National Assembly may review the qualifications of its members and may take disciplinary actions against its members.

(3) The concurrent vote of two thirds or more of the total members of the National Assembly shall be required for the expulsion of any member. (4)No action shall be brought to court with regard to decisions taken under paragraphs (2) and (3).

Article 65 (1) In case the President, the Prime Minister, members of the State Council, heads of Executive Ministries, Justices of the Constitutional Court, judges, members of the National Election Commission, the Chairman and members of the Board of Audit and Inspection, and other public officials designated by Act have violated the Constitution or other Acts in the performance of official duties, the National Assembly may pass motions for their impeachment.

(2) A motion for impeachment prescribed in paragraph (1) may be proposed by one third or more of the total members of the National Assembly, and shall require a concurrent vote of a majority of the total members of the National Assembly for passage. Provided, that a motion for the impeachment of the President shall be proposed by a majority of the total members of the National Assembly and approved by two thirds or more of the total members of the National Assembly. (3) Any person against whom a motion for impeachment has been passed shall be suspended from exercising his power until the impeachment has been adjudicated.

(4) A decision on impeachment shall not extend further than removal from public office. Provided, that it shall not exempt the person impeached from civil or criminal liability.

CHAPTER IV THE EXECUTIVE

SECTION 1 The President

Article 66 (1) The President shall be the Head of State and shall represent the State vis-a-vis foreign states.

(2) The President shall have the responsibility and duty to safeguard the independence, territorial integrity, and continuity of the State and the Constitution.

(3) The President shall have the duty to sincerely pursue the peaceful unification of the homeland.

(4) Executive power shall be vested in the Executive Branch headed by the President.

Article 67 (1) The President shall be elected by universal, equal, direct, and secret ballot by the people.

(2) In case two or more persons receive the same largest number of votes in the election as referred to in paragraph (1), the person who receives the largest number of votes in an open session of the National Assembly attended by a majority of the total members of the National Assembly shall be elected.

(3) If and when there is only one presidential candidate, he shall not be elected President unless he receives at least one third of the total eligible votes.

(4) Citizens who are eligible for election to the National Assembly, and who have reached the age of forty years or more on the date of the presidential election, shall be eligible to be elected to the presidency.

(5) Matters pertaining to presidential elections shall be determined by Act.

Article 68 (1) The successor to the incumbent President shall be elected forty to seventy days before his term expires.

(2) In case a vacancy occurs in the office of the President, or the President-elect dies, or is disqualified by a court ruling or for any other reason, a successor shall be elected within sixty days from the date when the vacancy, death, or disqualification occurs.

Article 69 The President, at the time of his inauguration, shall take the following oath: "I do solemnly swear before the people that I will faithfully execute the duties of the President by observing the Constitution, defending the State, pursuing the peaceful unification of the homeland, promoting the freedom and welfare of the people and endeavoring to develop national culture."

Article 70 The term of the office of the President shall be five years, without reelection.

Article 71 If the Office of the President is vacant or the President is unable to perform his duties for any reason, the Prime Minister or the members of the State Council in the order of priority as determined by Act, shall act for him.

Article 72 The President may submit important policies relating to diplomacy, national defense, unification, and other matters relating to the national destiny to a national referendum if he deems it necessary.

Article 73 The President shall conclude and ratify treaties; accredit, receive or dispatch diplomatic envoys; and declare war and conclude peace.

Article 74 (1) The President shall be Commander-in-Chief of the Armed Forces under the conditions as prescribed by the Constitution and by Act.

(2)The organization and formation of the Armed Forces shall be determined by Act.

Article 75 The President may issue presidential decrees concerning matters delegated to him by Act with the scope specifically defined and also matters necessary to enforce Acts.

Article 76 (1) In time of internal turmoil, external menace, natural calamity, or a grave financial or economic crisis, the President may take the minimum necessary financial and economic actions or issue orders having the effect of Act, only when it is required to take urgent measures for the maintenance of national security or public peace and order, and there is no time to await the convocation of the National Assembly.

(2) In case of major hostilities affecting national security, the President may issue orders having the effect of Act, only when it is required to preserve the integrity of the nation, and it is impossible to convene the National Assembly.

(3) In case actions taken or orders issued under paragraphs (1) and (2), the President shall promptly notify the National Assembly and obtain its approval.

(4) In case no approval is obtained, the actions or orders shall lose its effect. In such case, the Acts which were amended or abolished by the orders in question shall automatically regain their original effect from the moment the orders fail to obtain approval.

(5) The President shall, without delay, make public notice developments under paragraphs (3) and (4).

Article 77 (1) When the President required to cope with a military necessity or to maintain the public safety and order by mobilization of the military forces in time of war, armed conflict, or similar national emergency, he may proclaim martial law under the conditions as prescribed by Act.

(2) Martial law shall be of two types: extraordinary martial law and precautionary martial law.

(3) Under extraordinary martial law, special measures may be taken with respect to the necessity for warrants, freedom of speech, the press, assembly and association, or the powers of the Executive and the Judiciary under the conditions as prescribed byAct.

(4) When the President has proclaimed martial law, he shall notify the National Assembly without delay.

(5) When the National Assembly requests the lifting of martial law with the concurrent vote of a majority of the total members of the National Assembly, the President shall comply.

Article 78 The President shall appoint and dismiss public officials under the conditions as prescribed by the Constitution and by Act.

Article 79 (1) The President may grant amnesty, commutation, and restoration of rights under the conditions as prescribed by Act.

(2) The President shall receive the consent of the National Assembly in granting a general amnesty.

(3) Matters pertaining to amnesty, commutation, and restoration of rights shall be determined by Act.

Article 80 The President shall award decorations and other honors under the conditions as prescribed by Act.

Article 81 The President may appear before and address the National Assembly or express his views by written message.

Article 82 The acts of the President under law shall be executed in writing, and such documents shall be countersigned by the Prime Minister and the members of the State Council concerned. The same shall apply to military affairs.

Article 83 The President shall not concurrently hold the office of Prime Minister, a membership in the State Council, the head of any Executive Ministry, nor other public or private posts as prescribed by Act.

Article 84 The President shall not be charged with a criminal offense during his tenure of office except for insurrection or treason.

Article 85 Matters pertaining to the status and courteous treatment of former Presidents shall be determined by Act.

SECTION 2 The Executive Branch

SUB-SECTION 1 The Prime Minister and Members of the State Council

Article 86 (1) The Prime Minister shall be appointed by the President with the consent of the National Assembly.

(2) The Prime Minister shall assist the President and shall direct the Executive Ministries under order of the President.

(3) No member of the military shall be appointed Prime Minister unless he is retired from active duty.

Article 87 (1) The members of the State Council shall be appointed by the President on the recommendation of the Prime Minister.

(2) The members of the State Council shall assist the President in the conduct of State affairs and as constituents of the State Council, shall deliberate on State affairs.

(3) The Prime Minister may recommend to the President the removal of a member of the State Council from office.

(4) No member of the military shall be appointed a member of the State Council unless he is retired from active duty.

SUB-SECTION 2 The State Council

Article 88 (1) The State Council shall deliberate on important policies that fall within the power of the Executive.

(2) The State Council shall be composed of the President, the Prime Minister, and other members whose number shall not be more than thirty and not less than fifteen.

(3) The President shall be the chairman of the State Council, and the Prime Minister shall be the Vice-Chairman.

Article 89 The following matters shall be referred to the State Council for deliberation:

1. Basic plans for state affairs and general policies of the Executive;
2. Declaration of war, conclusion of peace, and other important matters pertaining to foreign policy;
3. Draft amendments to the Constitution, proposals for national referendums, proposed treaties, legislative bills, and proposed presidential decrees;
4. Budgets, settlement of accounts, basic plans for disposal of state properties, contracts incurring financial

obligation on the State, and other important financial matters;

5. Emergency orders and emergency financial and economic actions or orders by the President, and declaration and termination of martial law;
6. Important military affairs;
7. Requests for convening an extraordinary session of the National Assembly;
8. Awarding of honors;
9. Granting of amnesty, commutation, and restoration of rights;
10. Demarcation of jurisdiction between Executive Ministries;
11. Basic plans concerning delegation or allocation of powers within the Executive;
12. Evaluation and analysis of the administration of State affairs;
13. Formulation and coordination of important policies of each Executive Ministry;
14. Action for the dissolution of a political party;
15. Examination of petitions pertaining to executive policies submitted or referred to the Executive;
16. Appointment of the Prosecutor General, the Chairman of the Joint Chiefs of Staff, the Chief of Staff of each armed service, the presidents of national universities, ambassadors, and such other public officials and managers of important State-run enterprises as designated by Act; and
17. Other matters presented by the President, the Prime

Minister or a member of the State Council.

Article 90 (1) An Advisory Council of Elder Statesmen, composed of elder statesmen, may be established to advise the President on important affairs of State.

(2) The immediate former President shall become the Chairman of the Advisory Council of Elder Statesmen. Provided, that if there is no immediate former President, the President shall appoint the Chairman.

(3) The organization, function, and other necessary matters pertaining to the Advisory Council of Elder Statesmen shall be determined by Act.

Article 91 (1) A National Security Council shall be established to advise the President on the formulation of foreign, military, and domestic policies related to national security prior to their deliberation by the State Council.

(2) The meetings of the National Security Council shall be presided over by the President.

(3) The organization, function, and other necessary matters pertaining to the National Security Council shall be determined by Act.

Article 92 (1) An Advisory Council on Democratic and Peaceful Unification may be established to advise the President on the formulation of peaceful unification policies.

(2) The organization, function, and other necessary matters pertaining to the Advisory Council on Democratic and Peaceful Unification shall be determined by Act.

Article 93 (1) A National Economic Advisory Council may be

established to advise the President on the formulation of important policies for developing the national economy.

(2) The organization, function, and other necessary matters pertaining to the National Economic Advisory Council shall be determined by Act.

SUB-SECTION 3 The Executive Ministries

Article 94 Heads of Executive Ministries shall be appointed by the President from among members of the State Council on the recommendation of the Prime Minister.

Article 95 The Prime Minister or the head of each Executive Ministry may, under the powers delegated by Act or Presidential Decree or ex officio, issue ordinances of the Prime Minister or the Executive Ministry concerning matters that are within their jurisdiction.

Article 96 The establishment, organization, and function of each Executive Ministry shall be determined by Act.

SUB-SECTION 4 The Board of Audit and Inspection

Article 97 The Board of Audit and Inspection shall be established under the direct supervision of the President to inspect and examine the settlement of the revenues and expenditures of the State, the accounts of the State and other organizations specified by Act and the job performances of the executive agencies and public officials.

Article 98 (1) The Board of Audit and Inspection shall be composed of not less than five and not more than eleven members, including the Chairman.

(2) The Chairman of the Board shall be appointed by the President with the consent of the National Assembly. The term of office of the Chairman shall be four years and he may be reappointed only once.

(3) The members of the Board shall be appointed by the President on the recommendation of the Chairman. The term of office of the members shall be four years and they may be reappointed only once.

Article 99 The Board of Audit and Inspection shall inspect the closing of accounts of revenues and expenditures each year and report the results to the President and the National Assembly in the following year.

Article 100 The organization and function of the Board of Audit and Inspection, the qualifications of its members, the range of the public officials subject to inspection, and other necessary matters shall be determined by Act.

CHAPTER V THE COURTS

Article 101 (1) Judicial power shall be vested in courts composed of judges.

(2) The courts shall be composed of the Supreme Court, which is the highest court of the State, and other courts at specified levels.

(3) Qualifications for judges shall be determined by Act.

Article 102 (1) Departments may be established in the Supreme Court.

(2) There shall be Supreme Court Justices at the Supreme Court. Provided, that judges other than Supreme Court Justices may be assigned to the Supreme Court under the conditions as prescribed by Act.

(3) The organization of the Supreme Court and lower courts shall be determined by Act.

Article 103 Judges shall rule independently according to their conscience and in conformity with the Constitution and laws.

Article 104 (1) The Chief Justice of the Supreme Court shall be appointed by the President with the consent of the National Assembly.

(2) The Supreme Court Justices shall be appointed by the President on the recommendation of the Chief Justice and with the consent of the National Assembly.

(3) Judges other than the Chief Justice and the Supreme Court Justices shall be appointed by the Chief Justice with the consent of the Conference of Supreme Court Justices.

Article 105 (1) The term of office of the Chief justice shall be six years, without reappointment.

(2) The term of office of the Justices of the Supreme Court shall be six years and they may be reappointed as prescribed by Act.

(3) The term of office of judges other than the Chief Justice and Justices of the Supreme Court shall be ten years and they may be reappointed under the conditions as prescribed by Act.

(4) The retirement age of judges shall be determined by Act.

Article 106 (1) No judge shall be removed from office except by impeachment or a sentence of imprisonment without prison labor or heavier punishment, nor shall he be suspended from office, have his salary reduced, or suffer any other unfavorable treatment except by disciplinary action.

(2) In the event a judge is unable to discharge his official duties because of serious mental or physical impairment, he may be retired from office under the conditions as prescribed by Act.

Article 107 (1) When the constitutionality of a law is at issue in a trial, the court shall request a decision of the Constitutional Court, and shall judge according to the decision thereof.

(2) The Supreme Court shall have the power to make a final review of the constitutionality or legality of administrative decrees, regulations or actions, when their constitutionality or legality is at issue in a trial.

(3) Administrative appeals may be conducted as a procedure prior to a judicial trial. The procedure of administrative appeals shall be determined by Act and shall be in conformity with the principles of judicial procedures.

Article 108 The Supreme Court may establish, within the scope of an Act, regulations pertaining to judicial proceedings and internal discipline and regulations on administrative matters of the court.

Article 109 Trials and decisions of the courts shall be open to the public. Provided, that when there is a danger that such trials may undermine the national security or disturb public safety and order, or be harmful to public morals, trials may be closed to the public by court decision.

Article 110 (1) Courts-martial may be established as special courts to exercise jurisdiction over military trials.

(2) The Supreme Court shall have the final appellate jurisdiction over courts-martial.

(3) The organization and authority of courts-martial and the qualifications of their judges shall be determined by Act.

(4) Military trials under an extraordinary martial law may not be appealed in case of crimes of soldiers and employees of the military; military espionage; and crimes as defined by Act in regard to sentinels, sentry posts, supply of harmful foods and beverages, and prisoners of war, except in the case of a death sentence.

CHAPTER Ⅵ THE CONSTITUTIONAL COURT

Article 111 (1) The Constitutional Court shall have jurisdiction over the following matters:

1. The constitutionality of a law upon the request of the courts;
2. Impeachment;
3. Dissolution of a political party;
4. Competence disputes between State agencies, between State agencies and local governments, and between local governments; and

5. Constitutional complaint as prescribed by Act.

(2) The Constitutional Court shall be composed of nine Justices qualified to be court judges, and they shall be appointed by the President.

(3) Among the Justices referred to in paragraph (2), three shall be appointed from persons selected by the National Assembly, and three shall be appointed from persons nominated by the Chief Justice of the Supreme Court.

(4) The president of the Constitutional Court shall be appointed by the President from among the Justices with the consent of the National Assembly.

Article 112 (1) The term of office of the Justices of the Constitutional Court shall be six years and they may be reappointed under the conditions as prescribed by Act.

(2) The Justices of the Constitutional Court shall not join any political party, nor shall they participate in political activities.

(3) No Justice of the Constitutional Court shall be expelled from office except by impeachment or a sentence of imprisonment without prison labor or heavier punishment.

Article 113 (1) When the Constitutional Court makes a decision on the constitutionality of a law, a decision of impeachment, a decision of dissolution of a political party, or an affirmative decision regarding the constitutional complaint, the concurrence of six Justices or more shall be required.

(2) The Constitutional Court may establish regulations relating to its proceedings and internal discipline and regulations

on administrative matters within the limits of Act.

(3) The organization, function, and other necessary matters of the Constitutional Court shall be determined by Act.

CHAPTER Ⅶ ELECTION MANAGEMENT

Article 114 (1) Election commissions shall be established for the purpose of fair management of elections and national referenda, and dealing with administrative affairs concerning political parties.

(2) The National Election Commission shall be composed of three members appointed by the President, three members selected by the National Assembly, and three members designated by the Chief Justice of the Supreme Court. The Chairman of the Commission shall be elected from among the members.

(3) The term of office of the members of the Commission shall be six years.

(4) The members of the Commission shall not join political parties nor shall they participate in political activities.

(5) No member of the Commission shall be expelled from office except by impeachment or a sentence of imprisonment without prison labor or heavier punishment.

(6) The National Election Commission may establish, within the limit of Acts and decrees, regulations relating to the management of elections, national referenda, and administrative affairs concerning political parties and may also establish regulations relating to internal discipline that are compatible with Act.

(7) The organization, function, and other necessary matters of the election commissions at each level shall be determined by Act.

Article 115 (1) Election commissions at each level may issue necessary instructions to administrative agencies concerned with respect to administrative affairs pertaining to elections and national referenda such as the preparation of the poll books.

(2) Administrative agencies concerned, upon receipt of such instructions, shall comply.

Article 116 (1) Election campaigns shall be conducted under the management of the election commissions at each level within the limit set by Act. Equal opportunity shall be guaranteed.

(2) Except as otherwise prescribed by Act, expenditures for elections shall not be imposed on political parties or candidates.

CHAPTER Ⅷ LOCAL AUTONOMY

Article 117 (1) Local governments shall deal with administrative matters pertaining to the welfare of local residents, manage properties, and may enact provisions relating to local autonomy, within the limit of Acts and subordinate statutes.

(2) The types of local governments shall be determined by Act.

Article 118 (1) A local government shall have a council.

(2) The organization and powers of local councils, and the election of members; election procedures for heads of local governments; and other matters pertaining to the organization and operation of local governments shall be determined by Act.

CHAPTER Ⅸ THE ECONOMY

Article 119 (1) The economic order of the Republic of Korea shall be based on a respect for the freedom and creative initiative of enterprises and individuals in economic affairs.

(2) The State may regulate and coordinate economic affairs in order to maintain the balanced growth and stability of the national economy, to ensure proper distribution of income, to prevent the domination of the market and the abuse of economic power and to democratize the economy through harmony among the economic agents.

Article 120 (1) Licenses to exploit, develop, or utilize minerals and all other important underground resources, marine resources, water power, and natural powers available for economic use may be granted for a period of time under the conditions as prescribed by Act.

(2) The land and natural resources shall be protected by the State, and the State shall establish a plan necessary for their balanced development and utilization.

Article 121 (1) The State shall endeavor to realize the land-to-the-tillers principle with respect to agricultural land. Tenant farming shall be prohibited.

(2) The leasing of agricultural land and the consignment management of agricultural land to increase agricultural productivity and to ensure the rational utilization of agricultural land or due to unavoidable circumstances, shall be recognized under the conditions prescribed by Act.

Article 122 The State may impose, under the conditions prescribed by Act, restrictions or obligations necessary for the efficient and balanced utilization, development, and preservation of the land of the nation that is the basis for the productive activities and daily lives of all citizens.

Article 123 (1) The State shall establish and implement a plan to comprehensively develop and support the farm and fishing communities in order to protect and foster agriculture and fisheries.

(2) The State shall have the duty to foster regional economies to ensure the balanced development of all regions.

(3) The State shall protect and foster small and medium enterprises.

(4) In order to protect the interests of farmers and fishermen, the State shall endeavor to stabilize the prices of agricultural and fishery products by maintaining an equilibrium between the demand and supply of such products and improving their marketing and distribution systems.

(5) The State shall foster organizations founded on the spirit of self-help among farmers, fishermen, and businessmen engaged in small and medium industry and shall guarantee their independent activities and development.

Article 124 The State shall guarantee the consumer protection movement intended to encourage sound consumption activities and improvement in the quality of products under the conditions as prescribed by Act.

Article 125 The State shall foster foreign trade, and may regulate and coordinate it.

Article 126 Private enterprises shall not be nationalized nor transferred to ownership by a local government, nor shall their management be controlled or administered by the State, except in cases as prescribed by Act, to meet urgent necessities of national defense or the national economy.

Article 127 (1) The State shall strive to develop the national economy by developing science and technology, information and human resources and encouraging innovation.

(2) The State shall establish a system of national standards.

(3) The President may establish advisory organizations necessary to achieve the purpose referred to in paragraph (1).

CHAPTER Ⅹ AMENDMENTS TO THE CONSTITUTION

Article 128 (1) A proposal to amend the Constitution shall be introduced either by a majority of the total members of the National Assembly or by the President.

(2) Amendments to the Constitution for the extension of the term of office of the President or for a change allowing for the reelection of the President shall not be effective for the President in office at the time of the proposal for

such amendments to the Constitution.

Article 129 Proposed amendments to the Constitution shall be put before the public by the President for twenty days or more.

Article 130 (1) The National Assembly shall decide upon the proposed amendments within sixty days of the public announcement, and passage by the National Assembly shall require the concurrent vote of two thirds or more of the total members of the National Assembly.

(2) The proposed amendments to the Constitution shall be submitted to a national referendum not later than thirty days after the passage by the National Assembly, and shall be determined by more than one half of all votes cast by more than one half of voters eligible to vote in elections for members of the National Assembly.

(3) When the proposed amendments to the Constitution receive the concurrence prescribed in paragraph (2), the amendments to the Constitution shall be finalized, and the President shall promulgate it without delay.

ADDENDA

Article 1 This Constitution shall enter into force on the twenty-fifth day of February, anno Domini Nineteen hundred and eighty-eight. Provided, that the enactment or amendment of Acts necessary to implement this Constitution, the elections of the President and the National Assembly under this Constitution and other preparations to implement this Constitution may be carried out prior to the entry into force of this Constitution.

Article 2 (1) The first presidential election under this Constitution shall be held not later than forty days before this Constitution enters into force.

(2) The term of office of the first President under this Constitution shall commence on the date of its enforcement.

Article 3 (1) The first elections of the National Assembly under this Constitution shall be held within six months from the promulgation of this Constitution. The term of office of the members of the first National Assembly elected under this Constitution shall commence on the date of the first convening of the National Assembly under this Constitution.

(2) The term of office of the members of the National Assembly incumbent at the time this Constitution is promulgated shall terminate the day prior to the first convening of the National Assembly under paragraph (1).

Article 4 (1) Public officials and officers of enterprises appointed by the Government, who are in office at the time of the enforcement of this Constitution, shall be considered as having been appointed under this Constitution. Provided, that public officials whose election procedures or appointing authorities are changed under this Constitution, the Chief Justice of the Supreme Court and the Chairman of the Board of Audit and Inspection shall remain in office until such time as their successors are chosen under this Constitution, and their terms of office shall terminate the day before the installation of their successors.

(2) Judges attached to the Supreme Court who is not the

Chief Justice, Justices of the Supreme Court, and other judges and justices who are in office at the time of the enforcement of this Constitution shall be considered as having been appointed under this Constitution notwithstanding the proviso of paragraph (1).

(3) Those provisions of this Constitution which prescribe the terms of office of public officials or which restrict the number of terms that public officials may serve, shall take effect upon the dates of the first elections or the first appointments of such public officials under this Constitution.

Article 5 Acts, decrees, ordinances, and treaties in force at the time this Constitution enters into force, shall remain valid unless they are contrary to this Constitution.

Article 6 Those organizations existing at the time of the enforcement of this Constitution which have been performing the functions falling within the authority of new organizations to be created under this Constitution, shall continue to exist and perform such functions until such time as the new organizations are created under this Constitution.

Ⅱ THE CONSTITUTION OF THE UNITED STATES

PREAMBLE

We, the people of the United States, in order to form a more perfect union, establish justice, insure domestic tranquility, provide for the common defence, promote the general welfare, and secure the blessings of liberty to ourselves and our posterity, do ordain and establish this Constitution for the United States of America.

ARTICLE I

SECTION 1. All legislative powers herein granted shall be vested in a Congress of the United States which shall consist of a Senate and House of Representatives.

SECTION 2. (1) The House of Representatives shall be composed of members chosen every second year by the people of the several states, and the electors in each state shall have the qualifications requisite for electors of the most numerous branch of the state legislature.

(2) No person shall be a representative who shall not have attained to the age of twenty—five years, and been seven years a citizen of the United States, and who shall not, when elected, be an inhabitant of that state in which he shall be chosen.

(3) Representatives and direct taxes shall be apportioned

among the several states which may be included within this Union, according to their respective numbers, which shall be determined by adding to the whole number of free persons, including those bound to service for a term of years, and excluding Indians not taxed, three—fifths of all other persons. The actual enumeration shall be made within three years after the first meeting of the Congress of the United States, and within every subsequent term of ten years, in such manner as they shall by law direct. The number of representatives shall not exceed one for every thirty thousand, but each state shall have at least one representative; and until such enumeration shall be made, the state of New—Hampshire shall be entitled to chuse three, Massachusetts eight, Rhode—Island and Providence Plantations one, Connecticut five, New—York six, New—Jersey four, Pennsylvania eight, Delaware one, Maryland six, Virginia ten, North—Carolina five, South—Carolina five, and Georgia three.

(4) When vacancies happen in the representation from any state, the Executive authority thereof shall issue writs of election to fill such vacancies.

(5) The House of Representatives shall chuse their Speaker and other officers; and shall have the sole power of impeachment.

SECTION 3. (1) The Senate of the United States shall be composed of two senators from each state, chosen by the legislature thereof, for six years; and each senator shall have one vote.

(2) Immediately after they shall be assembled in consequence

of the first election, they shall be divided as equally as may be into three classes. The seats of the senators of the first class shall be vacated at the expiration of the second year, of the second class at the expiration of the fourth year, and of the third class at the expiration of the sixth year, so that one—third may be chosen every second year; and if vacancies happen by resignation, or otherwise, during the recess of the Legislature of any state, the Executive thereof may make temporary appointments until the next meeting of the Legislature, which shall then fill such vacancies.

(3) No person shall be a senator who shall not have attained to the age of thirty years, and been nine years a citizen of the United States, and who shall not, when elected, be an inhabitant of that state for which he shall be chosen.

(4) The Vice—President of the United States shall be President of the senate, but shall have no vote, unless they be equally divided.

(5) The Senate shall choose their other officers, and also a President pro tempore, in the absence of the Vice—President, or when he shall exercise the office of President of the United States.

(6) The Senate shall have the sole power to try all impeachments. When sitting for that purpose, they shall be on oath or affirmation. When the President of the United States is tried, the Chief Justice shall preside: And no person shall be convicted without the concurrence of two—thirds of the members present.

(7) Judgment in cases of impeachment shall not extend

further than to removal from office, and disqualification to hold and enjoy any office of honor, trust or profit under the United States; but the party convicted shall nevertheless be liable and subject to indictment, trial, judgment and punishment, according to law.

SECTION 4. (1) The times, places and manner of holding elections for senators and representatives, shall be prescribed in each state by the legislature thereof; but the Congress may at any time by law make or alter such regulations, except as to the places of chusing Senators.

(2) The Congress shall assemble at least once in every year, and such meeting shall be on the first Monday in December, unless they shall by law appoint a different day.

SECTION 5. (1) Each house shall be the judge of the elections, returns and qualifications of its own members, and a majority of each shall constitute a quorum to do business; but a smaller number may adjourn from day to day, and may be authorized to compel the attendance of absent members, in such manner, and under such penalties as each house may provide.

(2) Each house may determine the rules of its proceedings, punish its members for disorderly behaviour, and, with the concurrence of two—thirds, expel a member.

(3) Each house shall keep a journal of its proceedings, and from time to time publish the same, excepting such parts as may in their judgment require secrecy; and the yeas and nays of the members of either house on any question

shall, at the desire of one-fifth of those present, be entered on the journal.

(4) Neither house, during the session of Congress, shall, without the consent of the other, adjourn for more than three days, nor to any other place than that in which the two houses shall be sitting.

SECTION 6. (1) The senators and representatives shall receive a compensation for their services, to be ascertained by law, and paid out of the treasury of the United States. They shall in all cases, except treason, felony and breach of the peace, be privileged from arrest during their attendance at the session of their respective houses, and in going to and returning from the same; and for any speech or debate in either house, they shall not be questioned in any other place.

(2) No senator or representative shall, during the time for which he was elected, be appointed to any civil office under the authority of the United States, which shall have been created, or the emoluments whereof shall have been encreased during such time; and no person holding any office under the United States, shall be a member of either house during his continuance in office.

SECTION 7. (1) All bills for raising revenue shall originate in the house of representatives; but the senate may propose or concur with the amendments as on other bills.

(2) Every bill which shall have passed the house of representatives and the senate, shall, before it become a law, be presented to the president of the United States;

if he approve he shall sign it, but if not he shall return it, with his objections to that house in which it shall have originated, who shall enter the objections at large on their journal, and proceed to reconsider it. If after such reconsideration two—thirds of that house shall agree to pass the bill, it shall be sent, together with the objections, to the other house, by which it shall likewise be reconsidered, and if approved by two—thirds of that house, it shall become a law. But in all such cases the votes of both houses shall be determined by yeas and nays, and the names of the persons voting for and against the bill shall be entered on the journal of each house respectively. If any bill shall not be returned by the President within ten days (Sundays excepted) after it shall have been presented to him, the same shall be a law, in like manner as if he had signed it, unless the Congress by their adjournment prevent its return, in which case it shall not be a law.

(3) Every order, resolution, or vote to which the concurrence of the Senate and House of Representatives may be necessary (except on a question of adjournment) shall be presented to the President of the United States; and before the same shall take effect, shall be approved by him, or, being disapproved by him, shall be repassed by two—thirds of the Senate and House of Representatives, according to the rules and limitations prescribed in the case of a bill.

SECTION 8. (1) The Congress shall have power To lay and collect taxes, duties, imposts and excises, to pay the debts and provide for the common defence and general welfare of the United States; but all duties, imposts and excises shall be uniform throughout the United States;

(2) To borrow money on the credit of the United States;

(3) To regulate commerce with foreign nations, and among the several states, and with the Indian tribes;

(4) To establish an uniform rule of naturalization, and uniform laws on the subject of bankruptcies throughout the United States;

(5) To coin money, regulate the value thereof, and of foreign coin, and fix the standard of weights and measures;

(6) To provide for the punishment of counterfeiting the securities and current coin of the United States;

(7) To establish post offices and post roads;

(8) To promote the progress of science and useful arts, by securing for limited times to authors and inventors the exclusive right to their respective writings and discoveries;

(9) To constitute tribunals inferior to the supreme court;

(10) To define and punish piracies and felonies committed on the high seas, and offences against the law of nations;

(11) To declare war, grant letters of marque and reprisal, and make rules concerning captures on land and water;

(12) To raise and support armies, but no appropriation of money to that use shall be for a longer term than two years;

(13) To provide and maintain a navy;

(14) To make rules for the government and regulation of the

land and naval forces;

(15) To provide for calling forth the militia to execute the laws of the union, suppress insurrections and repel invasions;

(16) To provide for organizing, arming, and disciplining, the militia, and for governing such part of them as may be employed in the service of the United States, reserving to the States respectively, the appointment of the officers, and the authority of training the militia according to the discipline prescribed by Congress;

(17) To exercise exclusive legislation in all cases whatsoever, over such district (not exceeding ten miles square) as may, by cession of particular States, and the acceptance of Congress, become the seat of the government of the United States, and to exercise like authority over all places purchased by the consent of the legislature of the state in which the same shall be, for the erection of forts, magazines, arsenals, dock—yards, and other needful buildings;— And

(18) To make all laws which shall be necessary and proper for carrying into execution the foregoing powers, and all other powers vested by this constitution in the government of the United States, or in any department or officer thereof.

SECTION 9. (1) The migration or importation of such persons as any of the states now existing shall think proper to admit, shall not be prohibited by the Congress prior to the year one thousand eight hundred and eight, but a tax or duty may be imposed on such importation, not exceeding ten dollars for each person.

(2) The privilege of the writ of habeas corpus shall not be suspended, unless when in cases of rebellion or invasion the public safety may require it.

(3) No bill of attainder or ex post facto law shall be passed.

(4) No capitation, or other direct, tax shall be laid, unless in proportion to the census or enumeration herein before directed to be taken.

(5) No tax or duty shall be laid on articles exported from any state.

(6) No preference shall be given by any regulation of commerce or revenue to the ports of one state over those of another: nor shall vessels bound to, or from, one state, be obliged to enter, clear, or pay duties in another.

(7) No money shall be drawn from the treasury, but in consequence of appropriations made by law; and a regular statement and account of the receipts and expenditures of all public money shall be published from time to time.

(8) No title of nobility shall be granted by the United States:— And no person holding any office of profit or trust under them, shall, without the consent of the Congress, accept of any present, emolument, office, or title, of any kind whatever, from any king, prince, or foreign state.

SECTION 10. (1) No state shall enter into any treaty, alliance, or confederation; grant letters of marque and reprisal; coin money; emit bills of credit; make any thing but gold and silver coin a tender in payment of debts; pass any bill of attainder, ex post facto law, or law impairing the obligation of contracts, or grant any title of nobility.

(2) No state shall, without the consent of the Congress, lay any imposts or duties on imports or exports, except what may be absolutely necessary for executing its inspection laws; and the net produce of all duties and imposts, laid by any state on imports or exports, shall be for the use of the Treasury of the United States; and all such laws shall be subject to the revision and controul of the Congress.

(3) No state shall, without the consent of Congress, lay any duty of tonnage, keep troops, or ships of war in time of peace, enter into any agreement or compact with another state, or with a foreign power, or engage in war, unless actually invaded, or in such imminent danger as will not admit of delay.

ARTICLE II

SECTION 1. (1) The executive power shall be vested in a president of the United States of America. He shall hold his office during the term of four years, and, together with the vice-president, chosen for the same term, be elected as follows.

(2) Each state shall appoint, in such manner as the legislature thereof may direct, a number of electors, equal to the whole number of senators and representatives to which the state may be entitled in the Congress: but no senator or representative, or person holding an office of trust or profit under the United States, shall be appointed an

elector.

(3) The electors shall meet in their respective states, and vote by ballot for two persons, of whom one at least shall not be an inhabitant of the same state with themselves. And they shall make a list of all the persons voted for, and of the number of votes for each; which list they shall sign and certify, and transmit sealed to the seat of the government of the United States, directed to the president of the senate. The president of the senate shall, in the presence of the senate and house of representatives, open all the certificates, and the votes shall then be counted. The person having the greatest number of votes shall be the president, if such number be a majority of the whole number of electors appointed; and if there be more than one who have such majority, and have an equal number of votes, then the house of representatives shall immediately chuse by ballot one of them for president; and if no person have a majority, then from the five highest on the list the said house shall in like manner chuse the president. But in chusing the president, the votes shall be taken by states, the representation from each state having one vote; a quorum for this purpose shall consist of a member or members from two—thirds of the states, and a majority of all the states shall be necessary to a choice. In every case, after the choice of the president, the person having the greatest number of votes of the electors shall be the vice—president. But if there should remain two or more who have equal votes, the senate shall chuse from them by ballot the vice—president.

(4) The Congress may determine the time of chusing the electors, and the day on which they shall give their votes; which day shall be the same throughout the United States.

(5) No person except a natural born citizen, or a citizen of the United States, at the time of the adoption of this constitution, shall be eligible to the office of president; neither shall any person be eligible to that office who shall not have attained to the age of thirty-five years, and been fourteen years a resident within the United States.

(6) In case of the removal of the president from office, or of his death, resignation, or inability to discharge the powers and duties of the said office, the same shall devolve on the vice-president, and the Congress may by law provide for the case of removal, death, resignation or inability, both of the president and vice-president, declaring what officer shall then act as president, and such officer shall act accordingly, until the disability be removed, or a president shall be elected.

(7) The president shall, at stated times, receive for his services, a compensation, which shall neither be encreased nor diminished during the period for which he shall have been elected, and he shall not receive within that period any other emolument from the United States, or any of them.

(8) Before he enter on the execution of his office, he shall take the following oath or affirmation: "I do solemnly swear (or affirm) that I will faithfully execute the office of president of the United States, and will to the best of my ability, preserve, protect and defend the constitution of the United States."

SECTION 2. (1) The president shall be commander in chief of the army and navy of the United States, and of the militia of the several States, when called into the actual service of the United States; he may require the opinion, in writing, of the principal officer in each of the executive departments, upon any subject relating to the duties of their respective offices, and he shall have power to grant reprieves and pardons for offences against the United States, except in cases of impeachment.

(2) He shall have power, by and with the advice and consent of the senate, to make treaties, provided two—thirds of the senators present concur; and he shall nominate, and by and with the advice and consent of the senate, shall appoint ambassadors, other public ministers and consuls, judges of the supreme court, and all other officers of the United States, whose appointments are not herein otherwise provided for, and which shall be established by law. But the Congress may by law vest the appointment of such inferior officers, as they think proper, in the president alone, in the courts of law, or in the heads of departments.

(3) The president shall have power to fill up all vacancies that may happen during the recess of the senate, by granting commissions which shall expire at the end of their next session.

SECTION 3. He shall from time to time give to the Congress information of the state of the union, and recommend to their consideration such measures as he shall judge necessary and expedient; he may, on extraordinary occasions, convene both houses, or either of them, and in case of disagreement between them, with respect to the time of adjournment, he may adjourn them to such time as he shall think proper; he shall receive ambassadors and other public ministers; he shall take care that the laws be faithfully executed, and shall commission all the officers of the United States.

SECTION 4. The president, vice—president and all civil officers of the United States, shall be removed from office on impeachment for, and conviction of, treason, bribery, or other high crimes and misdemeanors.

ARTICLE III

SECTION 1. The judicial power of the United States, shall be vested in one supreme court, and in such inferior courts as the Congress may from time to time ordain and establish. The judges, both of the supreme and inferior courts, shall hold their offices during good behaviour, and shall, at stated times, receive for their services, a compensation, which shall not be diminished during their continuance in office.

SECTION 2. (1) The judicial power shall extend to all cases, in law and equity, arising under this constitution, the laws of the United States, and treaties made, or which shall be made, under their authority; to all cases affecting ambassadors, other public ministers and consuls; to all cases of admiralty and maritime jurisdiction; to controversies to which the

United States shall be a party; to controversies between two or more States, between a state and citizens of another state, between citizens of different States, between citizens of the same state claiming lands under grant of different States, and between a state, or the citizens there of, and foreign States, citizens or subjects.

(2) In all cases affecting ambassadors, other public ministers and consuls, and those in which a state shall be party, the supreme court shall have original jurisdiction. In all the other cases before mentioned, the supreme court shall have appellate jurisdiction, both as to law and fact, with such exceptions, and under such regulations as the Congress shall make.

(3) The trial of all crimes, except in cases of impeachment, shall be by jury; and such trial shall be held in the state where the said crimes shall have been committed; but when not committed within any state, the trial shall be at such place or places as the Congress may by law have directed.

SECTION 3. (1) Treason against the United States, shall consist only in levying war against them, or in adhering to their enemies, giving them aid and comfort. No person shall be convicted of treason unless on the testimony of two witnesses to the same overt act, or on confession in open court.

(2) The Congress shall have power to declare the punishment of treason, but no attainder of treason shall work corruption of blood, or forfeiture except during the life

of the person attainted.

ARTICLE IV

SECTION 1. Full faith and credit shall be given in each state to the public acts, records, and judicial proceedings of every other state. And the Congress may by general laws prescribe the manner in which such acts, records and proceedings shall be proved, and the effect thereof.

SECTION 2. (1) The citizens of each state shall be entitled to all privileges and immunities of citizens in the several states.

(2) A person charged in any state with treason, felony, or other crime, who shall flee from justice, and be found in another state, shall, on demand of the executive authority of the state from which he fled, be delivered up, to be removed to the state having jurisdiction of the crime.

(3) No person held to service or labour in one state, under the laws thereof, escaping into another, shall, in consequence of any law or regulation therein, be discharged from such service or labour, but shall be delivered up on claim of the party to whom such service or labour may be due.

SECTION 3. (1) New states may be admitted by the Congress into this union; but no new state shall be formed or erected within the jurisdiction of any other state; nor any state be formed by the junction of two or more states, or parts of states, without the consent of the legislatures of the states concerned as well as of the Congress.

(2) The Congress shall have power to dispose of and make

all needful rules and regulations respecting the territory or other property belonging to the United States; and nothing in this Constitution shall be so construed as to prejudice any claims of the United States, or of any particular state.

SECTION 4. The United States shall guarantee to every state in this union a Republican form of government, and shall protect each of them against invasion; and on application of the legislature, or of the executive (when the legislature cannot be convened) against domestic violence.

ARTICLE V

The Congress, whenever two—thirds of both houses shall deem it necessary, shall propose amendments to this constitution, or, on the application of the legislatures of two—thirds of the several states, shall call a convention for proposing amendments, which, in either case, shall be valid to all intents and purposes, as part of this constitution, when ratified by the legislatures of three—fourths of the several states, or by conventions in three—fourths thereof, as the one or the other mode of ratification may be proposed by the Congress; Provided, that no amendment which may be made prior to the year one thousand eight hundred and eight shall in any manner affect the first and fourth clauses in the ninth section of the first article; and that no state, without its consent, shall be deprived of its equal suffrage in the senate.

ARTICLE VI

(1) All debts contracted and engagements entered into, before the adoption of this Constitution, shall be as valid against the United States

under this Constitution, as under the confederation.

(2) This constitution, and the laws of the United States which shall be made in pursuance thereof; and all treaties made, or which shall be made, under the authority of the United States, shall be the supreme law of the land; and the judges in every state shall be bound thereby, any thing in the constitution or laws of any state to the contrary notwithstanding.

(3) The senators and representatives before—mentioned, and the members of the several state legislatures, and all executive and judicial officers, both of the United States and of the several States, shall be bound by oath or affirmation, to support this constitution; but no religious test shall ever be required as a qualification to any office or public trust under the United States.

ARTICLE VII

The ratification of the conventions of nine States, shall be sufficient for the establishment of this constitution between the States so ratifying the same.

AMENDMENTS

AMENDMENT I [1791]

Congress shall make no law respecting an establishment of religion, or prohibiting the free exercise thereof; or abridging the freedom of speech, or of the press; or the right of the people peaceably to assemble, and to petition the Government for a redress of grievances.

AMENDMENT II [1791]

A well regulated Militia, being necessary to the security of a free State, the right of the people to keep and bear Arms, shall not be infringed.

AMENDMENT III [1791]

No Soldier shall, in time of peace be quartered in any house, without the consent of the Owner, nor in time of war, but in a manner to be prescribed by law.

AMENDMENT IV [1791]

The right of the people to be secure in their persons, houses, papers, and effects, against unreasonable searches and seizures, shall not be violated, and no Warrants shall issue, but upon probable cause, supported by Oath or affirmation, and particularly describing the place to be searched, and the persons or things to be seized.

AMENDMENT V [1791]

No person shall be held to answer for a capital, or otherwise infamous crime, unless on a presentment or indictment of a Grand Jury, except in cases arising in the land or naval forces, or in the Militia, when in actual service in time of War or public danger; nor shall any person be subject for the same offence to be twice put in jeopardy of life or limb; nor shall be compelled in any criminal case to be a witness against himself, nor be deprived of life, liberty, or property, without due process of law; nor shall private property be taken for public use, without just compensation.

AMENDMENT VI [1791]

In all criminal prosecutions, the accused shall enjoy the right to a speedy and public trial, by an impartial jury of the State and district wherein the crime shall have been committed, which district shall have been previously ascertained by law, and to be informed of the nature and cause of the accusation; to be confronted with the witnesses against him; to have compulsory process for obtaining witnesses in his favor, and to have the Assistance of Counsel for his defence.

AMENDMENT VII [1791]

In Suits at common law, where the value in controversy shall exceed twenty dollars, the right of trial by jury shall be preserved, and no fact tried by a jury, shall be otherwise re-examined in any Court of the United States, than according to the rules of the common law.

AMENDMENT VIII [1791]

Excessive bail shall not be required, nor excessive fines imposed, nor cruel and unusual punishments inflicted.

AMENDMENT IX [1791]

The enumeration in the Constitution, of certain rights, shall not be construed to deny or disparage others retained by the people.

AMENDMENT X [1791]

The powers not delegated to the United States by the Constitution, nor prohibited by it to the States, are reserved to the States respectively, or to the people.

AMENDMENT XI [1798]

The Judicial power of the United States shall not be construed to extend to any suit in law or equity, commenced or prosecuted against one of the United States by Citizens of another State, or by Citizens or Subjects of any Foreign State.

AMENDMENT XII [1804]

The Electors shall meet in their respective states, and vote by ballot for President and Vice-President, one of whom, at least, shall not be an inhabitant of the same state with themselves; they shall name in their ballots the person voted for as President, and in distinct ballots the person voted for as Vice-President, and they shall make distinct lists of all persons voted for as President, and of all persons voted for as Vice-President, and of the number of votes for each, which lists they shall sign and certify, and transmit sealed to the seat of the government of the United States, directed to the President of the Senate; — The President of the Senate shall, in the presence of the Senate and House of Representatives, open all the certificates and the votes shall then be counted; — The person having the greatest number of votes for President, shall be the President, if such number be a majority of the whole number of Electors appointed; and if no person have such majority, then from the persons having the highest numbers not exceeding three on the list of those voted for as President, the House of Representatives shall choose immediately, by ballot, the President. But in choosing the President, the votes shall be taken by states, the representation from each state having one vote; a quorum for this purpose shall consist of a member or members from two-thirds of the states, and a majority of all the states shall be necessary to a choice.

And if the House of Representatives shall not choose a President whenever the right of choice shall devolve upon them, before the fourth day of March next following, then the Vice-President shall act as President, as in the case of the death or other constitutional disability of the President (see Amdt. 20-3). The person having the greatest number of votes as Vice-President, shall be the Vice-President, if such number be a majority of the whole number of Electors appointed, and if no person have a majority, then from the two highest numbers on the list, the Senate shall choose the Vice-President; a quorum for the purpose shall consist of two-thirds of the whole number of Senators, and a majority of the whole number shall be necessary to a choice. But no person constitutionally ineligible to the office of President shall be eligible to that of Vice-President of the United States.

AMENDMENT XIII [1865]

Section 1. Neither slavery nor involuntary servitude, except as a punishment for crime whereof the party shall have been duly convicted, shall exist within the United States, or any place subject to their jurisdiction.

Section 2. Congress shall have power to enforce this article by appropriate legislation.

AMENDMENT XIV [1868]

Section 1. All persons born or naturalized in the United States, and subject to the jurisdiction thereof, are citizens of the United States and of the State wherein they reside. No State shall make or enforce any law which shall abridge the privileges or immunities of citizens of the United States; nor shall any

State deprive any person of life, liberty, or property, without due process of law; nor deny to any person within its jurisdiction the equal protection of the laws.

Section 2. Representatives shall be apportioned among the several States according to their respective numbers, counting the whole number of persons in each State, excluding Indians not taxed. But when the right to vote at any election for the choice of electors for President and Vice-President of the United States, Representatives in Congress, the Executive and Judicial officers of a State, or the members of the Legislature thereof, is denied to any of the male inhabitants of such State, being twenty-one years of age (see Amdt. 26), and citizens of the United States, or in any way abridged, except for participation in rebellion, or other crime, the basis of representation therein shall be reduced in the proportion which the number of such male citizens shall bear to the whole number of male citizens twenty-one years of age in such State.

Section 3. No person shall be a Senator or Representative in Congress, or elector of President and Vice-President, or hold any office, civil or military, under the United States, or under any State, who, having previously taken an oath, as a member of Congress, or as an officer of the United States, or as a member of any State legislature, or as an executive or judicial officer of any State, to support the Constitution of the United States, shall have engaged in insurrection or rebellion against the same, or given aid or comfort to the enemies thereof. But Congress may by a vote of two- thirds of each House, remove such disability.

Section 4. The validity of the public debt of the United States, authorized by law, including debts incurred for payment of pensions and bounties for services in suppressing insurrection or rebellion, shall not be questioned. But neither the United States nor any State shall assume or pay any debt or obligation incurred in aid of insurrection or rebellion against the United States, or any claim for the loss or emancipation of any slave; but all such debts, obligations and claims shall be held illegal and void.

Section 5. The Congress shall have power to enforce, by appropriate legislation, the provisions of this article.

AMENDMENT XV [1870]

Section 1. The right of citizens of the United States to vote shall not be denied or abridged by the United States or by any State on account of race, color, or previous condition of servitude.

Section 2. The Congress shall have power to enforce this article by appropriate legislation.

AMENDMENT XVI [1913]

The Congress shall have power to lay and collect taxes on incomes, from whatever source derived, without apportionment among the several States, and without regard to any census or enumeration.

AMENDMENT XVII [1913]

(1) The Senate of the United States shall be composed of two Senators from each State, elected by the people thereof, for six years; and each Senator shall have one vote. The electors in each State shall have the qualifications requisite for electors of the most numerous branch of the State legislatures.

(2) When vacancies happen in the representation of any State in the Senate, the executive authority of such State shall issue writs of election to fill such vacancies: Provided, That the legislature of any State may empower the executive thereof to make temporary appointments until the people fill the vacancies by election as the legislature may direct.

(3) This amendment shall not be so construed as to affect the election or term of any Senator chosen before it becomes valid as part of the Constitution.

AMENDMENT XVIII [1919]

Section 1. After one year from the ratification of this article the manufacture, sale, or transportation of intoxicating liquors within, the importation thereof into, or the exportation thereof from the United States and all territory subject to the jurisdiction thereof for beverage purposes is hereby prohibited (repealed by Amdt. 21-1).

Section 2. The Congress and the several States shall have concurrent power to enforce this article by appropriate legislation (repealed by Amdt. 21-1).

Section 3. This article shall be inoperative unless it shall have been ratified as an amendment to the Constitution by the legislatures of the several States, as provided in the Constitution, within seven years from the date of the submission hereof to the States by the Congress (repealed by Amdt. 21-1).

AMENDMENT XIX [1920]

(1) The right of citizens of the United States to vote shall not be denied or abridged by the United States or by any State on account of sex.

(2) Congress shall have power to enforce this article by appropriate legislation.

AMENDMENT XX [1933]

Section 1. The terms of the President and Vice-President shall end at noon on the 20th day of January, and the terms of Senators and Representatives at noon on the 3d day of January, of the years in which such terms would have ended if this article had not been ratified; and the terms of their successors shall then begin.

Section 2. The Congress shall assemble at least once in every year, and such meeting shall begin at noon on the 3d day of January, unless they shall by law appoint a different day.

Section 3. If, at the time fixed for the beginning of the term of the President, the President elect shall have died, the Vice-President elect shall become President. If a President shall not have been chosen before the time fixed for the beginning of his term, or if the President elect shall have failed to qualify, then the Vice-President elect shall act as President until a President shall have qualified; and the Congress may by law provide for the case wherein neither a President elect nor a Vice-President elect shall have qualified, declaring who shall then act as President, or the manner in which one who is to act shall be selected, and such person shall act accordingly until a President or Vice-President shall have qualified.

Section 4. The Congress may by law provide for the case of the death of any of the persons from whom the House of Representatives may choose a President whenever the right of choice shall have devolved upon them, and for the case of the death of any of the persons from whom the Senate may choose a Vice-President whenever the right of choice shall have devolved upon them.

Section 5. Sections 1 and 2 shall take effect on the 15th day of October following the ratification of this article.

Section 6. This article shall be inoperative unless it shall have been ratified as an amendment to the Constitution by the legislatures of three-fourths of the several States within seven years from the date of its submission.

AMENDMENT XXI [1933]

Section 1. The eighteenth article of amendment to the Constitution of the United States is hereby repealed.

Section 2. The transportation or importation into any State, Territory, or possession of the United States for delivery or use therein of intoxicating liquors, in violation of the laws thereof, is hereby prohibited.

Section 3. This article shall be inoperative unless it shall have been ratified as an amendment to the Constitution by conventions in the several States, as provided in the Constitution, within seven years from the date of the submission hereof to the States by the Congress.

AMENDMENT XXII [1951]

Section 1. No person shall be elected to the office of the President more than twice, and no person who has held the office of President, or acted as President, for more than two years of a term to which some other person was elected President shall be elected to the office of the President more than once. But this Article shall not apply to any person holding the office of President when this Article was proposed by the Congress, and shall not prevent any person who may be holding the office of President, or acting as President, during the term within which this Article becomes operative from holding the office of President or acting as President during the remainder of such term.

Section 2. This article shall be inoperative unless it shall have been ratified as an amendment to the Constitution by the legislatures of three-fourths of the several States within seven years from the date of its submission to the States by the Congress.

AMENDMENT XXIII [1961]

Section 1. The District constituting the seat of government of the United States shall appoint in such manner as the Congress may direct: A number of electors of President and Vice President equal to the whole number of Senators and Representatives in Congress to which the District would be entitled if it were a state, but in no event more than the least populous state; they shall be in addition to those appointed by the states, but they shall be considered, for the purposes of the elections of President and Vice President, to be electors appointed by a state; and they shall meet in the District and perform such duties as provided by the twelfth article of amendment.

Section 2. The Congress shall have power to enforce this article by appropriate legislation.

AMENDMENT XXIV [1964]

Section 1. The right of citizens of the United States to vote in any primary or other election for President or Vice President, for electors for President or Vice President, or for Senator or Representative in Congress, shall not be denied or abridged by the United States or any State by reason of failure to pay any poll tax or other tax.

Section 2. The Congress shall have power to enforce this article by appropriate legislation.

AMENDMENT XXV [1967]

Section 1. In case of the removal of the President from office or of his death or resignation, the Vice President shall become President.

Section 2. Whenever there is a vacancy in the office of the Vice President, the President shall nominate a Vice President who shall take office upon confirmation by a majority vote of both Houses of Congress.

Section 3. Whenever the President transmits to the President pro tempore of the Senate and the Speaker of the House of Representatives his written declaration that he is unable to discharge the powers and duties of his office, and until he transmits to them a written declaration to the contrary, such powers and duties shall be discharged by the Vice President as Acting President.

Section 4. Whenever the Vice President and a majority of either the principal officers of the executive departments or of such other body as Congress may by law provide, transmit to the President pro tempore of the Senate and the Speaker of the House of Representatives their written declaration that the President is unable to discharge the powers and duties of his office, the Vice President shall immediately assume the powers and duties of the office as Acting President. Thereafter, when the President transmits to the President pro tempore of the Senate and the Speaker of the House of Representatives his written declaration that no inability exists, he shall resume the powers and duties of his office unless the Vice President and a majority of either the principal officers of the executive department or of such other body as Congress may by law provide, transmit within four days to the President pro tempore of the Senate and the Speaker of the House of Representatives their written declaration that the President is unable to discharge the powers and duties of his office. Thereupon Congress shall decide the issue, assembling within 48 hours for that purpose if not in session. If the Congress, within 21 days after receipt of the latter written declaration, or, if Congress is not in session, within 21 days after Congress is required to assemble, determines by two-thirds vote of both houses that the President is unable to discharge the powers and duties of his office, the Vice President shall continue to discharge the same as Acting President; otherwise, the President shall resume the powers and duties of his office.

AMENDMENT XXVI [1971]

Section 1. The right of citizens of the United States, who are eighteen years of age or older, to vote shall not be denied or abridged by the United States or by any State on account of age.

Section 2. The Congress shall have power to enforce this article by appropriate legislation.

AMENDMENT XXVII [1992]

No law varying the compensation for the services of the Senators and Representatives shall take effect, until an election of Representatives shall have intervened.

Legal English with Classic Cases

찾아보기

ㄱ

ㄷ

ㅂ

ㅅ

ㅇ

ㅈ

ㅊ

ㅌ

ㅍ

ㅎ

A ~ Z

[저자약력]

권 인 희

선문대학교 사회과학대학 법학과 부교수
변리사
연세대학교 이과대학 물리학과 졸업 (이학사)
미국 아이오와주립대학교 대학원 졸업 (물리학박사)
충남대학교 대학원 졸업 (법학석사)
미국 보스톤대학교 실무자를 위한 법률영어과정 수료
미국 보스톤대학교 런던여름학교 미국법과정 수료

〈저서〉
특허와 정보분석(공저), 현대법학의 이해(공저), Basic Legal English(공저) 등

사례로 배우는 법률영어

초판 1쇄 인쇄 2013년 2월 12일
초판 1쇄 발행 2013년 2월 15일

저 자 권인희
발 행 인 현근택
발 행 처 화산미디어
주 소 경기도 고양시 덕양구 행신동 1088 서정마을 5C1-301
신 고 2009년 2월 16일/제395-2009-000012호
전 화 031-973-6929
팩 스 031-972-6930
블 로 그 blog.daum.net/kthyun1
홈페이지 www.hwasanm.com

정 가 20,000원
ISBN 978-89-94705-23-1(93360)